法学论丛

安徽师范大学国家级一流本科专业（法学）
建设点系列成果

案例法学研究

第二辑

周振杰◎主编

中国法制出版社
CHINA LEGAL PUBLISHING HOUSE

目 录 CONTENTS

法学名家讲坛

基础理论研究

立法前沿聚焦

典型案例评析

域外判例评析

青年法学园地

法学名家讲坛

构建刑事合规制度要坚持问题导向

胡云腾*

刑事合规是一个热点，也是一个难题，构建企业刑事合规制度应当坚持问题导向。具体而言，是指企业提出刑事合规制度的构建时，要从问题出发，要有问题意识。

在讨论刑事合规时，要重视以下几个方面的问题。

第一，梳理我国企业刑事合规制度的现实困境。企业刑事合规的源头在于企业经营管理，因此刑事合规研究应该走进企业，而不是停留在理论讨论上。

第二，企业刑事合规制度的类型化问题。我国企业管理水平差异较大，企业经营业务范围门类较多，因此，一般性的、同一性的合规制度不符合我们目前各行各业的经营管理实际。所以，在刑事合规制度的构建过程中要考虑分级，按照企业不同的类型分别研究不同的企业合规制度，这样才能更适合我国企业实际，更容易受到企业的重视和欢迎。

第三，应当重点关注国有企业的刑事合规问题。原因在于国有企业不仅本身在经济社会发展、维护国家经济安全方面有着至关重要的作用，也是国外一些政府制裁的对象。因此，国有企业的刑事合规不仅要走在前面，而且应该作为重点进行研究。国有企业刑事合规构建的重大问题是管理人员任命的外部性和企业合规所要求的延续性、稳定性之间的协调性问题。国有企业高管往往是外部任命的，有的懂企业管理，有的不懂企业管理，有的对前人

---

* 胡云腾，中国法学会案例法学研究会会长，教授、法学博士、博士生导师，研究方向为刑法学。

的管理制度重新进行改革，另起炉灶，这些情况对企业刑事合规的稳定性都将产生影响。

第四，民营企业的刑事合规治理问题。民营企业占整个经济社会发展的比重逐渐增大，就业人数、所缴纳税款、所做的贡献占比十之八九，因此，民营企业合规问题更复杂，更需要根据民营企业发展和管理的不同情况来构建。其中的一个特殊的问题就是民营企业的家族式治理，即家族式治理如何与企业刑事合规制度相契合。民营企业经营管理的不规范性、神秘性与企业刑事合规所要求的规范性、公开性和可审计性之间存在衔接难的问题。

第五，上市公司的合规制度构建问题。目前，我国上市公司已有四千余家，上市公司应当作为企业刑事合规治理的重点，在全社会率先构建上市公司企业合规标准。可以发现不少上市公司暴露出很多问题，如老板跑路、高管任意收受回扣，甚至还有违法经营等问题的存在。构建企业刑事合规制度，上市公司应该是治理的重点，应集中解决如何约束上市公司高管的任性、实际控制人经营管理及涉嫌违法犯罪等问题。不论是国营企业、民营企业，还是混合制企业，上市公司的合规应该作为第一步来构建。其他企业与上市公司的合规制度可以是一致的。

第六，企业的刑事合规制度与现有企业管理制度的衔接问题。刑事合规并非完全摆脱现有制度的一套新体系，现有的很多制度也是合规制度，可以适用于合规视野下的公司治理。要利用好现有的资源，与现有的审计、会计制度等其他制度做好衔接。

第七，企业刑事合规的主体问题。从国外有关国家和地区的经验来看，企业刑事合规的参与主体既有国家、政府和第三方机构，也有企业。合规的参与主体应该是广泛的。参与合规的机构应当有政府，还有检察机关、公安机关和审判机关。我国目前主要是检察机关参与，政府的有关部门也有参与，但相对较少。从国外来看，存在多种刑事合规的参与模式，主要有美国模式、英国模式和法国模式。结合国外经验和国内国情，在我国，检察机关、公安机关和审判机关都应当参与到企业刑事合规治理工作中。

第八，刑事合规的路径问题。对此，有学者建议制定专门的相关法律。

目前，已有政府和行业发布的部分合规文件，但是效力等级较低。我们认为，企业刑事合规文件可以采取近年来推进司法改革的方式，即先从地方行业开始试点，再进行大范围的推广。先从颁布行政法规开始，再到综合性、原则性的法律制定。结合我国的实际国情，推行一个制度，最好通过先行试点总结经验，从条件比较成熟的地方开始，不宜直接在全国范围内推行，盲目在全国范围内开展可能并不能带来良好的效果。

最后，从理论以及实践双重维度共同研究企业合规。具体而言，是指要分析企业自治与个人自由的关系、合规制度与责任分配、企业参与刑事合规的积极性以及刑事合规的经济效益等问题。不能将刑事合规研究作为预防企业犯罪的唯一手段。企业刑事合规不能影响企业经营，合规的成本也不能违反效益原则，否则，构建出的企业刑事合规制度将无法执行，也就缺少了生命力。研究企业刑事合规的经济性、有效性和针对性问题，必须紧密联系国家企业发展的实际、企业管理水平的实际、企业所面临的现实困境，进行深入的研讨。

刑事合规的基本逻辑

张远煌*

刑事合规在全球范围内并不是一个新的理论或实践问题。最早是美国把企业合规制度引入刑事立法和刑事司法中，而企业合规在全球的真正兴起则是在21世纪之后。目前，企业合规制度基本遍及了发达国家，它具有超乎寻常的跨界性与跨学科性。跨界性是指企业合规制度既涉及公司治理能力，又涉及法学领域；跨学科性是指在法学学科内部，以刑事政策、犯罪学、刑法学和刑事诉讼法学为主导，但是同时又与相关行政法规相关联。从研究路径而言，若以单一的部门法视角研究企业合规，是不合理的。无论是从理论上还是在实践中研究企业合规问题，画地为牢就容易造成研究结论的不可靠，在理解与操作上易陷入误区。从企业层面而言，企业不能按照传统企业合规的思路来应对刑事合规，不然无法实现防范风险的功能。从立法机关、司法机关和理论研究层面而言，也要适应这种跨界性与跨学科性。因此，有些问题，需要多学科不断合作来达成共识。

该制度在发达国家确立和发展已有二十多年，我们国家要想短时间内在该制度的研究上取得效果，至少要解决三个问题。第一，从国家层面而言，充分行使合规制度的现实动因和政策目标是什么？为什么要把传统的作为公司风险治理手段的企业法规制度纳入我国刑事规则的范畴内？刑法是统治意志最集中的反映，虽然所有法律都在一定程度上反映着统治阶级意志，但是

* 张远煌，北京师范大学法学院教授、博士生导师，中国企业家犯罪预防研究中心主任，北京企业法律风险防控研究会会长，研究方向为刑法学。

一个国家的刑法决定了这个国家最低的容忍度。第二，刑事合规来源于先前的公司治理运行下的企业合规。刑事合规与企业合规的关系如何？有部分学者认为刑事合规是企业合规的分支，甚至认为合规可以分为刑事合规、民事合规和行政合规，这种理解显然对刑事合规制度存在误解。另外，需要正确看待刑事合规制度与传统刑法之间的关系。首先，刑事合规针对的是企业，也称法人，也就是我国刑法上的单位，而我国刑法主要规制的对象是自然人；其次，刑事合规制度是一种预防规范，而当下我国现有的罪刑规范是一种惩罚规范，二者的性质并不相同，所以，刑事合规制度对于我国传统刑法而言是一个新的领域。我们在规范刑法学中理解刑事合规制度的难题在于，用理解惩罚性规范的思维来理解预防性规范。从目前的情况来看，我国刑法总则中关于单位犯罪的条款只有两条，而我国的刑法教育也是以教授自然人犯罪为基准，以单位犯罪为补充的。因此，有学者就提出要想理解刑事合规，就必须克服自然人犯罪、以事后惩罚为特征的思维习惯。美国《量刑指南》在1991年之前，也仅存在关于自然人犯罪的规则，在1991年增加了第八种“组织量刑规则”。组织犯罪区别于自然人犯罪。第三，企业合规改革的初衷是不是放过企业，严惩企业家？国外企业合规的目标可能是这个，我国国情是否在这样的思维逻辑上形成自洽？笔者将从政策逻辑、历史逻辑和实践逻辑的角度对上述问题进行解答。

第一，政策逻辑。我国合规制度的目标追求以及价值追求在于法人或者单位犯罪合作治理的新型治理。我国所倡导的治理现代化，是针对单位犯罪治理的现代化转型。转型的必要性在于现行法人治理或者单位犯罪治理面临三个世界性和共性难题。第一个难题是，法人追究责任或者追究法人刑事责任的指向性发生了错误。我国刑法中规定的单位犯罪或者域外刑法所规定的法人犯罪，都是针对自然人犯罪。在传统刑法中处理的法人刑事责任，是依附于组织中的个人刑事责任而存在的。单位犯罪成立的前提是单位犯罪中的个人存在犯罪行为。当单位中的个人不存在犯罪行为时，不能对单位进行处罚。所谓单位的集体意志，是单位中个人主观罪过的衍生。所以，传统意义上的单位犯罪或法人犯罪的本质都指向了个人犯罪。当我们对个人犯罪的预防不充分时，也会导致刑法在预防法人组织犯罪时存在处罚漏洞，结果是除了判处罚金之外几乎没有其他处罚措施。法人犯罪的治理陷入了违规、罚款的恶性循环之中。因此，基于自然人建立的责任体系，无法应对企业犯罪。第二个难题是，从效果来看，传统刑法与事后处罚对单位法人而言，容易导致零和博弈，零和博弈导致国家和企业都有损失。而且我国民营企业的显著特点之一是企业是企业家的企业，企业家是企业的灵魂，当惩罚企业家之后，企业本身就很难生存，会成为社会负担。存在一部分企业是当地的经济发展支柱，因为刑事风险而导致破产的情形，这对国家和社会而言都是损失。对企业而言惩罚结果过于残酷，缺少一个改善的机会。因此，传统处罚企业犯罪的方式，既不具备改良要素也不具备促进要素。第三个难题是，从国家治理法人犯罪或单位犯罪的效率来看，由于国家力量从外部监督无法满足现实需要。一方面，当下企业层级结构复杂，经营范围广泛，而且有的是跨国公司，情况更加复杂；另一方面，对企业的外部监管不具有即时性，一般只能在犯罪事实发生后介入，这也导致治理的效果难以达到预期。另外，还存在一批高科技企业，掌握的科学技术影响国民生活的各个方面，如果是犯罪之后再来处理这类案件，那么代价将是难以估量的。所以，在国家层面，有必要建立企业合规的预防制度。

可以利用政策思路来解决上述困境。1.引入传统的企业合规机制，并且将有效合规与企业刑事责任直接联系，压实企业守法自我监管的社会责任。2.改变治理途径，由传统的事后惩罚转变为预防优先。以罚促防是刑事合规的一个重要特征，通过刑事处罚来促进企业犯罪预防。惩罚是手段，预防真正变成目的，避免了零和博弈，使制度充满弹性。3.改变监督路径，充分激励法人自我预防，形成国家外部监督与企业自我监管相结合的模式。

以西班牙刑法为例，2015年西班牙刑法典规定了企业员工在业务活动中为了企业利益上的犯罪，视为企业犯罪。企业犯罪的要素包括主体是企业员工，行为是企业业务，目的是企业利益。企业犯罪发生时需要对企业进行追责，但是企业实施有效合规计划的除外，这是刑事合规的一个基本模式。企业做出合规承诺之后是执行合规计划，合规计划的构成要素包括六个方面。

有识别犯罪风险的活动；制定有表明公司决策与执行意志形成过程的程序；有合理财务管理模式预防已识别的犯罪行为；主动履行向合规监管机构报告潜在风险或违规行为的义务；建立处罚违规行为的纪律处分；违规行为发生后或经营活动发生变化时，对合规方案进行检验、修改。当企业执行合规计划后会予以免责，合规免责事由包括，董事会在犯罪发生之前，采取并执行了适合预防此类犯罪的组织管理与控制模式；有独立的自主权和控制权的合规监管机构。另外，无效合规之处罚除对相关自然人判处刑罚以外，还包括对犯罪的法人判处罚金；解散该法人；5年内禁止其开展某些活动；5年内禁止与公共部门签订合同或享受税收减免、社会保障方面的福利等。借鉴外国的立法经验，我国需要重构单位犯罪的刑事立法，而不局限于程序法中。合规制度的作用表现为让合规企业享受优待，让无效合规行为付出代价。处罚之后，能将一批优质企业筛选出来，这也符合国家高质量发展的需要。因此，在刑法层面引入合规制度能够有效强化我国民营企业的竞争力。

第二，历史逻辑。刑事合规源于公司治理下的企业合规，但是高于传统的企业合规。传统的企业合规为达成合作预防目标提供了一个可行的路径，其实质是企业守法的自我监管机制。从合规早期的历史来看，大概可以分为三个阶段：自律合规、法律合规和刑事合规。自律合规源于早期美国企业为了获得政府订单，同行业间达成保证良好商业声誉的约定，之后产生了法律合规乃至刑事合规。从中可以看出刑事合规不是传统合规的分支，而是传统合规的高级发展阶段。传统合规中有价值的部分是企业守法、自我监管，能够有效激发企业自我预防，但是从全球来看，传统合规在促进企业守法、促进企业主动预防犯罪方面有先天缺陷。即传统合规的定位存在偏差，不是为了预防犯罪而设计，而是以实现企业利益可持续化为目标，该目标偏离了国家预设的立场。因此，可以得出以下结论：传统合规不足以支持实现预防犯罪的目标，有必要由刑法介入；企业都是以追求利益为动力机制，传统合规下的合规成本较高，违规成本很低，传统合规视野下实现合规很难，这一困境需要在刑事合规制度下予以克服。

如何激发传统企业合规中企业自身守法监管机制的建立？一是加大企业

合规的压力，将有效合规与企业生存发展相联系；二是明确自我预防的合规指引，规定合规计划构成要素；三是贯彻“有效合规者享受优待、无效合规者付出代价”的刑事激励措施，消解合规投入与产出的结构性矛盾。

第三，实践逻辑。实践逻辑回应的是确定企业自我预防犯罪的义务是否具有正当性以及可行性。首先，建立刑事合规制度使企业自我预防犯罪，本质上是企业社会责任的具体化表现，能够达成国家与企业的双赢，因此具有正当性。换言之，企业自我预防犯罪义务不是单方面之于国家的，企业也能从义务中获益。当前，我国正以超出预期的速度开展刑事合规改革。从国家层面来看，可以减轻国家监管企业发展的负担，庞大的民营企业数量造成国家行政机关监管企业超负荷工作，企业合规的理论框架确立后，可以减轻行政部门的监管压力。其次，可以提高查处法人犯罪的效率。最后，可以防止资本的无序扩张，提高企业发展质量。资本无序扩张到一定阶段，可能会在一定程度上影响政治决策，因此，国家有必要建立一套预防性制度。

企业本身是企业犯罪的最佳预防者。第一，企业本身就是一个精细化的自主主体，它有保证企业运行和员工行为合法性的能力。第二，预防要产生效果，需要有发现犯罪生成环境的能力。在发现犯罪的环节，企业比国家更有人力、财力和技术手段。因此，只要科学设置制度且调动企业的积极性，就能够使企业从现在的犯罪主体转变为犯罪证明主体，形成国家外部监督与企业自我约束的有效结合。对于企业而言，可以帮助避免颠覆性的刑事风险，给企业创造一定价值。真正的优质企业，会注重社会责任，夯实合法性根基。合法正面的企业形象可以为企业带来一定资源。当下我国存在一批优质企业，虽然没有明确的企业合规制度，不过这批优质企业已经形成了刑事合规理念。科学设计制度的目标在于实现价值，科学合规制度的核心是有效合规标准的设置。企业通过合规来获得国家优待的前提是合规必须是有效的。

综上，刑事合规是基于特定的政策导向，对传统企业合规的再造。企业合规与刑事合规二者在形式上很难区分，但却存在实质区别。如果刑事合规按照传统企业合规来构建，防范不住刑事风险。具体的企业合规不存在一个统一的操作范式，有效的合规体系会因为企业本身的差别而不同。对于理论研究而言，刑事合规是现行刑法中犯罪构成的前置性规范，其目的在于阻却符合犯罪构成的行为，因此，不能按照现行的刑法理念、刑法思路来解决刑事合规问题。

刑事合规制度不是单一的制度创新，而是影响深远的系统性改革。有学者甚至认为21世纪刑事法治的显著变化就是在全球范围内刑事合规制度的兴起。总的来看，目前我国刑事法治的思路存在四个方面的深刻变化：第一，犯罪治理理念与路径升级，从事后惩罚向事前预防的重大转型。有效预防犯罪是刑事法治现代化的标志。第二，企业治理观念与治理模式升级，合规成为维系企业生存的手段。从企业治理层面而言，应当确定合规是维系企业生存的基本手段这一意识。第三，法律服务业态升级，制度性催生新型法律服务，即刑事合规业务。第四，对理论研究路径提出了挑战。一方面基于防控刑事风险的需要，部门法界限趋于模糊，刑事风险源于违反刑法前置性的行政法规。防控刑事风险一定要做好前置性的行政保护，而传统视野下刑法与行政法存在明显的界限与分裂，因此，风险防控需要一个整体性的考虑。另一方面，基于有效合规激励，刑事、行政和民事多种手段融合。多种路径融合的目的在于有效消除企业内部的犯罪因素，从而实现企业的犯罪预防，使得国家、社会和企业都能从该制度中获益。

塞尔维亚共和国打击有组织犯罪应用特别取证行为现状

[塞] 佐兰·巴甫洛维奇
赵春阳（译）*

摘　要：打击有组织犯罪的有效性取决于许多主客观因素，其中刑事诉讼过程中的许可令和证据收集具有较大影响。法定的刑事诉讼主体采取法律规定的行动，以发现和证明犯罪行为，但在对抗有组织犯罪导致的犯罪行为时，传统的取证行动往往不够有效，有必要利用现代技术和科学成果，以充分应对日益广泛的非法行为形式——有组织犯罪。刑事诉讼法已经为包括秘密监听通信、秘密监视和录音、模拟操作、计算机数据搜索、控制下交付和卧底或秘密调查员（包括特工）等的特别取证措施规定了新的法律标准、确定条件、补充规定，以及其所获证据的证明力标准。

关键词：有效打击有组织犯罪；刑事诉讼中的新技术和科学成就；特别取证行为

一、关于有组织犯罪的一般思考

值得重点关注的一个问题是，塞尔维亚共和国是否以及在多大程度上建立了一条现代化的“高速公路”？在这条公路上，国家主管部门，首先是警察、检察机构和法院将能够到达收费站——成功打击有组织犯罪。如果没有

* 佐兰·巴甫洛维奇（Zoran Pavlović），诺维萨德大学商业学院法学系刑法学全职教授，法学博士。赵春阳，北京师范大学法学院博士研究生，研究方向为中国刑法学。

训练有素的工作人员、计划中的预算、高科技领域的专门知识、各级国家机关的协调、将监督塞尔维亚经济发展和对塞尔维亚投资的国际合作组织等，就不可能有好的结果。只要上述主体之一不能肩负起其责任，就难以实现有组织犯罪的治理成果，因而这些责任绝不能只停留在口头上。

有组织犯罪对政治、经济和社会领域，以及国家的稳定和安全构成威胁。它威胁到法治和民主，导致侵犯人权和市场扭曲[①]。在塞尔维亚共和国，作为一个转型国家，已经出现越来越多的新的且不断增长的典型犯罪。在这种情况下，塞尔维亚已经成为一个现代类型的有组织犯罪如腐败、金融犯罪等多发的合适土壤。根据《塞尔维亚共和国打击有组织犯罪国家战略》，有组织犯罪是最复杂和最危险的犯罪类型，是对现代人类最大的威胁之一，塞尔维亚决心发展国家在打击有组织犯罪方面的能力和潜力，特别是在打击腐败犯罪方面。塞尔维亚由有组织犯罪专门检察机构、内政部门的打击有组织犯罪处、上诉法院所在地的高级法院和高级检察机构的特别部门，负责处理有组织犯罪案件。塞尔维亚的立法者已经将有组织犯罪集团（OKG）一词的含义与《联合国打击跨国有组织犯罪公约》第2条相统一。至于有组织犯罪集团，《刑事诉讼法》将其规定为一个由三个或更多人组成的集团，该集团在一定时期内存在并通过协商行事，为了直接或间接的经济或其他利益，实施一项或多项可判处4年或以上监禁的刑事罪行。

有组织犯罪形式多样，且其往往与经济和政治权力的承担者之间存在联系，使它明显更难以识别、侦查和证明，并使这种犯罪的危险性超过大多数重罪所造成的危险。今天，一些犯罪（如洗钱）如果不采取特别取证行为，就很难证明，这是由于在实施这些犯罪时，参与者往往使用最现代的信息技术工具。特别取证行为在比较立法和国际法案中经常被称为特殊取证技术或技术侦查措施。特别取证行为的目的是侦查和证明某些特殊的刑事犯罪，此类犯罪如不采取特别取证行为，而仅适用一般的侦查措施，就难以侦查，有

---

① Santana Vega, DM（2017）The fight against corruption in Europe: lights and shadows, RKKP, 2-3, 242, Belgrade, Serbia.

组织犯罪则正符合此类犯罪的特点。这并不意味着通常的取证行为在此类犯罪的刑事诉讼过程中不重要，但很明显，当涉及此类犯罪时，一般取证行动的应用是不够有效和相称的，这就直接导致了特别取证行为的引入。根据欧洲委员会部长委员会2005年的建议[①]（以下简称《建议》），特别取证行为是主管司法、检察和调查机构在刑事侦查期间使用的技术，目的是发现和调查严重类型的犯罪行为和犯罪嫌疑人，其方式是通过不惊动嫌疑人的方式收集信息。而在《联合国反腐败公约》中指出，为了领导有效的反腐败斗争，有必要采用特殊的调查行动，以这种方式收集的证据应在法庭上被接受。

二、特别取证行为适用的特殊性

一个不争的事实是，特别取证措施的应用限制了公民的某些宪法权利和自由。因此，这些取证行动的应用本身具有特殊性，要求按照规定程序实施特别取证措施者具有高度的专业精神和专业能力，以满足实施此类取证行动的法律要求。法律对适用特别证据行动的限制条件进行了标准化，但警察、检察机关和法院之间的协调配合也是必要的。

考虑到特别取证措施的有效性和已实施或准备实施的刑事犯罪的严重性，以及特别取证措施的侵扰性，必须在每个具体案件中评估适用特别取证措施的合理程度。除了适用特别取证措施的基本条件外，《建议》还指出，成员国应规定由独立机构通过事先授权、在执法过程中进行监督或事后监督等方式，对特别证据的行为进行适当的司法审查。政府当局应尊重辅助性原则，即只有案情表明不可能以任何其他方式侦查、预防或证明刑事犯罪，以及针对会造成极大的困难或危险的行为时，才得以适用特别取证行为。欧洲标准还规定，欧洲委员会成员国应采取适当的法律措施，确保通过特别取证行为的证据被当庭质证，以确保被告有权获得公平审判。

① Rec（2005）10 of the Committee of Ministers of the Council of Europe to member states on special investigative techniques in relation to serious crime，including terrorism.

无论上述情况如何，特别取证行为都是执法机构掌握的一个极好的工具，以便获得对刑事诉讼十分重要的高质量证据。为法庭提供的证据必须是合法和经批准的，无论其来源是本国还是国外。

三、塞尔维亚特别取证行为的共同问题

为防止其在适用期间可能出现的滥用和任意性，法律要求特别取证行为的适用必须有法律依据和合法目的。许多国际法律文书中也规定了特别取证行为，以便更有效地打击特定形式的犯罪。

特别取证行为，即秘密监听通信、秘密监视和录音、模拟操作、计算机数据搜索、控制下交付和卧底/秘密调查（包括特工）等，在塞尔维亚刑事诉讼法第七章“证据”部分中得到了系统化的规定。第161—187条规定，在整个审前程序中，除关于将卧底调查员作为证人进行讯问的规定外，可适用特别取证行为。只有这些措施本身符合刑事诉讼法的规定，其结果才可以在刑事诉讼中作为证据使用，否则，法院的判决就不能以特殊取证措施所收集的证据为依据。

检察官、预审法官和警察有一定的权力批准和进行特别取证行为，如果其按照《刑事诉讼法》的规定采取特别证据，所收集的证据和材料可以在刑事诉讼中作为证据使用。对此，必须提及1999年国际刑法协会第十六届大会通过的决议。根据该决议，只有在运用符合合法性原则、辅助性原则、相称性原则和司法审查原则的情况下，使用特别取证措施收集的材料才能在刑事诉讼中用作证据采用[①]。预审法官有权根据检察官提出的合理建议，下令采取特别取证行为，除国家主管检察官下令的控制下交付外，专家警察和其他机构也有权下令采取特别取证行为。

---

① De La Cuesta，J.L.（ed.），Resolutions of the Congresses of the International Association of Penal Law，XVI International Congress of Penal Law（Budapest，5-11 September 1999），*Topic*：*The Criminal Justice System Facing the Challenge of Organized Crime*，p. 10. *http://www.penal.org/pdf/ReAIDP2007/RICPL%201999.*

所有特别取证行为还有其他几个共同特点。首先，可以针对有理由怀疑他或她实施了刑事犯罪的人。对于此类犯罪行为，法律规定只有采取特别取证行为，否则无法收集刑事起诉的证据，或其收集难度将大大加重的情况下，可以采取特别取证行为（第161条第1款）。其次，在特殊情况下，如果有理由怀疑某人正在准备实施法律规定可下令采取特别取证行为的任何刑事犯罪，且案情表明该刑事犯罪如果不被发现、防止或证明，或将造成极大的困难或巨大的危险，也可下令对其采取特别取证行为。最后，考虑到确定某些特别取证行为必须满足的条件，应该指出，在决定特别取证行为的适用和期限时，程序主体有义务具体评估是否可以用较少限制公民权利的方式实现同样的结果。

对于法律规定由特别检察机关管辖的，（主要包括有组织犯罪检察机构和战争罪检察机构），《刑事诉讼法》中详尽列出的部分可判处四年或以上监禁的犯罪行为，可以适用特别取证行为。除有组织犯罪案件外，对于严重谋杀、绑架、抢劫、敲诈勒索、伪造货币、未经许可生产和销售麻醉品、行贿受贿等刑事犯罪以及《刑事诉讼法》第162条所列的其他刑事犯罪，可以适用特别取证行为。

使用特别取证行为收集的证据材料必须在一定的法定期限内使用，即如果检察官在了解这些材料之日起六个月内没有启动刑事诉讼程序，或者如果其宣布不会在程序中使用这些材料，即其不会对嫌疑人提起公诉，预审法官将发布销毁所收集材料的决定。以这种方式收集的材料如不违反程序性规定，就具有证明价值，法院的判决可以此为依据。

在所谓的"意外发现"（非法证据）的情况下，《刑事诉讼法》规定，如果关于刑事犯罪或犯罪人的材料是通过采取特别取证行为收集的，并且这一材料不包括在确定特别取证行为的决定中（即所谓的意外发现），那么此类证据材料只有在涉及《刑事诉讼法》规定可以下令采取特别取证行为的刑事犯罪时，才能在刑事诉讼程序中使用（第164条）。

所有与特别取证行为有关的信息都是秘密信息，必须由程序中的所有参与者保密，披露这些信息属于刑事犯罪。

四、秘密监听通信

特别取证行为——秘密监听通信（作为最常用的特别取证行为之一），包括监听、监测和录音嫌疑人通过电话或其他技术设备进行的通信，或者监视、监测嫌疑人的电子邮件地址或其他地址，以及扣押信件和其他包裹（第166条）。虽然《刑事诉讼法》中没有特别强调这一点，但有必要了解有关秘密监听通信的法律规定。另外，目前，人们期望从今天的程序机构中获得适当的信息技术知识。秘密监听通信，是指通过电话或其他技术设备对通信进行监视和记录。在实践中，这种行为最常指的是对普通电话谈话的监听，但也可以适用于任何其他通信手段：移动电话、公共付费电话、传真、电子邮件、收音机等，但被告与其辩护律师的谈话除外。对通信的秘密监听还包括对嫌疑人的电子或其他地址的监听。这样一来，由于对电子地址的监听已经广泛实施，并在程序中用作证据，因而只有有权主体实施的秘密监听行为才是合法的。这可能是指对通信的被动截获，尽管法律没有明确规定。至于“其他地址”，其含义并不清晰，有可能是立法者把这个一般的规范放在法律中，试图保证自己不因技术变化而导致法律规定的滞后，从而以这种方式避免实践中可能出现的法律漏洞①。最后，这种行为还涉及对信件和其他物品或包裹的扣押。

在塞尔维亚，使监听和录音其他谈话成为秘密监听通信中的可行方式还处于设想阶段，目前秘密监听还仅限于监听通过电话或其他技术手段进行的谈话。事实上，秘密监听不包括监听和录音直接口头谈话，即不通过电话或其他技术手段进行的谈话。因此，对场所的音响系统或嫌疑人车辆的音响系统进行的监听和录音没有法律依据，此类录音只有通过卧底调查员应用特殊

---

① Radisavljević, M., Ćetković, P: *Special Evidence in Prosecutorial Investigation in Serbia*, Prosecutorial Investigation–Regional Criminal Procedure Legislation and Experiences in Application, OSCE Mission to Serbia, Belgrade, 2014, p. 173.

取证行动以及此后的更多特别取证行为取得的，才有可能作为证据使用。这一法律上的解决方案并不是最好的，因为对场所的监听通常涉及未经授权贩运麻醉品的场所或设施、正犯及其共犯会面的场所或设施，或准备新的犯罪行为的场所。在下一次对《刑事诉讼法》的修订中应考虑到这一点。

《刑事诉讼法》规定，对于一些无法决定适用其他特殊取证行为的刑事犯罪，可以决定适用秘密监听通信的措施。此类犯罪均为高科技犯罪行为，同时，鉴于这些犯罪行为的特点，使用秘密监听通信的特别取证行为就完全足够了①。

秘密监听通信是由法院，即预审法官根据检察官的合理建议下令实施的。因此，即使在紧急的情况下，即有延误的风险，检察官也不可能下令实施秘密监听通信。对通信的秘密监听最多可以持续三个月，如果需要进一步收集证据，可以再延长三个月。特殊情况下，对于有组织犯罪检察机构管辖的刑事犯罪，如战争罪检察院管辖的刑事犯罪，这种特殊的取证行动最多可以再延长两次，各为期三个月。事实上，这意味着，在检察官办公室具有特别管辖权的刑事犯罪诉讼中，也就是在有组织犯罪的刑事犯罪诉讼中，秘密监视通信的行动最多可以持续一年。

对通信的秘密监听是由被授权的警察、安全情报局（BIA）或军事安全局（VBA）进行的，而邮政、电报和其他传输信息主体有义务促成其监听。信息传输主体的这一义务非常重要，因为警察成员无权进入公寓为窃听和录音准备特殊的技术条件，但监视和录音可以由邮政和类似公司使用其现有设备进行②。

在完成对通信的秘密监听后，警察、安全情报局或军事安全局成员向预审法官提交获取的通信、信件和其他货物或包裹的记录以及一份特别报告，

---

① 这些是指以下刑事犯罪行为：未经授权使用相关法律规定的版权作品或其主要内容（《刑法》第199条），破坏计算机数据和程序（《刑法》第298条第3款），蓄意破坏计算机设备（《刑法》第299条），以蓄意破坏计算机方式实施的欺诈行为（《刑法》第301条第3款）和未经授权访问受保护的计算机、网络和电子数据（《刑法》第302条）。

② Boskovic, A. *Ibid*, p. 159.

其中包括开始和结束监视的时间、进行监视的官员的信息、对所应用的技术手段或设备的描述、被监听者的数量和现有数据，以及对实施监听的不得已性和监听结果的评估（第170条第1款）。在拆封信件和其他物品时，预审法官将确保封条不被损坏，信封和地址保存完好，并对拆封情况进行记录。通过秘密监听通信所获得的所有材料应提交给检察官，检察官应下令对使用技术手段或设备获得的录音进行全部或部分转录和概述。

五、秘密监视和记录

对犯罪嫌疑人实施秘密监视和记录需要满足所有特殊取证行为所共有的一般条件。可以基于以下两个原因下令进行监视：第一，在犯罪嫌疑人可能出现或利用此类场所进行交流的情况下，监视犯罪嫌疑人在公共场所和限制进入的场所或在房舍内（个人住所除外）公开的接触或交流；第二，为了确定某人的身份或找到该人或某物（第171条第1款、第2款）。对嫌疑人的秘密监视最常体现在对房舍、汽车和本人的监听、秘密摄影，对物体的监视，用传统和数码相机、摄像机、磁力仪和类似设备进行秘密记录（即所谓的照片和监控记录）。秘密监视和记录主要针对现场进行的谈话，例如在街道、广场、公共集会上进行的谈话，但不使用特殊的技术手段或设备，而是用一般的录音和录像设备。

在秘密监视和记录中，重点是对人的视觉观察和跟踪，这种特别取证行为的另一个要素是对人与人之间面对面交流的监督①。

秘密监视和记录还包括对人和物的技术性监视，其意义在于，除了打击犯罪之外，还可以达到一定的预防效果。应用这种特殊的取证行动可以防止另外的犯罪行为的发生，而且可以获得表明被监视者的某些倾向、习惯和举止的数据，确定与被监视者接触和联系的人，以及与防止犯罪活动有关的其他事实。因此，根据客观情况，用适当的技术手段记录监控过程，即被监控

---

① Radisavljevic, M., Cetkovic, P. *Ibid*, p. 178.

者以及对刑事诉讼有重要意义的项目，是非常重要的。

鉴于上述的法律措辞，问题就来了，在这个特别取证行为的范围内，“记录”是否只指视频，即录像，还是说“记录”也可以包括声音记录？一方面，为了支持这种特别取证行为也包括录音，有一种观点认为，“记录”一词既意味着视频或照片记录，也意味着音频记录，即录音，它实际上具有两种含义。另一方面，为了支持这种特别取证行为不包括录音，有人认为，秘密监视和记录的目的是揭示嫌疑人在公共场所和限制进入的地方或个人住所以外的房间的接触或交流，即确定人员的身份或定位人员或物品。从这样的目标来看，主要是指视觉上的秘密监视，因此它应当完全是一种视频或照片记录。这个问题的最终答案将由法院在实践中给出，但我们认为，这种特殊的取证行为不仅涉及视频或照片记录，还涉及音频记录，这一解释更符合立法者构建这一法律规范的意图。当然，将法律规范具体化并以明确的方式加以规定是解决这一问题更为有效的方法[①]。

同样有争议的是，立法者没有提及秘密监视和记录犯罪嫌疑人的通信，而只是提及了为侦查犯罪嫌疑人的通信而对犯罪嫌疑人实施的秘密监视和记录行为。由此可以得出结论，监视和记录仅限于犯罪嫌疑人的身体举动。这样一来，立法者就没有明确界定这种特殊证据行为的适用范围，因为没有明确指出秘密监视和记录是否包括嫌疑人之间的通信。关于这个问题，实践中通常认为，通过适用这种特殊的取证行为，可以通过进入并在不包括嫌疑人个人住所的适当的场所、地点或交通工具上设置技术记录装置来记录嫌疑人与其他人的交流。

秘密监视和记录由预审法官根据检察官的合理建议下令进行，这种法院命令必须包含《刑事诉讼法》规定的内容。此外，关于这种特殊证据行动的持续时间，适用与秘密监听通信的情况相同的规则，这意味着在有组织犯罪的刑事诉讼中，秘密监视和记录最多可采取一年的时间。

最后，对嫌疑人的秘密监视和记录由经授权的警官、安全情报局或军事

---

① Ignjatović, Đ., Škulić, M. *Ibid*, pp. 371–372.

安全局执行。秘密监视过程中执行者应每日报告秘密监视和记录的执行情况，并应当应预审法官和检察官的要求，将这一记录和秘密监视过程中收集的信息提交给他们（第173条第1款）。在完成对嫌疑人的秘密监视和记录后，所有收集的信息，以及一份与秘密监听措施相同的特别报告，都应提交给预审法官。同时，预审法官对所获得的记录的处理也与适用秘密监听通信期间的处理相同。这一特别取证行为当前缺乏关于在措施到期后移除秘密记录和监测设备的明确法律规范。

六、模拟操作

模拟操作代表了一种特殊的取证行为，在满足所有特殊证据行动所共有的一般法律条件的情况下，预审法官可以根据检察官的建议下达命令，许可模拟操作的命令包括对两类实体行为的授权。首先，它意味着模拟购买、销售或提供商业服务。其次，模拟给予或接受贿赂。事实上，这是两个独立的行为，一个是模拟购买、销售或提供商业服务，另一个是模拟给予或接受贿赂。模拟购买、销售或提供商业服务的措施在走私和非法交易各类违禁、昂贵和有要求的货物领域的刑事犯罪中得到了充分的应用，这当然是一种有组织的犯罪，而模拟给予或接受贿赂的措施可以非常成功地用于澄清和证明腐败犯罪——这种犯罪活动也经常是由有组织犯罪进行的[①]。

使用模拟的物品或货物买卖，即基于不受犯罪者影响且可操作的业务联系（即合伙人）或犯罪组织中的卧底调查员的工作，为犯罪者提供商业服务。在有组织犯罪的某些活动中，最常见的是在走私和非法贩运中，一名与警方达成协议的，或者通常由警方扮演的“买家”，在不被警方发现的情况下，向犯罪者出售某些类型的货物样品或较小数量的货物。因此，通过这种手段警方可以创造出一名在犯罪组织中获得更大信任的合伙人或卧底调查员，这也就使得警察能够发现和证明来自有组织犯罪的罪行，并在他们评估为最有利

---

① Bošković, A. *Ibid*, pp. 164–165.

的条件时来逮捕犯罪者，并没收非法贸易中的走私货物。在评估有利条件时，不仅要考虑走私货物的类型和数量，还要考虑该犯罪链中犯罪人的数量，以及他们在犯罪组织中的地位和等级划分①。

当涉及模拟销售时，总是可以提出这样的问题：应该进行模拟销售的人将在哪里得到具体的销售物品？只有那些后果可以伪造的行为，如犯罪物品的非法交易，才具有模拟的性质，而在严重的身体伤害、谋杀或强奸的情况下，模拟是不可能的。在建立与犯罪者之间的联系或在模拟条件下实施犯罪时，联系双方之间自然互相影响，即他们之间的意思联络，因而实施模拟销售者不得实施包含煽动犯罪的行为。同时，这一模拟操作必然意味着为实现某项工作或行动提出建议，提出其进行的地点和时间，以及其他常见的具体要素，因此，在这种情况下，某种形式的意思联络和煽动是不可避免的②。

模拟操作基于法院的命令，由被授权的警察、安全情报局或军事安全局执行。然而，当涉及具体的模拟行动时，还有一个条款规定，如果是案件特殊情况需要，法院的命令可以由另一个被授权人执行。在这个意义上，"另一个被授权人应理解为来自另一个国内机构、机关或企业的被授权人，但不排除也可以是来自外国机构、机关或企业的被授权人"。一个尚未解决的问题是，该其他被授权人是否也可以包括另一个国家的警察或国际警察部队的成员，以及在何种条件下此类人员可以成为"其他被授权人"。尽管法律没有明确规定，但在实践中，每个具体案件中的所谓"其他被授权人"均是由警方、安全情报局或军事安全局提出的，并由预审法官任命的③。

---

① Boskovic, M: *Organized Crime and Corruption*, High School of Internal Affairs, Banja Luka, 2004, p. 133.

② Marinković, D: *Suppression of organized crime-special investigative methods*, Prometheus, Novi Sad, 2010, p. 390.

③ Ilić, GP, Beljanski, S., Majić, M., Trešnjev, A: *Commentary on the Criminal Procedure Code: According to the 2011 Code, as amended on 1 October 2013*, Official Gazette, Belgrade, 2013, pp. 431–432.

关于模拟操作在塞尔维亚共和国的应用，有必要再指出两个具体细节。第一，如果刑法规定该行为为刑事犯罪行为，则达成模拟交易的被授权人不构成刑事犯罪（第176条第2款）。第二，被授权人煽动他人实施刑事犯罪是被禁止的，并应受到惩罚（第176条第3款）。事实上，这意味着在模拟购买、销售或提供商业服务，或模拟给予或接受贿赂时，被授权人不得进行"表演"，因为这将是对犯罪人的煽动。法院需要面临的实践问题是，在执行该特殊取证措施的过程中，这一规则在多大程度上是可能的和可适用的。

七、计算机数据搜索

事实是，到了保护个人数据保密性的法规通过时，许多个人数据早已为不速之客所使用，所以我们通过搜索可以得到什么数据和多少数据完全取决于搜索引擎的能力。这种特殊的取证行为（网络搜索）的本质体现在对已经处理过的、计算机化的个人和其他数据进行计算机审查，并将其与嫌疑人和犯罪的相关数据进行比较。此处的数据主要是指许多公共服务机构和国家机关和组织，即卫生、教育、各种基金、保险公司等为各种需要收集的公民的个人和其他数据①。

这一特殊取证行为的特殊意义在于它能够搜索和收集个人及其他信息。通过自动连接评估和比较与犯有特定罪行的人有关的数据后确定嫌疑人范围，这些可能与犯罪活动有关的数据和信息为将某些人从嫌疑人圈子中排除的方法创造了条件。

计算机数据搜索可以进一步分为积极和消极的搜索。一方面，消极搜索有助于通过对警察、行政和其他记录的自动搜索，将某些人从嫌疑人范围中排除。另一方面，积极的搜索涉及根据在不明身份的犯罪者身上观察到的某些特征、事实或能力来确定嫌疑人的范围（例如，在交通事故现场的司机逃

① Boskovic, A. *Ibid*, p. 167.

跑，而事故的车辆类型是已知的，这种车辆的司机被看作潜在的嫌疑人）[①]。

关于确定计算机数据搜索的权限，与以前的特别取证行为适用相同的规则，这意味着它是由预审法官根据检察官的合理建议决定实施的，因此，法院命令必须包含《刑事诉讼法》规定的某些要素。然而，这种特别取证行为的持续时间与前面提到的其他特别取证行为不同。法律规定其可以持续三个月，若有必要进一步收集证据，可以例外地延长两次，每次三个月，这意味着计算机数据搜索的操作最多可以持续九个月。

八、控制下的交付

控制下交付是一种特殊的特别取证行为，它偏离了刑事诉讼的合法性原则，因为即使有理由怀疑有犯罪行为，也不能对其进行起诉。这种特殊取证行为的本质体现在，控制下的交付允许在主管当局知情和监督下，在塞尔维亚共和国境内交付非法或可疑的货物，或进入、穿越、离开塞尔维亚共和国的领土。这样，在主管部门知情和监督的情况下，允许非法或可疑货物进入、跨越、离开一个或多个国家的领土，以便进行调查和查明参与刑事犯罪的人。这项措施可在一个或多个国家的领土上实施。警察和海关当局的成员必须参与在塞尔维亚共和国领土上实施的这项措施，特别是当需要控制的货物来自另一个国家，并且不知道其交付地点时。与其他国家及其主管部门在这一特别取证行为中的合作是有必要的[②]。

当涉及控制下交付时，发布执行命令的决定权在主管检察官手中，而不是法院。

这种特殊的取证行为的主要目标是查获尽可能多的不同货物，无论涉及的货物是什么，并尽可能多地揭露组织者、犯罪活动的头目以及犯罪者的数

---

① Milošević, M., Kesić, T: *Police in Criminal Procedure*, Criminalistic–Police Academy, Belgrade, 2009, p.186.

② Boskovic, A. *Ibid*, p. 155.

量。监测和控制交货的目的是查明在犯罪组织的层次结构中占据高层或顶层位置的行为者，因此这一行动与其他秘密监视方法（秘密的视频、音频和物理监视）相结合，可以更全面地记录犯罪活动，并收集对刑事诉讼有重要意义的证据。因此，这种措施最常被用来侦查和证明有组织犯罪的重大活动，如与走私毒品、武器、弹药、爆炸物、金钱、文化产品、香烟、技术产品和其他贵重物品有关的犯罪①。

控制下交付由主管检察官确定的警察和其他国家机构执行，并经有关国家主管当局同意，在互惠的基础上，根据已批准的国际协定执行，这些协定对控制下交付的内容作了更详细的规定。必须强调的是，每次交货都必须有检察官的单独批准，这意味着警察成员不能将检察官对一次交货的批准用于其他交货。如果交付要跨越两个或更多国家的边界，那么这些国家的主管当局、国际刑警组织，以及必要时其他国际机构都应参与这项措施的实施。

在实践中，对非法运输的控制可以通过不同的方式实现，这取决于运输的方式以及在每个具体案件中对其进行监测的实际可能性。因此，可疑的或非法的货物可以通过加入从事非法运输的犯罪集团的卧底调查员（特工），或者向警方提供有关其运动方向和执行者信息的线人等方式进行监控。此外，也可以使用现代技术设备进行监视、观察或定位，如结合使用全球定位系统、地理信息系统和电信装置等系统，从远处实施对货物的监视和控制②。

关于控制下交付的期限，可以注意到法律没有对其明确规定，但规定了检察官为每次交付分别签发书面批准。此外，法律还明确规定，在控制下交付后，警察，即另一个国家机构向检察官提交一份报告，其中必须包含控制下交付的开始和结束时间的信息，这无疑是正确的法律解决方案。

---

① Boskovic, G: *Organized Crime*, Criminalistic-Police Academy, Belgrade, 2011, p. 242. Boskovic, A. *Ibid*, p. 155.

② Milojković, B., Marinković, D: *Systems for global positioning and their significance in detecting and proving criminal acts*, NBP, no. 2, 2007, pp. 55-56.

九、卧底调查员

聘用卧底调查员制度来源于外国的经验和法律，它是一种特殊的行动，用于收集相关信息，这些信息在反对有组织犯罪和其他更严重的犯罪中可能具有证明价值。雇用卧底调查员的实质是收集和提交针对他或她所潜入的团体或组织的可疑成员的适当证据，并在必要时出庭作证。与其他一些法律体系不同，塞尔维亚的卧底调查员并不是密探。

但是，在讯问卧底调查员方面慢慢出现的一些经验，也可以用来防止受害者的二次伤害，因为受害者在作证时没有匿名权，而匿名权是卧底调查员作证的前提条件。

与其他特别取证行为不同，法律对聘用秘密调查员作出了一些具体规定。与其他特别取证行为不同，只有行为人实施由有组织犯罪检察机构或战争罪检察机构所管辖的犯罪时，才存在聘用卧底调查员的可能性，其适用不包括《刑法》中所列的其他犯罪。同时，只有在满足适用其他特别取证行为不能收集满足刑事起诉的证据，或其收集的情况将大大恶化这一附加条件的情况下，才能雇用卧底调查员。聘用卧底调查员相对于其他特殊取证行为而言具有辅助性。只有在确定适用其他特殊取证行为不能为刑事诉讼收集证据或会使其收集的难度大大增加时，才会考虑使用和聘用卧底调查员[①]。

雇用卧底调查员的命令是由法院，即预审法官根据检察官的合理建议发出的。这种法院命令具有《刑事诉讼法》规定的某些强制性和选择性要素。在对该命令所包含的要素进行分析时，应特别注意选择性要素，这意味着关于雇用卧底调查员的命令可以规定卧底调查员可以使用技术手段或设备进行拍照、录音、录像或电子记录。显然，卧底调查员可以记录其参加的或与其相关的谈话，但问题是，卧底调查员是否可以在某个个人住所或其他房间安装窃听设备，记录其没有参加的谈话。我们认为，卧底调查员的授权也包括

---

① Boskovic, A. *Ibid*, p. 171.

窃听其他人的谈话[①]。因此，问题来了，上述命令是否包含了进入他人的住所和其他房舍以安装窃听装置的命令，或者这种进入公寓的行为是否必须经特别法庭命令授权方可实施？在这一点上，应该注意《刑法》的规定仅可在公共场所和限制进入的场所或房舍中对嫌疑人进行秘密监视和记录，不得在个人住所中对嫌疑人进行秘密监视和记录（第171条）。

考虑到这一点，这个问题的答案变得更加复杂，但我们仍然认为，在这种情况下，有可能为此种监听提供一个特别的法院命令，允许卧底调查员进入个人住宅和其他场所，并安装窃听设备，因为只有这样，它才符合《塞尔维亚共和国宪法》第40条对个人住宅的不可侵犯性的规定。对此最合适的做法是在《刑法》中明确规定，在有法院命令的情况下，秘密调查员是否可以在公寓内使用录音、录像或电子记录，以及如果可以实施此类取证行为时其适用的具体条件。

卧底调查员的聘用期限可能与收集证据所需的时间一样长，最长为一年。然而，根据检察官的合理建议，预审法官可以将这一特别取证行为的期限再延长六个月。这意味着卧底调查员的聘用期最长可达一年半，一旦申请适用卧底调查员的理由消灭，对其的聘用就会终止。

由于卧底调查员这一取证行为的特殊性，其决定就伴随着一些与其他特别取证行为不同的特点。首先，卧底调查员是由内务部长、安全情报局局长或军事安全局局长，或上述机构授权的人员任命。在实际程序中，卧底调查员最常由内务部长或安全局局长授权的人任命，此类人员通常是卧底调查员的直接上司。此外，卧底调查员的身份总是以假名或代码的形式出现。需要指出的是，卧底调查员通常由内务机构、安全信息局或军事安全局的授权人员担任，但如果是案件特殊情况需要，卧底调查员可以由其他人，甚至是外国公民担任。此外，为了保护卧底调查员的身份，主管当局可以改变信息库中的信息，并以改变后的信息签发个人文件（第185条）。

在塞尔维亚共和国雇用卧底调查员存在另外两个具体细节。首先，卧底

---

① Marinković, D. *Ibid*, pp. 441–442.

调查员煽动实施刑事犯罪行为为法律所禁止，并应受到惩罚（第185条第4款）。这是卧底调查员与“密探”机构不同的情况之一，后者存在于以美国为代表的许多外国立法中。事实上，这一规定意味着如果卧底调查员超越了其权限，并教唆他人犯罪，其可能会被追究刑事责任。其次，在这一方面，另一个可能引起诸多争议的问题就是，当卧底调查员为了防止其角色和身份暴露而实施了犯罪，或者为了不暴露他的角色而不去阻止某种犯罪行为，该如何处理。这种情况应该按照刑法中有关紧急避险一般规则来处理①②。

在刑事诉讼过程中，卧底调查员只能在某些例外情况下作为证人接受询问，而且只能使用代号或假名。审讯本身将以不向当事人和辩护律师透露卧底调查员的身份的方式进行。卧底调查员是通过官员传唤的，该官员在法庭讯问前以其陈述确认了卧底调查员的身份，而作为证人接受审讯的秘密调查员的身份数据是秘密信息。另外，法院的判决不能完全或决定性地以卧底调查员的证词为依据（第187条）。在上述背景下，应该指出，在塞尔维亚共和国除非是上述卧底调查员作为证人接受询问的情况，没有其他匿名作证的可能性。

十、结语

在一百多年前建立现代刑事诉讼法的时候，并没有规定特别取证行为，因为这些方法在当时不被承认。然而，正如在适用涉及少年犯的特殊程序规则时，程序主体需要与该程序有关的特殊知识一样，在科学技术不断变化的今天，必须要求领导或参与刑事诉讼的主体在适用特殊取证行为方面拥有足够的科学领域的知识。考虑到犯罪行为人在现代形式的有组织犯罪活动中非常成功地使用了自然科学和技术科学的现代科学成果，如果检察官、警察和

---

① In detail: Škulić, M: *The criminal act of an undercover investigator committed in an emergency*, Pravni život, 54(9), 2005, pp. 661-690.

② 在这个意义上，教唆实施刑事犯罪被认为是刑法方面的教唆行为，即可以是任何故意挑起或加强另一个人决定犯罪的行为。

其他主管机构只使用经典的、传统的犯罪学方法，不可能在打击犯罪方面实现更高的效率，取得更彻底的成功，这一点非常明显。因此，有必要通过适当的法律规定，使主管当局在反对有组织犯罪和其他困难形式的犯罪时，能够从特定的科学成就中受益。这要求刑事诉讼主体不仅要使用现代科学成果，也要知晓如何解读特殊取证行为所收集的结果。

在这个意义上，欧洲人权法院批准了这种新方法的使用，正是由于其考虑到社会正受到高度复杂的间谍犯罪和恐怖主义犯罪的持续威胁，每个国家都不得不主动对其境内的颠覆分子进行秘密监控。因此，法院必须接受这样一个事实，即由于维护国家安全的利益，以及进行犯罪预防等因素，在某些情况下，国家存在实施秘密监控的合法性权力有其必要性。

塞尔维亚共和国在《刑事诉讼法》中设计了一套特别取证行为，这些行为基本与国际标准相一致。塞尔维亚立法者应该在下一次对刑事诉讼法的修正中对几个有争议的问题，特别涉及对通信的秘密监听和对嫌疑人的秘密监控和记录的问题，进行更精确的定义，并使其与其他法律相协调一致。这一点很重要，因为限制公民基本宪法权利的法律规范，如信件和其他通信手段的保密性或个人住宅的不可侵犯性，必须是清晰、准确和毫不含糊的，也就是说，每个人都必须事先被明确告知，如果其违反了相关的法律规定，就会对其采取某些行动。而现有的解决方案中需要改变的是在应用特殊的证据行动时，拥有跟上技术发展的技术设备，并在预算中事先准备好资金，执行者要对主管检察官和法院负责。

《刑事诉讼法》没有规定在适用的特别取证行为的最长期限到期后，是否可以就同一行为人发布在下一个时期适用相同的特别取证行为的新命令。根据合法性原则，这应该是被禁止的（就像一个人不能因为同样的罪行被警察传唤两次，或者被法院传唤两次一样——一罪不二审的原则），但这一问题仍未得到法律的明确规定。

一个特别的问题可能是在打击有组织犯罪中应用这些特殊的证据行动的效率问题。对于这一问题，不仅要从国家主管机构的效率方面来看，还要从花费预算资金和打击国家和整个现代社会的最大危险之一——有组织犯罪的结果的立场来看。

适用特别取证行为时，如果刑事诉讼主体能够本着负责任的态度和限制性的决定，在申请之后，向主管机构报告甚至包括适用特殊证据行动所造成的费用在内的申请具体证据行动的结果，并在实施中符合社会公共利益的保护要求，以防止犯罪和防止有组织犯罪的危害结果发生为目的，我们就将达到预期的目标。

基础理论研究

大陆法系国家案例编纂的模式与作用研究

周振杰*

摘　要：从规范法治走向案例法治是中国法治建设的趋势之一。虽然大陆法系国家很少以案例为法律渊源，但案例在法治方面的作用越来越大是毫无疑问的。案例法治建设离不开案例编纂。大陆法系国家的案例编纂模式，根据案例与学理联系紧密程度从低到高，可以分为汇编模式、选编模式以及评注模式；根据案例编纂主体是否具有官方身份，可以分为官方模式、民间模式与混合模式；根据载体的不同，可以分为传统模式、现代模式与混合模式，并发挥着释法、普法，指导法律适用的作用，反映、宣传司法实践的基本立场、价值观、政策取向以及其中的变化，引导社会公众的法治观念，培养社会公众的法治信仰，推动司法实务界与法学理论界的相互交流，相互促进发展以及为法学理论研究提供研究基础，推动科学性、前瞻性的修法、立法以及司法等方面的重要作用。对于正在大力推进案例法治的中国而言，在形式层面，具有如下四方面的启示意义：及时性与完整性相统一、统一性与多样性相统一、开放性与便利性相统一以及传统性与现代性相统一。在实质层面的启示意义在于及时编纂案例，完整阐述推理表明价值立场，补充甚至改变相关规则，提高法律的适应性，以及增强司法实践与理论的互动等多个方面。

关键词：案例制度；编纂模式；案例法治；指导性案例

---

* 周振杰，安徽师范大学法学院教授、博士生导师，安徽师范大学司法案例研究中心主任，研究方向为比较刑法学、案例法学。本文为最高人民法院2020年度案例研究课题（2020SFAL022）研究成果。

前　言

随着中国特色社会主义法律体系的形成，法律实施成为主要矛盾，在社会主体的法治意识不是很高的情况下，法治建设的目标要以生成合乎法治的案例为归宿[①]。因此，深化案例研究、充分发挥案例的价值是必然之举。中国的当代案例研究始于20世纪50年代，最高人民法院于1962年印发的《关于人民法院工作若干问题的规定》第7条就已经明确要求人民法院要“总结审判工作，选择案例，指导工作”。1985年5月《最高人民法院公报》开始刊登经特定程序编选确定的各类典型案例、2010年11月26日《最高人民法院关于案例指导工作的规定》的颁布分别标志着中国的案例研究进入了繁荣与规范阶段。随着最高人民法院于2011年12月10日发布新中国第一批指导性案例，以指导性案例为统领、参考性案例为基础的案例工作走上规范化、制度化的道路。

随着具有中国特色的案例指导制度确立，2011年12月最高人民法院发布第一批指导性案例，案例研究成为中国理论界与实务界的研究热点，案例法治也正在逐步形成。作为对中国特色社会主义司法制度的丰富与发展，案例指导制度在总结审判经验、统一法律适用标准、推动社会管理创新、深化认识和处理矛盾与纠纷，以及充分满足人民群众新要求、新期待等方面无疑具有积极作用。与此同时，作为连接实践与理论、问题与规则的桥梁，指导性案例也可以为法学理论研究提供良好的素材，其本身所蕴含的法治信息，所提出的前沿命题，往往成为法学研究创新和理论发展的重要源泉。相应地，有关案例的逻辑推理和法理诠释又能够为立法和司法解释提供新的思路和视角。

在2020年11月召开的中央全面依法治国工作会议上，习近平总书记强调

① 胡云腾：《从规范法治到案例法治——论法治建设的路径选择》，载《法治现代化研究》2020年第5期，第1页。

要坚持统筹推进国内法治和涉外法治。要加快涉外法治工作战略布局，协调推进国内治理和国际治理，更好维护国家主权、安全、发展利益。鉴于案例在国外法治过程与建设中的重要作用，在加强对国外立法研究的同时，也要注重对国外案例的研究。

虽然判例制度、以判例为法律渊源是英美法系的标签，但法是植根于人性之规则，具有趋同性。在科学技术尤其是交通技术日新月异的现代，随着各国面临的共性法治难题越来越多，这一特征越来越明显。体现在法律渊源方面，就是英美法系国家虽然以判例为渊源，但成文法的地位正日渐增强；大陆法系国家虽然坚持成文法的核心地位，但也有着成熟的判例制度[①]。同时，中国大陆地区的立法与法学理论与大陆法系之间的紧密内在联系，以刑法与刑法学理论为例，中国近代刑法学的理论体系以及其概念术语，很大程度上来自日本，新中国成立以后的刑法理论与概念许多是借鉴甚至移植苏联的刑法学理论，而有的又与德国的刑法学理论有着千丝万缕的内在关联。因此，对大陆法系国家的判例制度以及案例编纂模式与作用展开研究，自然也是落实“统筹推进国内法治与涉外法治”要求的必要之举。

为此，本文首先对案例与判例的概念进行了辨析，概览了代表性大陆法系国家的判例制度。其次，回顾了相关国家判例制度与案例编纂的发展。再次，对不同编纂模式的价值进行了分析。最后，尝试探讨了大陆法系国家案例编纂模式的借鉴意义。

一、大陆法系国家的案例、判例与判例制度

鉴于在当前的研究文献中，存在混淆案例与判例的现象，进而给比较研究带来了困难，此处首先对相关概念进行辨析，以为后文论述奠定基础。

---

① 何家弘:《外国司法判例制度》，中国法制出版社2014年版，第166页。

（一）概念辨析

1.案例与判例

从词源上看，当前关于案例与判例的混淆，主要是受到英美法系国家相关表述的影响。因为判例制度的发源地是英美法国家，而在英美法国家存在Case，Case Law以及Precedent等紧密相连而又存在差异的表述。因为Case Law在汉语中通常被译为“判例法”，所以Case自然而然地就被理解为“判例”，包括某些学术文献[①]。但是，英美法国家的学术文献以及教科书却是用“Precedent”一词指代“判例”[②]，原因何在呢?

究其原因，可能在于两个方面。其一，从词源上讲，Case一词的历史相对较长，而且含义相对较广。Precedent是在“遵循先例”（Stare decisis）这一英美司法判例制度的基本原则确立之后才出现的，因此现在Precedent一词被用于特指判例。其二，从关联上讲，Case与Precedent二者之间存在包含与被包含的关系，也即前者的含义广于后者，包含后者。从《布莱克法律词典》中Case的“诉讼、官司或者法律争议”的概念出发，其对应的汉语翻译是“案例”或者“案件”。简而言之，案例（Case）和判例（Precedent）之间的关系可以概括为：所有的判例都是案例，而且是已经具有法律效力的案例；但是只有经过汇编或者遴选的案例才是判例，就如《牛津现代法律用语词典》所定义的，判例是指“作为决定日后可能产生之相同或者相似案件或者相似法律问题之基础的已决案件”[③]。质言之，判例是指法院在特定案件中，对特定法律领域或者特定法律问题作出的结论性判断。

需要指出的是，判例在不同时期有不同的表达。判例源于人类解决社会冲突的经验，是人类处理具体社会矛盾的理性智慧结晶。因此，在古罗马时

---

① 例如，薛波主编：《元照英美法词典》，法律出版社2003年版，第197页。

② See，for example，Michael J. Allen . Textbook on Criminal Law，Oxford：Oxford University Press，2013：133，322 and 333；D. Neil MacCormick and Rorber S. Summers. Interpreting Precedents：A Comparative Study. London：Routledge，1992.

③ ［美］布莱恩·A.加纳：《牛津现代法律用语词典》，法律出版社2003年版，第680页。

期被称为法律科学或者法的实践科学。如下文所述，在古罗马时期，法学家的活动已经具有判例的雏形。古罗马的大法官告示和法学家的解答都是在司法实践的基础上建立的，是他们作为法律实践者和学者进行的活动中得出的方法。这两种法学家的活动在古罗马时期不但在意大利，在今天的德国等地区都具有法律权威。

2.判例的地位

在以制定法为法律渊源的大陆法系国家，判例在理论上当然不具有法律渊源的地位。就现有的观点所言，大陆法系国家传统上只承认制定法与习惯法为正式的法源，法学界也普遍认为司法判例不同于法律规范本身。但是在实践中，判例的约束力实际得到了充分尊重，这在其引用情况上也直接体现了出来。例如，在20世纪90年代初期，德国联邦宪法法院、行政法院的判决中判例的引用率都在97%以上，财税法院判决的引用率更是高达99%以上[①]。进入21世纪之后，虽然成文法有了较大的发展，但是各法院体系判决中的判例引用率依然居高不下，虽然大多数法院都是引用自己的判例[②]。如果律师不是根据而是脱离甚至偏离判例提出自己的观点，"当事人的主张肯定不会得到支持"[③]。尤其需要指出的是，在德国，判例分为单独判例与连续判例，二者的效力存在细微差别。单独判例，是指法院在之前审判中仅仅作出了一个或者数个与待判案件类似的判决；连续判例，则是指法院在之前的审判中已经就同类案件作出了一系列的判决，形成了定型的处理原则。相比较而言，后者的约束力更为稳定，德国学者甚至将之称为"法律的延伸"，认为其约束力应与制定法相同。与此相应，如果要推翻单独判例，只需要以其他一个或者一个以上的不同判例取代既有判例即可，而要推翻连续判例，则需要提供比推翻单独判例更有力的证据，而且在实践中新的判决通常由确立连续判例的法院或者其上级法院作出。因此，有的观点认为，虽然德国是成文法国家，但

---

① 王允：《判例在联邦德国法律制度中的作用》，载《人民司法》1998年第7期，第50页。

② ［德］罗伯特·阿列克西、拉尔夫·德莱尔：《德国法中的判例》，高尚译，载《中国应用法学》2018年第2期，第136—137页。

③ 王洪亮：《德国的判例编纂制度》，载《法制日报》2005年3月10日。

是“判例具有非常重要的论理作用。在公法领域尤其是在行政法领域，在特定的范围之内，判例法是德国最主要的法律渊源”[①]。

日本的情况也相类似，就如日本学者所言：“确切地说，判例直接约束的对象只有法官。与此相对，检察官与律师不受判例的直接约束，可以自由地表述自己的意见。但是，检察官与法官都希望法官能够作出与自己的预期相一致的裁判，所以完全不顾判例进行阐述毫无意义。因此，以法官受到判例约束为前提进行诉讼活动，更具有实际意义。……如此，可以说检察官与律师的活动也间接受到判例的支配。就是在此意义上，判例在实务中具有支配地位。不仅如此，还应该说判例对于社会一般民众也具有重要影响。……判例能够对审判产生重大的影响，就不能不说对一般的社会法律生活也产生影响。如果（民众）认为判例能够左右诉讼结果，自然在实际的法律生活中也会因此产生这种倾向。在这个意义上，不得不说判例对于超越实务世界的全部社会生活也起到支配作用。”[②]

与此同时，虽然通常认为，与以判例为法律渊源的英美国家不同，大陆法系国家不允许法官造法，但是判例有时候还在无形中发挥修改甚至创造法律规则的作用。在司法判例制度趋弱的19世纪，大陆法系国家的法官的确不能享有自由发现或者制造法律的权力，而只能机械地运用法律。但即使在这一时期，判例的作用仍然不容忽视，就如日本学者所言，统治者通过神化立法者的造法能力、推崇理性信仰、制定法典来压制法官和法学家，但结果却适得其反，历史法学派无视法典的存在，法官们则在法条下都附加上判例[③]。20世纪以来，随着判例的作用越来越受到重视，大陆法国家法官的能动作用也越来越大。虽然意大利的法官仍然恪守行使有限自由裁量权的原则，但是法国与德国的法官实际上都在创造法律，不同的是法国的法官是“做而不说”，因为他们不喜欢让人感到自己在创造法律规则，而德国的法官则没有

---

① 黄卉等编：《大陆法系判例：制度·方法——判例研读沙龙I》，清华大学出版社2013年版，第24页。

② ［日］中野次雄：《判例とその読み方》，有斐阁2009年版，第11—12页。

③ ［日］大木雅夫：《比较法》，范愉译，法律出版社1999年版，第177—178页。

"任何传统的思想包袱"[①]"劳动法中的很多主要规定都是由法官造法组成的"[②]。历史法学派甚至认为法官法的概念中就包括了法官造法，而且主张"判例和法官造法的理论属于宣示性理论的一种传统模式"[③]。

时至今日，虽然如上所述，判例在德国并非公认的法律渊源，但是法官造法的事实依然存在，而且法官更加认同自己的创造性角色。尤其重要的是，法官造法获得了联邦宪法法院的支持，就如其在判例中所言："在立法规定不充足的情况下，法院要用已知的方法从法律关系中提取实质的法律。"[④]在劳动法领域，许多重要的规范都是法官造法的结果；在行政法领域，在1976年行政法典通过之前亦是如此。现在德国侵权法上的"一般注意义务"，也并非立法规定，而是民庭法官通过数个判例确立的原则，尤其在著名的"炭疽病案"体例中，法官明确指出："任何从事特殊职业活动并提供服务于公众者，承担一种责任，即当行使职责时，应担保事物井然有序地进行。通过这种职业或营业活动，将促使产生一般法律上义务，人们可以统一称之为'一般注意义务'。"[⑤]德国民法中的"一般人格权"也是联邦法院通过判例确立的法律制度，就如德国学者所言："为保障法的安定性，必须按科学普遍承认的规则进行法律续造"[⑥]，这一点在联邦宪法法院曾确认一系列联邦普通法院"在文义上与成文法相抵触"[⑦]的判决也显露无遗。正因如此，有的观点认为，判例在德国就

① 何家弘：《外国司法判例制度》，中国法制出版社2014年版，第20页。

② [德]罗伯特·阿列克西、拉尔夫·德莱尔：《德国法中的判例》，高尚译，载《中国应用法学》2018年第2期，第143页。

③ [德]罗伯特·阿列克西、拉尔夫·德莱尔：《德国法中的判例》，高尚译，载《中国应用法学》2018年第2期，第148页。

④ [德]罗伯特·阿列克西、拉尔夫·德莱尔：《德国法中的判例》，高尚译，载《中国应用法学》2018年第2期，第143页。

⑤ [德]罗伯特·阿列克西、拉尔夫·德莱尔：《德国法中的判例》，高尚译，载《中国应用法学》2018年第2期，第143页。

⑥ [德]提尔曼·雷普根：《德国联邦宪法法院"索拉娅案"——"创造性法律发现"的经典教案》，胡剑译，载《华东政法大学学报》2017年第5期，第312页。

⑦ [德]罗伯特·阿列克西、拉尔夫·德莱尔：《德国法中的判例》，高尚译，载《中国应用法学》2018年第2期，第160页。

是客观上的法源，只不过约束力相对制定法较小而已[①]。在日本，也有观点认为判例实际上具有“有限的法律渊源”的性质，在法律规范的范围之内，实际上与制定法具有同样的约束力，并起到补足刑法规范缺陷的作用，而且承认判例具有法律渊源的地位符合罪刑法定原则的要求[②]。

（二）判例制度

从判例的概念出发，可以认为判例制度是指一个国家或者地区涉及判例遴选、编辑、发布、内容、效力、引用、推翻等规则的总和[③]。以法律是否明确规定为标准，可以将判例制度分为法定的判例制度与事实的判例制度。在大陆法系各国中，有的国家存在法定或者事实的判例制度，如日本、法国等；有的则是二者并存，如德国和巴西等。

1.法定的判例制度

制定法是大陆法系国家的最主要法律渊源，作为代表性国家之一的日本当然亦不例外。但是随着1946年颁布《日本宪法》采纳美国宪法的思路，在第31条等条文中规定了程序正义的内容[④]，日本相关立法也明确规定了判例制度。例如，2006年修订的日本《法院法》(《裁判所法》）第4条明确规定，上级法院所作判决中的判断，就具体案件对于下级法院具有约束力。1948年颁布实施的日本《刑事诉讼法》第405条规定，如果存在下述情形，可以认定针对高等法院的第一审或者第二审判决的上告成立：（1）违反宪法，或者对宪法解释错误；（2）作出与最高法院的判例相反的判断；（3）如果不存在最高法院的判例，作出与大审院、相当于上告法院的高等法院或者本法施行后相当于控诉法院的高等法院的判例相反的判断。1995年颁布实施的日本《民

① Foste, N. and Satish Sule. *German Legal System and Laws*（*4th edn*），Oxford University Press，2010：55.

② ［日］前田雅英：《刑法総論講義》，东京大学出版会2011年版，第59页；［日］大谷実：《刑法講義総論》，成文堂2019年版，第5页。

③ 何家弘：《外国司法判例制度》，中国法制出版社2014年版，第5页。

④ 《日本宪法》第31条规定：不经法律规定的手续，不得剥夺任何人的生命或自由，或科以其他刑罚。

事诉讼法》第318条也规定，在上告程序中，如果最高法院认为存在原判决违反最高法院的判例（如果没有最高法院的判例，则是大审院、上告法院或者作为控诉法院的高等法院的判例）的情形，则可以决定上告成立[①]。

需要指出的是，因为《刑事诉讼法》与《民事诉讼法》都将违反高等法院的判例作为上告理由，所以就判例的作出机关，在理论上存在是最高法院还是最高法院与高等法院的争论。从法条表述与主流理论来看，判例的作出机关应该仅是最高法院，因为根据上述《刑事诉讼法》与《民事诉讼法》的规定，最高法院（以及1947年之前的大审院）的判例才是上告的理由，高等法院的裁判先例只是最高法院判例的补充，而且以违反最高法院的判例与高等法院的裁判先例为理由提起的上告，审理组织也不同，前者是最高法院的大法庭，即所有最高法院法官组成的审判庭，后者可以是5名法官组成的小法庭。与此同时，在理论上，判例具有法律解释的性质，应该在日本全国范围内具有约束力，这一点只有最高法院的判例能够做到，而且这也是保持法的安定性所必需的[②]。因此，“虽然法律规定，如果不存在最高法院的判例，高等法院的判例作为先例也具有一定的约束力，但是……高等法院判例的约束力与最高法院的判例的约束力，是有实质性的差别的。从根本上而言，可以说高等法院的判决在诉讼程序中可以成为上诉的理由，但不是严格意义上的‘判例’”。[③]“如果在严格意义上使用，判例一词仅指最高法院的判例。”[④]

虽然德国也不承认判例是法律渊源，但是其《德国联邦宪法法院法》第31条明确规定，联邦宪法法院的判决不但对于联邦所有宪法规定的机关，而且对于各州及其法院和其他机构具有约束力。同时，宪法法院在重大案件中认定法律无效案件的判决与成文法具有相同的法律效力，也即明确了宪法法

---

① 日本的法院体系包括最高法院与下级法院。最高法院管辖上诉案件、特别抗诉案件和弹劾案件，任何判决均为终审判决。下级法院包括简易法院、家庭法院、地方法院和高等法院。各级裁判所一律兼理民事、刑事案件，实行四级三审制。

② ［日］井田良：《変革の時代における理論刑法学》，庆应义塾大学出版会2007年版，第62—63页。

③ ［日］渡边纲吉：《判例研究の基礎理論》，爱知学院大学出版部1968年版，第226页。

④ ［日］渡边纲吉：《判例研究の基礎理論》，爱知学院大学出版部1968年版，第166页。

院判例的法定约束力。德国立法明确规定联邦宪法法院判例的约束力，主要原因是德国普遍将宪法法院视为国家的柱石、民主政治的脊梁，认为“在充满不稳定因素的时代，联邦宪法法院是寄托着公民之信任来维护政治秩序和国家利益的机构”。[①]德国宪法法院的权威植根于其诞生的历史背景。在1918—1933年的魏玛共和国时期，正是利用魏玛宪法中“于德意志帝国之公共安全与秩序受到阻碍或危害时，帝国总统得采取必要措施以重新恢复公共安全及秩序，必要时得以武力介入。为达此目的，帝国总统得暂时使规定于第114、115、117、118、123、124及153条中之基本权利一部分或全部丧失效力”（第48条第2款）等条款的规定[②]，时任总统兴登堡颁布命令阻止反对纳粹的政党夺权，帮助希特勒登上独裁宝座。因此，在“二战”彻底战败、无条件投降之后，德国《基本法》起草者牢记这一惨痛教训，在该法第18条确立了“自由民主基本秩序”，规定任何试图破坏或者废除这一秩序的政党都因违反宪法可以被取缔，并设立了德国历史上的第一个宪法法院，负责解释宪法、保护公民基本权利、厘清联邦政府与各州政府之间的权力边界[②]。

巴西的法律源自其前宗主国葡萄牙，因此也属于大陆法系国家。与德国和日本等国家一样，传统上以成文法为法律渊源，法院在审理案件之际，必须严格适用成文法，包括联邦最高法院在内的各级法院的判例对之后的案件审理都没有法律约束力。但是2004年通过的《1988年宪法修正案》（第45号宪法修正案）通过创设具有鲜明特色的“有法律约束力的判例”制度，改变了这一传统。该修正案第103-A条明确规定：“联邦最高法院通过判决对宪法性问题进行重述后，可依职权或依建议，经其2/3以上的成员通过并经官方公布成为判例。判例经公布后，对联邦、州、市的直接行政机关、间接行政机关以及司法机关具有约束力。联邦最高法院依据法律规定，可以修改或

---

① 郑戈：《传统中的变革与变革中的传统——德国宪法法院的诞生》，载《交大法学》2017年第1期，第40页。

② 郑戈：《传统中的变革与变革中的传统——德国宪法法院的诞生》，载《交大法学》2017年第1期，第101页。

废止判例。”同条对制度的目的和运行也进行了提纲挈领式规定[①]。如此，如果关于宪法问题的判决经法定程序公布，就成为具有法律约束力的判例。此后，2006年12月19日，巴西国会通过了被称为《有法律约束力判例法》的第11.417号法，对该制度的运行作出了详细规定。

2.事实的判例制度

如上所述，在德国只有宪法法院的判例具有法定约束力。但是，其他法院的判例也具有事实上的约束力。其实，早在中世纪继受罗马法的时期，判例就在德国的司法实践中发挥着重要作用，意大利司法实践中有效而且能够清楚、简洁表述出来的各项原则，甚至成为德国立法[②]。在17世纪与18世纪，德国出版了大量的判决汇编，在19世纪甚至出现了崇拜判例的景象。法学大师弗里德里希·卡尔·冯·萨维尼在19世纪初期创立的历史法学派更加突出了司法判例的作用，并提出了判例和法官造法的问题，其理论影响至今仍在[③]。20世纪以来，遵循先例其实成了一种司法传统，或者说“德国司法实务中的基本原则”。[④]

德国具有统一的法院体系。同时，因为实行联邦制，法院体系分为联邦与地方两个层次。此外，在政治体制、文化传统、权利运动等因素的影响下，德国还存在复杂的行政法院体系。具体而言，根据《德意志联邦共和国基本法》《法院组织法》《财政法院法》《社会法院法》等相关法律的规定，德国的法院体系可以分为宪法法院体系、行政法院体系、社会法院体系、财税法院体系、劳动法院体系和普通法院体系。就审级而言，在宪法法院体系中，州层面有州宪法法院，联邦层面有联邦宪法法院，二者之间并无隶属关系，审理案件采用一审终审制。在特殊情况下，联邦宪法法院也可以受理当事人针对州宪法法院判决的宪法申诉。行政法院、社会法院与劳动法院体系的审级

---

① 刘天来：《巴西有法律约束力判例制度研究》，载《拉丁美洲研究》2017年第39卷第2期。

② [德]卡尔·路德维格·冯·巴尔：《大陆刑法史》，周振杰译，法律出版社2016年版，第137页。

③ [德]罗伯特·阿列克西、拉尔夫·德莱尔：《德国法中的判例》，高尚译，载《中国应用法学》2018年第2期，第150—151页。

④ 王刚：《德国判例刑法（分则）》，北京大学出版社2016年版，序言。

基本相同，分为行政（社会、劳动）法院、高级行政（社会、劳动）法院与联邦行政（社会、劳动）法院三级。财税法院与普通法院体系相对特殊。前者仅分为州财税法院与联邦财税法院两级，后者则分为初审法院、州法院、州高级法院和联邦法院四级，并包括民事与刑事审判机构两个部分，实行三审终审制。[①]

如上所述，必须遵循已经确立的判例，这是德国司法的基本原则。因此同一法院通常会遵循其之前作出的判例，这是维护法律确定性的必要之举；下级法院总是会遵循上级法院作出的判例，因为违反上级法院的判例不但会导致法律争议，而且会致使本院的裁判被上级法院推翻的不利后果，影响法官的职业声誉。同级法院之间虽然并无遵守彼此判例的义务，但是各法院系统的立法中都包含一些需要共同遵守的程序性规定，如此才能确保各州的高等法院之间、联邦各最高审级法院之间裁判上的统一性与连续性。简而言之，尽管因为裁判法院的等级、判例的连续性以及裁判说理的充分性等因素的影响，各个判例的约束力可能存在不同，但是遵循先例是一般性的原则。正因如此，德国各级法院"与待判案件可能相关的所有先前裁判"[②]都可以说是判例。

与德国相似，在上述具有法定约束力的判例制度之外，巴西也存在具有事实约束力的"指导性判例"制度。这一制度可以追溯至1946年巴西律师公会关于宪法修改的提案，该提案建议当法院之间或法院与联邦最高法院之间对法律有不同的理解时，联邦最高法院通过法院内部规则确定对该争议法律适用的解释，下级法院必须遵守[③]。该提案虽然没有被1946年的《巴西联邦宪法》也未被最高法院1964年修订的《法院内部规则》采纳，但是受其影响，联邦最高法院法官自1963年伊始逐渐创建了没有法律约束力的指导性判例制度，以为下级法院审理案件提供参考，减少判决相互矛盾的现象，为法官减负。之后，其他法院纷纷效仿了联邦最高法院颁布自己的指导性案例，最终

---

① 何家弘：《外国司法判例制度》，中国法制出版社2014年版，第168—170页。

② 何家弘：《外国司法判例制度》，中国法制出版社2014年版，第159页。

③ 刘天来：《巴西有法律约束力判例制度研究》，载《拉丁美洲研究》2017年第39卷第2期，第99页。

促使指导性案例制度进入立法。1966年5月30日颁布的巴西联邦第5.010号法律第63条规定："联邦上诉法院通过全体大会批准关于法律适用的判例，以对联邦初审法院和利害关系人提供法律适用的指导"，赋予了联邦上诉法院颁布判例的权力。1973年的《民事诉讼法典》第479条规定："判决经过法院所有法官绝对多数票通过则可以成为判例，并由此建立法律统一适用的指导性判例制度。判例的颁布由法院内部规则规定。"1980年10月15日的《法院内部规则》第102条也规定："法院适用法律时应参照联邦最高法院的判例。"[①]简而言之，目前巴西同时存在具有法律约束力与事实约束力的判例，而且这两种制度并行不悖。

法国严格划分立法权与司法权，严格限制司法判例的法源地位，法院判案原则上以成文法为根据，就如法国学者所言："判例从来不是法国正式的法律渊源，也没有任何成文法规赋予判例约束力。"[②]"在一个以成文法为基础的法律体系中，法官如果可以在先前的判决中寻找其判决的依据，这简直是不可想象的。"[③]但在行政法领域，法国很早就建立了行政判例制度，最高行政法院的判例具有当然的约束力，行政法院的判例是行政法的重要渊源，行政法的重要原则，几乎都是产生于行政判例，甚至可以说法国的行政法就是建立在行政法院的判例之上。就如法国学者弗德尔所言："如果我们设想立法者大笔一挥，取消全部民法条文，法国将无民法存在；如果他们取消全部刑法条文，法国将无刑法存在；但是如果他们取消全部行政法条文，法国行政法仍然存在，因为行政法的重要原则不在成文法中，而存在于判例之中。"[④]

法国的法律体系对意大利有着重大影响。一方面，意大利也严格限制判例的法源地位。例如，被沿用为意大利网络宪法的1848年《阿尔贝蒂诺宪章》（Statuto

---

① 刘天来：《巴西有法律约束力判例制度研究》，载《拉丁美洲研究》2017年第39卷第2期，第100页。

② ［法］米歇尔·托贝克里斯托夫·格里茨戈克：《法国判例制度》，余厚宏译，载《法律方法》第32卷第3期，第3页。

③ 转引自［法］米歇尔·托贝克里斯托夫·格里茨戈克：《法国判例制度》，余厚宏译，载《法律方法》第32卷第3期，第3页。

④ 转引自杨成：《法国行政判例制度及其借鉴》，载《行政与法》2007年第6期，第1页。

Albertino）第73条规定："以对所有的人都具有拘束力的方法来解释法律，只属于立法权。"1947年《意大利共和国宪法》中虽然没有明确规定这一问题，但是从该法确定的立法权和司法权区分的框架以及第101条法官只从属于法律的规定出发，判例不属于具有形式上的法律拘束力的法源被公认为基本法律原则。另一方面，该法第111条要求法官在作出司法判决的时候，必须说明理由。就判断已经说明理由的标准，意大利最高法院1983年5月13日的第3275号判决认为："下级法院在处理一个明确表达出来的问题的时候，即使只参考了最高法院判例，就视为已经履行了说明理由的义务。"如此，也可认为意大利最高法院的判例对下级法官具有事实上的拘束力与道德或事实上的权威[①]。

二、大陆法系国家案例编纂的现状与模式

判例是经遴选、汇编的案例。因此，判例制度的有效实施离不开案例编纂。在承认判例约束力的国家与地区，通常案例编纂都比较发达，英美国家如此，大陆国家也是如此。

（一）案例编纂的发展与现状

1.德国

早在17世纪与18世纪，德国就出版了数量众多的民间判决汇编。19世纪中叶，德国官方开始编纂并出版正式的判例集，并出现了崇拜判例的景象。在编纂案例之际，编纂者通常会遵循一定的规则，例如，在内容上总结、提炼判决理由，在形式上增添标题、判决主旨、相关法条等。需要指出的是，不论是德国的联邦法院还是下级法院，都并没有关于案例汇编的司法规范或者内部规定，也没有特定的机构与专职工作人员负责案例汇编，因此具体事宜都是由等级较高的法院自行决定，程序比较自由。尽管如此，法院所选取的判决的质量能够得到保证，并具有相当的权威性。

① 薛军：《意大利的判例制度》，载《华东政法大学学报》2009年第1期，第85页。

除了由德国联邦司法部编辑出版的《联邦法律公报》，德国的官方判例集还有六个联邦法院出版的判例集，这些法院按照时间顺序将其最重要的裁判在各自的系列判例集里刊登出来。如上所述，在德国的判例体系下，联邦宪法法院负责审查法律适用中的合宪性争议，因此其判例处于顶端的位置。德国联邦宪法法院和德国联邦法院是每年都依照专业领域，各出版一册或若干册精选的、厚达几百页的判例集，即德国《联邦宪法法院判例集》《联邦普通法院民事判例集》《联邦普通法院刑事判例集》等。这种模式的判例编纂，在德意志第一帝国时代就已经奠定了深厚的基础。以刑法为例，从1871年德国统一到“二战”期间，每年均出版有《帝国法院刑事判例集》。“二战”之后，盟军占领德国期间，则编纂出版有《英占区法院判例集》等。与此同时，下级法院也编纂有判例集。像巴伐利亚州高等法院，自联邦德国建立以来一直专门编纂自己的判例集。其他州高等法院，也有联合起来编纂的判例集①。

在通常情况下，例如最高普通法院刑事判例集，是将判决要旨（主旨）与判决全文一并公布。但是也存在仅刊登判例要旨，不刊登法院所有的判决，仅就具有普遍意义的判决内容全部刊行的情形。司法部门编辑出版的各种官方判例集最为正式，具有权威性。为了便于引用，每个判例集都有自己的缩写形式，具体如表1所示：

表1 德国官方判例集及其德文缩写

判例集缩写形式	判例集名称
BVerfGE	《联邦宪法法院判例集》
BVerfGK	《联邦宪法法院合议庭裁判集》
BGHZ	《联邦普通法院民事判例集》
BGHSt	《联邦普通法院刑事判例集》
BVerwGE	《联邦行政法院判例集》
BFHE	《联邦税务法院判例集》
BAGE	《联邦劳动法院判例集》
BGSE	《联邦社会法院判例集》

① 蔡桂生：《德国判例编纂及其公开化实践》，载《检察日报》2018年12月13日。

德国收录在官方判例集中的判例内容通常包括三个部分：1.标题；2.判例要旨；3.裁判书原文。在德国，法院判决的规范结构和内容在法律中都有明确的规定，例如《民事诉讼法》第313条第1款的一般性规定与《刑事诉讼法》中一些特殊的规定[①]。根据法律规定，德国裁判文书的结构具体包括：（1）裁判文首，包括裁判法院、裁判法庭、裁判类型、裁判日期、裁判文号、法官姓名、诉讼参与人（原告、被告、法定代理人、辩护律师等）、案由等；（2）裁判结论；（3）裁判理由，包括事实和说理两部分；（4）法官署名[②]。法院判决刊登时将会省略裁判结论。除了前述内容，联邦宪法法院的《联邦法律公报》中的判例内容还包括法官的不同意见。[③]

在上述纸质媒体之外，德国联邦宪法法院、联邦最高法院都将其判决在法院官方网站上公布。此外，联邦普通法院曾按照法条顺序以活页的方式编辑过一套名为“BGHR”的官方系列判例集，纸质版已经停印，电子版并入BGHZ和BGHSt中。

此外，德国的各类学术期刊也会刊登司法判例。德国各级法院每周都会在《新法学周刊》（Neue Juristische Wochenshrift）杂志上登载法官认为有意义的最新判例，并经常邀请学者附带评论。判例结构通常由标题、引导词、法条、关键词、案件信息、案件事实、裁判理由以及案件评论等部分组成，其中引导词、相关法条标识、关键词部分由《新法学周刊》专业编辑制作、整理，并穿插附于原案例前后[④]。该周刊的年度合订本达四千余页。这种以周刊刊载判例和实践性论文的形式非常有助于法律界及时交流学术和实务信息。此外，德国还有专门针对特定领域的民间判例集，例如，保险法领域的《法律与损害》，社会法领域的《新社会法杂志》等，但是这类判例集专业性较

---

① ［德］罗伯特·阿列克西、拉尔夫·德莱尔：《德国法中的判例》，高尚译，载《中国应用法学》2018年第2期，第135页。

② 何家弘：《外国司法判例制度》，中国法制出版社2014年版，第186页。

③ 王允：《判例在联邦德国法律制度中的作用》，载《人民司法》1998年第7期，第50页。

④ 高尚：《德国判例结构特征对中国指导性案例的启示》，载《社会科学研究》2015年第5期，第99页。

强，对审判实践影响较小。

德国的各级法院还会在各学科的法学杂志上刊登一些案例，比较广为人知的有《法学家报》《新刑法杂志》以及《经济刑法和税收刑法杂志》等[①]。所有的判例集、专业杂志可以公开订阅，也可以在法院、科研院校的馆藏中查得。涉及社会和政治利益的判决经常会被刊登在报纸上，通常情况下刊物的级别越高，报道就越密集和准确。

进入互联网时代之后，德国判例制度也逐渐实现了数字化。一方面，许多判例被收录进相关网站与数据库，其中最重要的是"Juris"网站，收录了德国法院自1976年以来的大部分判决，包括联邦宪法法院、联邦最高法院以及联邦各专门法院审理的几乎所有重要案例（涉及国家安全、社会公德、个人隐私、未成年人的案例除外）[②]。另一方面，联邦宪法法院、联邦法院与各州各级法院的官方网站也提供了裁判文书数据库[③]。例如，在德国联邦宪法法院的网站上，公众可以免费查询到1998年后的判例；在德国联邦法院的网站上，公众可以免费查得2000年后的判例，以供非营利目的之使用。当然，公众也可向其索取之前的判例。低级别法院虽然也公开判决，例如北威州有杜塞尔多夫、哈姆和科隆等三个高等法院，以及其他州法院和地方法院。在各级法院的网站上，均有链接指向北威州判例数据库，可查得北威州所有各级法院民事、刑事、行政、金融等各领域的裁判文书，但是相较于联邦法院或者各联邦州的最高法院而言要少，其判决是否公开往往取决于诸多因素，譬如是否偏离了判例[④]。

2.日本

日本现代判例制度与案例编纂的历史，可以追溯至19世纪70年代明治

---

① 蔡桂生:《德国判例编纂及其公开化实践》，载《检察日报》2018年12月13日。

② 胡伟新:《德国葡萄牙法院案例在指导审判和保证法律统一适用方面的作用》，载《法律适用》2011年第2期，第113页。

③ 蔡桂生:《德国判例编纂及其公开化实践》，载《检察日报》2018年12月13日。

④ [德]罗伯特·阿列克西、拉尔夫·德莱尔:《德国法中的判例》，高尚译，载《中国应用法学》2018年第2期，第136页。

政府以西方立法为蓝本开启近代立法进程之时。1872年，就任明治政府司法卿的江藤新平开始推动近代司法制度改革。江藤改革的中心之一就是设立司法省，并赋予司法省统一管理全国行使司法权的法院的职能。应当指出的是，当时司法权的行使不是完全独立的，因为在当时的日本并没有完整地建立起统一的审判机构。所以在某种意义上，各个法院具体判决之间并无系统的联系，因此也就无法对之进行系统的理解与把握。

1875年，日本开始在全国建立起大审院、上等法院、府·县法院的三级裁判结构。根据当时的法律规定，作为最高等级的法院，大审院有权接受民事与刑事上告，并通过纠正上等法院等审判机关的违法判决，维护法令的统一。此后无论具体的立法是否存在，法院的判决实际上都被视为保护法的统一性的基石。同年，大审院开始由判决之中选出具有代表性的一部分，作为大审院的判决录，由司法省对外刊行。也是自1875年起，日本的判例研究开始出现。1885年，大审院明确表明，刊行判决录的目的就在于选择出必须得以效仿的模范判例。

但是判例制度与案例编纂在日本的形成并非一帆风顺。1875年，就在司法省开始刊行大审院判决录的同时，太政官颁布了规定判决事务基本原则的103号布告，根据该布告第4条的规定，法官在裁判时的判断，不得成为将来例行的一般规定，而且应该禁止民事·刑事判决的立法效力与法源性。这一禁止性规定的出台，主要是因为当时仍然集立法、司法、行政三权于一体的中央官厅对开始独立的司法权感到不安。大审院判决录的刊行与太政官的布告同时面世，在另一个意义上，就是判例的事实形成与公然否定的并存。这一现象虽然使其后的判例发展与判例研究更加复杂，但并没有阻止判例制度的历史形成。在1889年明治宪法颁布之前，判决已经慢慢地变成了“判决例”。

1889年，日本颁布了具有划时代意义的明治宪法。该法第56条规定，司法权由法院以天皇的名义根据法律行使，由此明确了法院必须遵循的权威与基准，第60条通过规定“特别法院的管辖事项由法律另行确定”，限定了司法权的适用范围。1890年，以新颁布的明治宪法为基础，日本颁布了新的法院组织法，保留大审院，将下级法院改设为高等法院与地方法院，并赋予了大审院新的职能。1895年，大审院自行编辑刊行了大审院判决录第1辑，这标志着判例制度实际上得到了进一步的发展。

在此之后，虽然因为德国法学理论在日本占据了统治地位，“判决是由所谓法官的法律实务者作出的，不过是对法律解释的应用实例，对此无须重视”的观点成为理论界的多数派观点①，但因为当时的法律大部分是在短时间内仓促所立，存在很多的缺陷，而且日本的资本主义发展很快，社会发生了急剧的变化，已经制定的立法不足以满足社会变化的要求，所以在现实中，判决作为先例还是在司法实践中发挥着重要的作用。例如，1910年轻微违法行为无罪的一厘案判决、1915年婚约有效案的判决、1919年关于权力滥用案的判决等大审院判决“都是以超过法规甚至法律解释学说想象的姿态对现实作出了处理”②。1922年，“大审院判决录”更名为“大审院判例集”也从一个侧面说明了判例在实践中的重要作用，因为判例集是大审院在创造“判例”的意识支配下编辑出版的，意在发挥从判决中抽象出所谓的“判决要旨”的原则性判断的指导性作用。这表明，判例制度在实践中逐渐成熟。

1945年之后，日本在联合国军最高司令官总指挥部（GHQ）的主导下以三权分立为基本原则开始了战后立法与司法改革。1946年，日本颁布了新的宪法，该法第76条规定：司法权，全部属于最高法院以及根据法律设置的下级法院所有。1947年，日本颁布实施了《法院法》，根据该法第1条、第2条规定，在最高法院之下，设有高等法院、地方法院；根据该法第4条的规定，上级的法院所作判决中的判断，就具体案件对于下级法院具有约束力；根据该法第7条、第10条的规定，在上告程序中，关于宪法与其他法律、命令、规则的解释适用，如果出现了与最高法院的判例相反的情形，最高法院应该组成大法庭进行审理。《法院法》的规定，从立法上确立了日本的判例制度。

在立法确立判例制度后，日本的案例编纂全面进入了快速发展阶段。官

① ［日］长谷川正安：《判例研究の方法》，法律时报35卷9号34页。

② ［日］长谷川正安：《判例研究の方法》，法律时报35卷9号35页。

方的主要编纂主体是最高法院，8家高等法院也编辑出版裁判例集。判例的具体遴选工作由法院内的最多不超过7名法官组成的判例委员会来负责。判例委员会原则上每个月开一次会，不仅要决定案例的遴选，还要决定其中由一个干事草拟某一份裁判例的判决事项、判决要旨和参照条文。判例委员判断干事写出的判例是否合适①。

最高法院每月定期一期判例集，一年合编成一卷。自1947年以来，日本判例集的编纂就没有中断过。与此同时，日本最高裁判所事务总局自1959年开始编辑发行《下级裁判所判例集》，每月发行一卷；自1969年开始发行《刑事裁判月报》至今也仍在刊行中。最高法院出版的判例集由财团法人最高法院裁判所判例调查会负责对外发行，具有商业性质。而对于地方法院和简易法院的判决，最高法院事务总局也会选择性地编辑出版，由法务省的外围团体——裁判法人“法曹会”负责发行，具体如表2所示：②

表2　日本官方判例集与制定机构

官方判例集名称	制定机构
《最高法院民事判例集》	最高法院判例调查会 中央444–145#・324–166N
《最高法院刑事判例集》	最高法院判例调查会 中央444–145#・326–133N
《大审院民事判决记录》	新日本法规出版社 中央444–191#
《大审院刑事判决记录》	新日本法规出版社 中央326–176N
《大审院民事判例集》	法曹会 央444–3#
《大审院刑事判例集》	法士会 央444–3#
“高等法院民事判例集”	最高法院判例调查会 中央444–157#・324–167N

① 日本大审院（也就是后来的日本最高裁判所）于1921年制定了判例审查委员会的内部规定。最高裁判所后来对1921年版的规定加以修改，变成了判例审查委员会的内部规定。此规定比较详尽地说明了审查委员会的机构与人员构成；判例的选编采用的方式，即分部会议或总会讨论决定；会议召开和表决通过的人数比例以及书记员的来源。这一规定只是规定了判例的表决程序，但并未对判例的具体体例作出明确的要求，也未规定判例的遴选标准。

② 大阪府立図書館.判例を調べる.2021-01-05. https://www.library.pref.osaka.jp/site/business/guide-hanrei.html.［2022-3-2］

续表

官方判例集名称	制定机构
“高等法院刑事判例集”	最高法院判例调查会 中央444-159#・326-134N
《下级法院民事审判案例集》	最高法院事务总局民事局 中央444-165#
《下级法院刑事审判例集》	法律会 央444-163#
《刑事审判月报》	法律会 央444-163#・327.6-110
《劳动关系民事审判例集》	律师会 中央518-797#・366.1-141
《无形财产权相关民事・行政审判例集》	法律会 央507.2-175
《知识产权相关民事・行政审判例集》	法律会 央507.2-318N
《家庭审判月报》	法律会 央327.1-77・327.1-120N
《东京高等法院判决时报》	东京高等法院调查室 中央320.9-32

根据日本裁判所网站“案例信息”一栏所示，日本官方的案例集在整体上可以分为六大类：（1）最高法院案例；（2）高等法院案例；（3）下级法院案例；（4）行政案件审判案例；（5）劳动案件审判案例；（6）知识产权审判案例①，最高法院、高等法院和下级法院案例集又进而分为民事案例和刑事案例。汇编成集的案例内容设计因法院级别、地域管辖不同而略有不同，具体如表3所示：

表3　日本的案例分类与案例内容

案例分类	案例内容
最高法院案例	（1）案件编号；（2）事件名称；（3）审判日期；（4）法庭名称；（5）审判类型；（6）结果；（7）案例集等卷、数量、页；（8）原审法院名称；（9）原审案件编号；（10）原审日期；（11）指示事项；（12）审判摘要；（13）参考法条；（14）全文②。

① 裁判所. https://www.courts.go.jp/app/hanrei_jp/detail2?id=90933.［2022-2-28］

② 全文即为具体案件的判决书，一般包括三个部分的内容，即主文、理由（有时也写作“事实及理由”）和法官署名。裁判理由中包括“主论”和“旁论”。

续表

案例分类	案例内容
高等法院案例	（1）案例编号；（2）事件名称；（3）审判日期；（4）法院名称和部门；（5）结果；（6）高审判例集登载卷·号·页；（7）原审法院名称；（8）原审案件编号；（9）指示事项；（10）审判摘要；（11）全文。
下级法院案例	（1）案例编号；（2）事件名称；（3）审判日期；（4）法院名称和部门；（5）结果；（6）原审法院名称[①]；（7）原审案件编号；（8）原始结果；（9）指示事项的要旨；（10）全文。
行政案件审判案例	（1）案例编号；（2）事件名称；（3）审判日期；（4）法院名称；（5）范围（类似“案由”的意思）；（6）指示事项；（7）审判摘要；（8）全文。
劳动案件审判案例	（1）案例编号；（2）事件名称；（3）审判日期；（4）法院名称；（5）范围；（6）全文。
知识产权案例	（1）案例编号；（2）事件名称；（3）审判日期；（4）法院名称；（5）权利类型；（6）诉讼类型；（7）全文。

日本的民间案例编辑、出版活动比较多，也比较活跃。例如有斐阁出版社定期更新出版《判例六法》，同时按照专业门类选编的《判例百选》系列丛书，其编纂出版的民法与刑法判例百选在日本法学教育和研究领域颇具影响力。需要指出的是，判例百选中含有专业评论，不再是单纯的判例集。《判例时报》与《判例日报》是日本著名的兼有判例评论性质的期刊，都会邀请知名法学家和法律实务专家撰写判例研究和评论类文章。[②]《判例时报》的主要栏目被区分为“判例特报”和“判决录”两大类。[③]

与德国相同，日本的判例编纂也体现了积极的数字化趋势。一方面，日本最高法院在自己的官方网站（https://www.courts.go.jp/app/hanrei_jp/search1）上及时公布相应的判决文书，免费供公众检索；另一方面，日本各级法院在

① 如果不是上诉案件，原审法院名称、原审案件编号、原审日期等一类的信息为空，其他的内容事项同样视具体情况而填写或者空白。

② 孙跃：《日本司法判例援引技术初探及启示——基于民事判例的考察》，载《海峡法学》2018年第2期，第92页。

③ 赵正群：《行政判例研究》，载《法学研究》2003年第1期，第108页。

最高法院要求下及时在互联网上更新本院知识产权案件的裁判文书。此外，日本的许多专业性的商业网站也为案例检索提供了全方位的便捷电子服务，例如，判例秘书网站（https://www.hanreihisho.com/）作为日本唯一收录了日本四大判例介绍杂志（判例时报、金融法务情况、劳动判例、金融、商事判例）的数据库，不但可以查询到判例，还可以查询到相关判例的解说；第一法律信息综合数据库（https://dtp-cm.d1-law.com/）不仅收录了22万多件判例，而且可以查询3万多份法律法规。

3.法国

根据法国立法，最高司法机构的判决必须及时在法院公报公布。因此大量判决是由最高法院和最高行政法院（Court of Cassation and Conseil d'Etat）公布在《法院公报》（Official Bulletins）上，至于判决公开的范围则由最高法院自己决定。法国最高法院下设的“文献、研究与报告部”承担集中和整理判例以及公开判例的职能。该部门提供最重要判决的摘要和法官应特别关注的判决摘要。需指出的是，这些判决的作出机关可以是最高法院，也可以是其他法院。此外，该部门还通过电子以及其他手段发表和宣传最高法院的判决，特别是在法院系统内部进行发表和宣传，还负责协调判例之间的冲突。

早在大革命时期，法国最高法院就每月发布两份判决公报，判决内容由民事法庭和刑事法庭庭长提供。现在，最高法院和最高行政法院公开出版的诸如法院公报、判例汇编及年度报告中都包含判决知识指南，这些出版物中都载有法官们所审理的案件中具有判例价值的知识或诉讼指引。最高法院每季度还发布一次劳动法公报，每两周发布一次通信。通常情况下，最高级别法院内设专门的办公室负责选择非常典型或重大判例在法院公报（Bulletin des Arrets）公开出版；未能入选法院公报的判例也会在判例汇编或年度报告中向社会公布。

根据法国最高法院网站的信息，发布在《法院公报》上的案例内容主要有表4所列事项。应指出的是，因为具体案件因具体情况所含内容事项不同而

略有不同，并非所有公开的案例都同时具备所有事项：①

表4 法国选登案例的具体内容

事项	具体内容
检索标题	包括判决时间、判决法院、案号、具体法庭等
标题	与案件相关的主题或者关键词
裁判要旨	
判决全文②	包括5个要素：（1）提及（mentions）；（2）证据材料（visas）；（3）裁判理由（motifs）；（4）判决结果（dispositif）；（5）执行（formule executoire）
有争议的决定	
参考法条	
相似案例	

与此同时，法律期刊也大量刊登行政法庭和上诉法院最重要的决定，并像《法院公报》一样，通常对案件做一个简短的判例摘要或者总结。法律期刊出版的案例由编辑委员会选择，最重要的案例通常附有法学教授撰写的评论。最低法院的判决一般不会公布，有时可能在学术文章中被提及。这些案件可以被引用并用于法律辩论，一般可以从法院获得副本。同时，法国的案例汇编也已经实现了数据化，例如在法国使用最广泛的Lexis。可以阅读最近关于最高行政法院或上诉法院的裁决的摘要，也可以订购传真副本。

4.意大利

意大利的法院系统分为两个部分：普通法院和特别法院。普通法院系统包括三级：（1）一审法院，又包括初审法院、普通法院、重罪法院、未成年人法院和监察法院；（2）上诉法院包括普通上诉法院和上诉重罪法院；（3）最高法院。特别法院有四个：行政法院、审计法院、军事法院和宪法法院。毫无疑问，宪法法院在意大利的法律制度中占有相当重要的地位，其机

---

① Cour de cassation. https://www.courdecassation.fr/recherche-judilibre?judilibre_publication [ ] =b. [2022-3-1]。

② 判决的格式法国的法律有明确的规定，如《民事诉讼法》第455条。

关刊物《官方要览》(Gazzetta Ufficiale)定期出版宪法法院的全部判决。意大利最高法院(Corte di Cassazione)并不定期出版其全部判决，也没有其他官方或者私立的出版渠道。上诉法院或初审法院会定期公布其判决。在特殊场合，例如案件特别重大或者具有特殊性，法院也会在法律期刊上公布判决。

意大利法院的判决书内容通常由三部分构成：事实陈述、判决理由、判决结果，并不包含“判决要旨”(Massima)这一部分。①最高法院下设由法官组成的机构“判决要旨制作办公室”(Ufficio del Massimario)，其主要职责就是分析法院作出的所有判决，从中提取判决要旨，通常有五行到十行，在发布判决时附在判决主文前。该机构提取要旨的判决也没有在官方系列刊物中发表，而是由最重要的法律期刊(Massime)以半官方系列的形式出版。该期刊由Ufficio del Massimario存储，现在也可以通过电子媒体访问。②

意大利民间的判例收集、汇编、评论活动非常活跃，并有着长久的历史与文化传统。《意大利判例》(Giurisprudenza Italiana)、《意大利法庭》(Foro Italiano)、《民事司法》(Giustizia Civile)等判例研究杂志、年刊、判例索引工具书等刊物会出版法院判决。有的期刊覆盖所有法律领域，有的则针对特殊法律领域，例如商法、破产、刑法、刑事诉讼法、民事诉讼、侵权法、家庭法等。其中最著名的《意大利司法判例总汇编》(Repertorio Generale Della Giurisprudenza Italiana)不但包含了上一个年度意大利最高法院颁布的所有判例的“判决要旨”，而且包含了该年度意大利宪法法院所有判决的“判决结果”③。

当然，意大利的判例公开与编纂也实现了电子化，在宪法法院等法院的官网之外，商业化的电子数据库也可以检索到所有判例。

5. 巴西

如上所述，巴西在21世纪初才创立了有法律约束力的判例制度。但是巴西判例制度的历史，可以追溯至葡萄牙殖民地时期。当时，为了维护葡萄牙

---

① 薛军：《意大利的判例制度》，载《华东政法大学学报》2009年第1期，第86页。

② Maccormick, D. Neil & Summers, Robert S. Interpreting Precedents: A Comparative Study, 1st ed. Florence: Taylor & Francis Group, 1997, pp.149-150.

③ 薛军：《意大利的判例制度》，载《华东政法大学学报》2009年第1期，第89页。

君主在司法方面的权威，加强统治，殖民政府颁布了一些有法律约束力的判例。但这只是个别现象，并未形成固定的制度。巴西共和国成立后，在1943年的《劳动法律大全》中延续了依靠判例的监督制度。《劳动法律大全》第109条创设了“预判”制度，根据该条第1款的规定，高等劳动法院可以确定“预判”，各区法院和调解员会应遵循高等劳动法院确定的“预判”。但是，直到36年之后的1979年，高等劳动法院才在《联邦司法报》上公布自己的“预判”案例。不过遗憾的是，巴西联邦最高法院很快宣布上述第109条第1款的规定违宪，标志着“预判”制度的废除。

2004年《第45号宪法修正案》规定有法律约束力的判例制度，尤其是第11.417号法颁布之后，巴西联邦最高法院于2007年6月6日颁布了第一批3个具有法律约束力的判例，这标志着巴西的案例编纂走上了规范化道路，至2015年，巴西联邦法院总共公布了53个有法律约束力的判例。“有法律约束力判例制度实际运行的9年时间里，在实践层面上，明显收到了良好的效果。”①

（二）案例编纂的模式与作用

1.案例编纂的模式

从上述大陆法系国家与地区的案例编纂情况来看，可以根据编纂主体、案例与学理联系的紧密程度等不同标准，区分如下三类不同的模式。

首先，根据案例与学理联系紧密程度从低到高，可以将大陆法系国家的案例编纂分为汇编模式、选编模式以及评注模式。汇编模式，即根据审理时间、审理机关、案件性质等标准，将案件编在一起，例如上述德国的《联邦宪法法院判例集》《联邦宪法法院合议庭裁判集》《联邦普通法院民事判例集》《联邦普通法院刑事判例集》，日本的《最高法院民事判例集》《最高法院刑事判例集》，法国的《法院公报》以及意大利的《官方要览》《意大利司法判例总汇编》等。选编模式，即基于特殊目的、围绕特定主题或者根据特定标准，将特别选取的案例编在一起，各类案例选集是典型的案例选编，例如日本的

① 刘天来：《巴西有法律约束力判例制度研究》，载《拉丁美洲研究》2017年第2期，第103页。

《判例百选》系列丛书、各国的案例教科书等。评注模式，即围绕具体案例及其中的法律适用规则、立法理念、价值观等进行评论、注解，评注模式较多的是以学术研究的形式出现，例如德国的《法学家报》《新刑法杂志》以及《经济刑法和税收刑法杂志》，日本的《判例时报》以及意大利的《意大利判例》《意大利法庭》《民事司法》等编纂、刊登的案例。

其次，根据案例编纂主体是否具有官方身份，可以将大陆法系国家的案例编纂分为官方模式、民间模式与混合模式。官方模式，是指作为案例作出机构的法院或者司法行政机构编纂案例的模式，尤其是裁判文书的汇编。民间模式，是指不具有官方身份的主体编纂案例的模式，例如法学研究机构、出版社、律师以及个人根据自身需求进行的案例编纂。混合模式，是指官方机构（人员）与民间机构（人员）共同进行案例编纂，例如法官与学者共同对具有特殊或者重要意义的案例进行注解、评析，混合模式常见于选编案例、评注案例的情况。

最后，根据载体的不同，可以将大陆法系国家的案例编纂分为传统模式、现代模式与混合模式。传统模式，是指采用纸质出版物等传统载体的案例编纂模式，例如各国的法官公报、案例集等。现代模式，是指采用磁盘、多媒体、网络等现代载体的案例编纂模式，例如各类数据库。混合模式，则是同时采纳传统载体与现代载体的案例编纂模式，例如日本最高法院在出版各类裁判集的同时，也将之收录官方数据库，供社会公众查阅。随着网络化的普及，单纯采纳传统模式的案例编纂已经不多见，越来越多的案例编纂是以混合模式进行的。

2. 案例编纂的作用

通常认为，判例的作用在于解释法律概念、法律条文与条文中包含的立法理念、统一法律适用规则，解决法律规范之间的冲突、创制解决问题的规则以及填补规范空白等几个方面①。案例编纂的作用与判例的作用既有联系，亦有区别。总体而言，案例编纂的作用可以概括为如下四个方面。

① 何家弘：《外国司法判例制度》，中国法制出版社2014年版，第6页。

第一，编纂关于法律概念、法律条文、法律规则适用以及相关问题解释的案例，发挥释法、普法，指导法律适用的作用。法律文本不可能事无巨细地规定所有事项。同时，法律用语不可能明确到毫无解释余地的地步。大陆法系国家并无制定解释性文件的习惯，都是通过案例对相关概念、问题进行解释。例如，日本刑法第62条规定帮助正犯的是从犯。那么，对此处“帮助”的内涵应该如何解释？就此，最高法院第二小法庭在1949年“运送赃物、帮助抢劫等案”中解释认为：“帮助犯是以加功他人犯罪的意思，以有形或者无形的方法提供帮助，让他人容易实施犯罪。”[①]继而，从“让他人容易实施犯罪”出发，有的观点认为，虽然法条没有明确规定，但是可以肯定间接帮助行为的可罚性。反对者则认为，刑法典第62条明确规定帮助正犯者才构成帮助犯，帮助行为不是正犯行为，因此提供间接帮助者不构成帮助犯。就此问题，最高法院第一小法庭在1969年的“帮助公然陈列猥亵图画案”中解释认为，间接帮助正犯的行为成立帮助犯[②]。再如，日本刑法第62条仅规定帮助正犯的是从犯。那么，正犯与从犯之间是否需要意思联络？就此问题，大审院早在1925年的“帮助开设赌场案”中判决认为，成立共同正犯要求共同犯罪人之间存在意思联络，也即相互认识到共同犯罪为要件，但是成立帮助犯，只要帮助者认识到正犯的行为并存在帮助的意思即可。此后，在1928年的“帮助干涉选举案”中，被告人D是某镇议员选举委员会的委员长。A跟随中风的B进入投票处，并在没有正当理由的情况下接受B的委托，代替其投票。D看到了这一情况后并没有予以制止。大审院终审认为，不作为的帮助犯，是指认识到他人的犯罪行为，但是违背自己承担的法律义务，通过自己的不作为让他人实施犯罪更加容易，不以共同犯罪人之间的意思联络或者共同认识为要件。因此，D成立干涉选举罪的帮助犯。[③]

第二，编纂关于某一法律概念、法律条文、法律适用疑难或者争议问题

---

① 昭和24（れ）1506刑集3.10.1629。

② 昭和43（あ）1889刑集23.8.1061。

③ ［日］西田典之、山口厚、佐伯仁志：《判例刑法総論》（第五版），有斐阁2009年版，第402页。

的案例，明确反映、宣传司法实践的基本立场、价值观、政策取向以及其中的变化，引导社会公众的法治观念，培养社会公众的法治信仰。在社会发展过程中尤其是重大转折之际，或者在面临蕴含重大法理争议的疑难案件之际，法院必须明确表明自身立场，保护法治、自由等价值的实现。例如，在“二战”时期，纳粹法律规定了“告密权”制度，这一制度使无数无辜者惨死在纳粹屠刀之下。“二战”之后，许多因告密而被控诉者都提出了“根据当时政权的法律其告密行为合法”的辩解。联邦德国法院在一系列案件中，都明确判决认为他们“所依据的法律，由于违反基本道德原则，因而是无效的”。[①]例如，在“普特法尔肯案”中，被告人普特法尔肯在纳粹时期担任初级司法官时，告发他人写下谴责希特勒的标语而导致书写者被判处死刑。“二战”之后，图林根法院以“胁从谋杀”判处其终身监禁。针对普特法尔肯提出的根据行为时之法不应受追究的辩解，萨克森州总检察官施罗德博士一针见血地指出：“国家社会主义党国的立法，连同据此作出并发布的死刑判决，均缺乏任何法律上的有效性。……任何法官都不能以一种不仅不公正而且甚至是犯罪的法律为基础，并以此作出法律判决。我们要以人权为依据，它高于一切实定的法律；我们要以不可撤销的、亘古自有的法为基础，它否定那些犯罪的、反人道暴政的命令具有效力。……凡正义根本不被追求的地方，凡构成正义之核心的平等在实定法制定过程中有意地不被承认的地方，法律不仅仅是‘非正当法’，它甚至根本上就缺乏法的性质。”[②]

在“二战”之后，日本的国家体制从天皇制转为民主制，并通过了新的日本国宪法，规定了言论自由、人人平等、基本劳动权利等规定。但是，在日本的刑事立法以及延续的判例之中，仍存在诸多有悖之处，刑法典第200条规定的杀害尊亲属罪就是如此。1945年之后，虽然也曾有数个案件涉及杀害尊亲属罪是否违宪的问题，但是最高法院大法庭1973年4月4日判决的“宇都宫杀害尊亲属案”改变了这一立场。该案被告人在受到多年虐待之后，杀死

① 郭道晖：《“非法之法”与德国的判例》，载《楚天主人》2013年第7期。
② 郭道晖：《“非法之法”与德国的判例》，载《楚天主人》2013年第7期。

了自己的父亲。宇都宫地方法院一审认为，与规定普通杀人罪的刑法典第199条相比，第200条关于杀害尊亲属的规定，加重了对犯罪人的处罚，违反宣告“法律面前人人平等”的宪法第14条。在此基础上，综合全案情节，认定被告人的行为构成防卫过当，免予处罚。但是，东京高等法院二审认定第200条合宪，判决被告人有期徒刑3年6个月。日本最高法院大法庭终审以第200条仅规定了不能适用缓刑的过重刑罚，违反宪法精神为由，撤销东京高等法院的判决，判决被告人的行为构成杀人罪，判处2年6个月有期徒刑，缓期3年执行。鉴于最高法院改变了基本立场，在本案之后，杀害尊亲属罪在司法实践中基本上处于消亡状态。1995年，杀害尊亲属罪与其他规定有关尊亲属犯罪加重刑罚的条款都被正式废除[①]。

第三，编纂涉及基本、重大法学理论问题以及法律基本立场或者重大变化的案例，推动司法实务界与法学理论界的相互交流，相互促进发展。例如，在德国的刑法史上，就违法性认识错误的理论地位曾经存在故意说与责任说的激烈争议[②]，结束这一争议的，就是被耶塞克教授称为“德国刑法史上划时代的转折点”的“B律师强迫案”。在该案中，被告人律师B接受被害人W的委托担任其辩护人。B与W起初并没有约定具体的辩护费用。在审理开始之后，被告人B提出收取50马克的费用，并威胁说如果收不到就终止辩护。第二天，W将借来的费用交给B，B却威胁W再支付400马克的费用，否则就终止辩护，W被逼无奈在协议上签字。B虽然坚称其存在法律认识错误，即误认为自己对W的行为是法律允许的，但是州法院认为这一错误属于被告人对自己行为的评价，并不重要，认定B的行为构成强制罪（Nötigung）。B遂向联邦法院提出上诉，后者在判决首文中明确指出：构成刑法第240条规定的强制罪，只需要行为人对该条规定的构成要件事实有认识即可，无须违法性认识。[③]这一

① 参见周振杰：《日本现代刑法思想的形成》，载《刑事法评论》2011年第2期，第188页。

② ［德］汉斯·海因里希·耶塞克、托马斯·魏根特：《德国刑法教科书》，徐久生译，中国法制出版社2001年版，第538—539页。

③ 柏浪涛：《简述德国刑法判例对理论发展的影响——以违法性认识错误为例》，载《法律适用（司法案例）》2017年第6期，第120页。

判决结论将责任说推上了通说地位，进而推动德国立法机关在制定1975年新刑法之际，增设了第17条关于违法性认识错误的规定，即“行为人行为时没有认识其违法性，如该错误认识不可避免，则对其行为不负责任。如该错误认识可以避免，则依第49条第1款减轻处罚”[①]，这明显是采纳了责任说的观点。

在意大利，法学理论界对意大利最高法院特定判例的否定性批判意见，可能使之孤立，进而在后来的类似案件中被抛弃。与此相反，理论界对最高法院特定判例的鉴定支持，可能促使之成为稳定的判例，形成对下级法院的稳定指导。如果意大利最高法院坚持不放弃先前的观点，学界也可以通过支持初审法院以充分的论证，让之背离最高法院的判例，这在某种程度上促使最高法院改弦易辙。在意大利法律制度的发展历史上，诸如此类学界与法官互动的实例不胜枚举。“生理损害”（Danno Biologico）这一理论范畴的提出与进入最高法院的判例，就是其中之一。同时，意大利学界经常将许多类似的判例汇合在一起进行研究，勾勒出判例上的某些发展轨迹和趋势等[②]。

第四，编纂涉及社会生活重大变化，尤其是条文规定与客观情势存在矛盾、冲突或者存在立法空白的案例，为法学理论研究提供研究基础，推动科学性、前瞻性的修法、立法以及司法。例如，网络技术的日新月异使各国都必须面对一个两难的困境：一方面，网络技术给我们生活的各方面都带来了极大便利，推动着社会以前所未有的速度向前发展；另一方面，网络空间成了恐怖主义、诈骗等传统危害行为的孵化所。因此，网络空间的刑法规制成为必然选择。但是，如果刑法接入得太深、太广，会阻碍刑法的发展，同时刑法必须坚持谦抑、罪刑法定等基本原则。因此，如何在具体案件中恰当适用刑法就成为实践难题，对中立帮助行为的处理就是其中突出的实例。

中立帮助行为，是指形式上无害，但是客观上对正犯行为起到帮助作用的行为，就其是否构成帮助犯在日本学界曾存在激烈争议。例如，五金店的

---

① 《德国刑法典》，徐久生译，中国法制出版社2000年版。

② 薛军：《意大利的判例制度》，载《华东政法大学学报》2009年第1期，第90页。

老板D偶然得知来店里买菜刀的X是要用菜刀去杀人而出售菜刀，就中立帮助行为是否可作为帮助犯处罚？肯定的观点认为，在存在重大权益侵害的场合，如果认识到违法行为的盖然性，可以构成帮助犯①。否定的观点则认为，诸如贩卖商品、驾驶出租车等日常交易行为，只要外形上是正常交易，即使行为人主观上存在“可能被犯罪人利用”的未必故意也不构成帮助，因为构成要件是可罚的违法类型，中立行为不符合帮助犯的构成要件②。

就中立行为是否成立帮助犯，司法实践的态度也并不一致。在1990年的“斡旋卖淫案”中，一审法院判决认为在印刷等正当业务行为被规定为特别刑法犯的帮助犯之际，处罚对象应仅限于深度参与正犯行为，并获得相当利益的场合。本案中二名被告人参与犯罪的程度较低，只是实施了自己的正常业务行为而且获利不多，因此不能追究其斡旋卖淫帮助犯的刑事责任。但是东京高等法院二审认为，只要满足了帮助犯的要件，即使印刷通常是正当业务行为、获利不多，也不能认为不能追究责任。之后，在1994年的“不缴纳交易税案”中，被告人知道自己低价售卖汽油对不缴纳汽油交易税的行为有帮助作用而有意为之，熊本地方法院判决认为，被告人行为并未超过售卖者的位置，正犯犯罪行为的实现不过是被告人为了追究自己的利益而客观产生的结果而已，不构成不缴纳罪的帮助犯。也即，即使行为人认识到日常交易活动偶然在客观上促进了犯罪行为，也不能仅据此就认为成立共犯③。

上述判例都是从客观上探讨中立帮助行为能否成立帮助犯。最高法院在2011年的“WINNY案”中从主观上对这一问题进行了分析。在该案中，被告人X因为开发的共享软件WINNY被用于侵犯著作权而被以侵犯著作权罪的帮助犯起诉。东京地方法院一审认定X的行为构成侵犯著作权罪的帮助犯，东京高等法院二审则认定无罪。虽然控诉方提起上诉，但是最高法院第三小法庭维持二审判决，认为虽然在客观上不能否定WINNY软件被用于侵害著作权

① 前田雅英：《刑法総論講義》（第四版），东京大学出版会2011年版，第514页。

② 松宫孝明：《刑法総論講義》（第四版），成文堂2009年版，第290页；浅田和茂：《刑法総論》（第二版），成文堂2019年版，第141页。

③ 松宫孝明：《刑法総論講義》（第四版），成文堂2009年版，第290页。

的盖然性很高，但是并无充分证据证明X在主观上对之有认识并予以容忍[①]。也即，X因缺乏帮助侵犯著作权罪的故意而不成立帮助犯。

上述公开的一系列案例，在表明司法实践慎重介入网络空间的同时，确立了判断中立帮助行为是否成立帮助犯应着重考察三个要素：（1）中立行为的正常性，例如是不是正常的交易行为、是否超过了交易的范围；（2）中立行为与正犯行为实现之间因果关联的必然性及其大小；（3）中立行为人对其行为被用于实施犯罪的盖然性的认识及其大小。如果某一中立行为是正常的交易行为，并不必然促进正犯行为，而且行为人相信其行为被利用的盖然性很小，可认为该中立行为不构成帮助犯。

当然，不同的案例编纂模式在发挥上述四方面的作用时有较大差别。例如，就普法、释法而言，官方模式、汇编模式可能发挥的作用更大；就推动法学理论与司法实践的交流而言，选编模式、评注模式可能发挥的作用更大；就传播速度与广度而言，现代模式可能发挥的作用更大。有鉴于此，在编纂案例时，应根据不同的目的，选择适当的案例编纂模式，以充分发挥案例与案例编纂的作用。

三、中国案例编纂的现状与问题

与德、日等大陆法系国家相比，判例制度在中国的历史更加悠久，因此案例编纂在中国古代也十分发达。虽然新中国成立之后，因为以成文法为法律渊源等原因，案例编纂在很长时间之内不规范、不及时，但是2010年之后，随着案例指导制度的创立与实施，中国的案例编纂逐步规范化，呈现出欣欣向荣的态势。

（一）中国案例编纂的历史与现状

1.历史回顾

虽然中国古代以唐律为代表的成文法非常发达，但是案例制度自商、周

① 平成21（あ）1900、刑集65·9·1380。

以来一直都很发达。秦朝在制定相当完备的典法的同时，在司法实践中广泛援用判例（廷行事或者行事）作为断案依据。西汉时期制定了“决事比”制度，即比照典型判例来断案，纵观两汉时期，引用判例作为断案的法律依据，成为通常的做法。在成文法完备的唐朝，《唐律疏议·名例篇》也规定在法律无明文规定之际，可以有条件地适用类推和以前批准的判例。宋代的“例”数量之多范围之广，法律地位之高，更是都大大超过唐代。明朝的例源于断案依据的判例，并且随着时间的推移，例不断增加并且成为正文律的附注。判例的作用也由初期的“以例辅律”发展到后来的“律例并行”，地位不断提高。元朝更加重视判例的作用，甚至出现了“有例可援，无法可守”的状况。及至清朝，判例的地位更加重要，发展更加成熟，确立了“因案生例”[①]等一系列规范判例形成的制度，达到了古代判例发展史的顶峰。

和德、日等大陆法系国家判例制度发达的情况相似，中国古代案例制度的发达当然也以案例编纂为前提与要件。例如，秦朝在《法律答问》集中汇编了大量“廷行事”，西汉时期将案例分为“决事比”“死罪决事比”“辞讼比”以及“春秋决事比”等，分类汇编，魏晋至唐初期判例被编入故事之中，例如东汉的故事编辑成书的有《建武故事》《律令故事》等，《唐律疏议》中也专门设有《名例篇》，选编了大量的判例。宋朝的“例”非常之多，分为“条例”（皇帝发布的特旨）、“断例”（审判案件的成例）与“指挥”（中央官署对下级官署下达的指令）进行汇编。元朝改变了判例的编例形式，转而采用诏制、条格、断例混合编制的形式，而且以诏制和断例杂而为法。例如《至正条格》有条格1700条，断例1059条，因此在元朝各级官吏中收集和编辑案例的风气非常盛行。明朝则开创了“律例合编”的新模式，例如1585年制定《大明律附例》，即是以律为正文，条例为附录，并赋予了判例优先于法典的效力。例如，御制的判例集《明大诰》汇编了朱元璋对臣民法外用刑的典型案例，司法官吏断案必须以“大诰”中采编的判例为依据。清朝的统治者为

① 因案生例，是指司法官在其审判中，针对具体案件的裁判，认为应该通过该案总结创制出特定法律规范时，便在判词中附请定例。这种例在适用上优先于律，以“有例则不用律”为原则。

了保证判例的规范化使用，非常重视例的编纂，自乾隆元年，刑部奏准三年修改一次；至十一年开始，确立了五年一修的制度[①]。

简而言之，判例制度与案例法治中国古已有之，是中华文化传统不可或缺的构成要素。新中国成立以后，开启了社会主义法治建设的新征程。虽然由于受到苏联法制的影响，在新中国成立之后的60年中，中国的法治建设主要围绕成文法展开，但是案例编纂还是存在的。早在1956年召开的全国司法审判工作会议上，最高人民法院就提出要分类分批汇编案例，适应“比照援引”的要求。之后，最高人民法院1962年印发的《关于人民法院工作若干问题的规定》也要求“总结审判工作，选择案例，指导工作”。但是，案例的选择与编辑工作，一直到1978年才正式开始。当年，最高人民法院内部印发9个有关反革命的典型案例，以指导纠正“文革”期间的冤假错案。之后，最高人民法院于1984年5月和12月分别印发了《刑事犯罪案例选编（一）》和《刑事犯罪案例选编（二）》，共刊登34个典型案例，以指导当时的刑事审判工作。1985年5月《最高人民法院公报》开始刊登经特定程序编选确定的各类典型案例。1988年4月最高法工作报告指出5年来针对改革开放中的新情况共发布各类293个案例。1992年，《人民法院案例选》开始编辑出版，1999年开始，最高法院各业务庭开始编辑出版审判参考和指导丛书，2005年人民法院报开始开设“案例指导专栏”，2007年《人民司法》杂志社开始编辑出版（《人民司法·案例》）[②]。

2011年，社会主义法律体系初步形成。发扬优秀的历史传统，推进以习近平法治思想为指导的社会主义案例法治逐步成为中国法治建设的重点之一，就如有的观点所言，“在中国特色法律体系已经形成、法律实施成为主要矛盾、社会主体的法治意识不是很高的情况下，法治建设的目标要以生成合

---

① 杨永红：《中国古代判例制度的发展历程》，载https://bjgy.chinacourt.gov.cn/article/detail/2015/04/id/1585862.shtml［2022-6-11］。

② 张军：《第一版序一》，载陈兴良、张军、胡云腾主编：《人民法院刑事指导案例裁判要旨通纂》（第二版，上卷），北京大学出版社2018年版。

乎法治的案例为归宿”[1]。置而言之，从规范法治到案例法治是法治建设的必经之路。随着最高人民检察院、公安部、最高人民法院先后于2010年7月29日、9月10日、11月26日发布《关于案例指导工作的规定》《关于建立案例指导制度有关问题的通知》《关于案例指导工作的规定》（法发〔2010〕51号），尤其是《关于案例指导工作的规定》在第7条明确规定“最高人民法院发布的指导性案例，各级人民法院审判类似案例时应当参照”，标志着案例指导制度开始实施，也标志着中国的案例法治建设踏上了新的征途。

案例法治建设当然离不开提高案例编纂的质量。为此，在前期案例编纂工作的基础上，最高人民法院于2020年9月14日发布《关于完善统一法律适用标准工作机制的意见》（法发〔2020〕35号），明确要求“针对经济社会活动中具有典型意义及较大影响的法律问题，或者人民群众广泛关注的热点问题，及时发布典型案例，树立正确价值导向，传播正确司法理念，规范司法裁判活动”，并要求“检索到的类案为指导性案例的，应当参照作出裁判……；检索到其他类案的，可以作为裁判的参考；……各级人民法院应当定期归纳整理类案检索情况，通过一定形式在本院或者辖区内法院公开，供法官办案参考”，对案例的形成、公开与编纂提出了更高的要求。

2.现状概括

在指导性案例制度的推动下，近十余年来，中国官方与民间的案例编纂活动都很活跃。根据编纂的主体，可以将官方的案例编纂分为如下三类。

第一，中央司法机关尤其是最高人民法院及其各业务部门、科研部门进行的案例编纂，例如最高人民法院案例指导工作办公室编著、法律出版社出版的《中国案例指导》丛书，人民法院出版社汇编、出版的《最高人民法院发布的典型案例汇编（2009—2021）民事·商事卷》，各审判业务庭分别编辑的《刑事审判参考》《民商审判指导与参考》《知识产权审判指导与参考》，最高人民法院司法案例研究院选编、中国法制出版社出版的《刑法修正案

① 胡云腾：《从规范法治到案例法治——论法治建设的路径选择》，载《法治现代化研究》2020年第5期，第1页。

（十一）新规则案例适用》，司法改革领导小组印发的《人民法院司法改革案例选编》，国家法官学院主办的《法律适用》的司法案例版，国家法官学院每年初定期出版的《中国法院年度案例丛书》等。尤其是由中国应用法学研究所编辑出版的《人民法院案例选》，改为月刊以来，在及时汇编指导性案例、公报案例，发布典型案例的同时，还刊登法官对争议、典型案例的分析文章，对法律适用问题进行深入探讨，补充了判决书中未能说清的判决基础与理由。

第二，是地方司法机关为总结司法审判经验、指导本辖区审判工作进行的案例编纂，典型方式为汇编、选编发布本辖区的年度案例、指导案例、参阅案例等。目前，许多法院都建立了相应的案例编选与发布机制。例如，江苏省高级人民法院自2009年开始发布《江苏省高级人民法院公报》，每年6辑，每一辑都刊登精选案例作为参阅案例，同时还不定期地选编印发一些案例，例如《江苏法院2021年司法改革案例选编（四）》《弘扬中华优秀传统文化典型案例》等。浙江省高级人民法院自2007年开始就编辑出版《案例指导》，用于指导全省审判实践。上海市人民检察院汇编、中国检察出版社出版的《上海市检察机关典型案例汇编》等。

第三，是官方机构联合学术机构共同进行案例编纂。例如，最高人民法院研究室与北京大学刑事法治研究中心组织编写、北京大学出版社出版的《人民法院刑事指导案例裁判要旨通纂》，根据刑法条文，从指导性案例、《刑事审判参考》《人民法院案例选》以及《最高人民法院公报》案例中选择案例，提炼关键词与裁判要点、凝练裁判理由。国家法官学院与中国人民大学法学院共同编纂、人民法院出版社出版的《中国审判案例要览》，逐年从全国各级人民法院审结的各类案件中选编部分案例分四卷出版，即刑事审判案例卷、民事审判案例卷、商事审判案例卷、行政审判案例卷。

民间的案例编纂活动更加多样，概括而言，根据编撰的目的与内容，大致可以分为四类。

第一，是对官方发布的各类案例进行汇编、选编。例如，宋晓明与刘俊海主编、北京大学出版社出版的《人民法院公司法指导案例裁判要旨通纂》，在概括法律事实的基础上，凝练出法律关系中的争点问题，并提炼出法院裁判文书中体现的裁判规则；程琥著、中国法制出版社出版的《行政审判裁判要旨精粹》从个案中抽象出了法院裁判观点。中国法制出版社2021年汇编、出版的《最高人民法院　最高人民检察院指导性案例全书》收录了截至2021年3月的最高人民法院指导性案例。

第二，是以案例教程、案例百选等形式汇编、选编案例。例如，陈兴良、周光权编、中国人民大学出版社出版的《案例刑法研究（总论）》，刘志伟与田旭著、法律出版社出版的《案例刑法》，黄京平著、中国人民大学出版社出版的《刑法案例分析（总则）》，彭诚信著、高等教育出版社出版的《民法案例百选》，眭鸿明与包俊著、北京大学出版社出版的《民法案例教程》，章剑生、胡敏洁、查云飞著，法律出版社出版的《行政法判例百选》等。

第三，是围绕特定主题、问题选择案例，进行分析、评论。例如，蒋洁著、东南大学出版社出版的《海商司法案例解析》选取典型案例，从基本案情、法院裁判、法理评析、实务建议等多方面进行深入分析；吴尚聪著、社会科学文献出版社出版的《网络法典型案例：裁判要旨与分析》，选取了网络法实践中的100个典型案例，呈现了司法裁判的要旨并分析了法理学依据。

第四，是以综合性连续出版物的形式，汇编、选编与评析案例。例如，北京大学刑事法研究中心主办的《刑事法判解》、北京师范大学刑事法律科学研究院主办的《刑事法判解研究》以及安徽师范大学司法案例研究中心主办的《案例法学研究》等，都是以中外案例为研究对象。

在纸质出版物之外，中国案例编纂也逐步实现了电子化。在官方的相关网站中，中国裁判文书网（https://wenshu.court.gov.cn/）最具有代表性。截至2022年3月8日，中国裁判文书网共刊登了1.3亿多份裁判文书，并将之分为刑事案件、民事案件、行政案件、赔偿案件、执行案件以及其他案件几大类，提供关键词、案由、法院层级等初步的统计数据。与此同时，各级人民法院也纷纷探索公开裁判文书，例如，河南省高级人民法院建立了自己的电子案例库——河南法院案例库（http://www.hncourt.gov.cn/zt/alk/），在汇编公开最高人民法院发布的指导性案例的同时，汇编公开本辖区的参考性案例、典型案例，并提供案例报告分析。当然各官方机构也通过官方微信公众号、微博等各种网络方式及时汇编、选编、公开案例，例如最高人民检察院、司法案例研究院的公众号等。

民间的网络案例编纂活动则更为活跃，主体、形式、方式、内容等形形色色，有的是将官方机构编纂的案例直接电子化，有的是选编某一领域的典型案例，有的是汇编特定时期案例的裁判要旨，不一而足。其中，具有代表性的大型商业网站有：北大法宝（https://www.pkulaw.com/case/）设立了司法案例专栏，并可以提供初步的检索报告；小包公法律AI网站（https://www.xiaobaogong.com/index.html）设立了智能类案检索模块，可以对各类案例进行检索。

从上述内容可以看出，无论是官方的案例编纂，还是民间的案例编纂，都采纳了汇编、选编与评注模式，而且电子化也有较大的发展，这与上述大陆法系国家案例编纂的情况基本相同。但是，因为指导性案例之外的其他各类案例在司法实践中的约束力有限等原因，与大陆法系国家的案例编纂相比，在形式层面与实质层面都还有一些问题需要思考与完善。

（二）当前案例编纂中的问题总结

1.形式层面

中国案例编纂中形式层面的问题，可以总结为如下四个方面。

首先，案例的约束力与案例编纂的连续性有待于提高。如上所述，德国、日本等大陆法系国家的案例编纂，尤其是官方的汇编与选编，对于统一法律适用规则、补充规范空白、明确价值立场具有重要作用。因此，汇编尤其是选编出来的案例原则上应该对之后的裁判具有拘束力，无论是法定还是事实上的拘束力。根据《最高人民法院关于案例指导工作的规定》第7条的规定，对于指导性案例，各级人民法院审理类似案件时“应当”参照[①]，其他典型案

① 有的观点认为，最高人民法院在《关于发布第一批指导性案例的通知》中更要求各级法院要严格参照指导性案例审理好类似案件。因此，指导性案例的拘束力通过最高人民法院法律文件的形式得以明确，虽然使用了“参照”一词，但“遵照的含义不言自明”。参见魏胜强：《为判例制度正名——关于构建我国判例制度的思考》，载《法律科学》2011年第3期，第192页。

例甚至连“应当”参照的效力都不具有。毫无疑问，这对于发挥案例编纂的作用具有一定的消极影响。同时，为了明确适用规则与价值立场，案例编纂尤其是选编应注意案例发展的连续性。目前官方的案例编纂大多是按照大的专业领域、依事件发生的先后来进行的，对于法官和研究人员发现案例中的规则及其变化、发展过程，造成了一定的难度。

其次，案例编纂的统一性与规范性有待于提高。因为案例具有上述的重要作用，案例汇编尤其是选编应具有相对的统一性与规范性。具体而言，一方面，官方编纂的主体应具有相对的统一性与规范性。因为官方汇编或者选编的判例具有权威性，因此如上所述，日本、意大利、法国都设有专门的机构或者人员来负责案例编纂。英美法系也是如此，例如美国联邦法院早在1817年就设置了“案例汇编员”这一职位，负责案例汇编与总结判决要旨[①]。目前我国的官方案例汇编与选编主体比较多，有司法机关内设的专门机构，例如最高人民法院案例指导工作办公室、中国应用法学研究所、司法案例研究院等，也有司法机关内设的业务部门，例如各审判庭，还有司法机关为编纂某系列出版物临时组成的编委会等，例如“人民法院案例指导与参考丛书编选组”，以及官方组织与学术单位共同组成的机构[②]。因为编纂组织繁多，而且我国法院审判的案件数量非常之多，难免出现涉及同一问题的案例之间的裁判规则不一致的情况。例如，就转载已公开的裁判文书是否侵权，苏州中院[③]和北京四中院[④]就做了截然相反的判决。另一方面，案例编纂的格式与形式应根据不同模式发挥的作用具有相应的统一性与规范性。所以，我们看到德、日等国在汇编判决书之际也会凝练出裁判主旨或者裁判要旨，以体现特定案例解决的具体法律问题、遵循或者创造的具体法律规则；在选编系列案

① 沈德咏：《高度重视案例编选工作　充分发挥案例指导作用（代序）》，载最高人民法院中国应用法学研究所编：《人民法院案例选》，2017年第12辑。

② 人民法院案例指导与参考丛书编选组：《最高人民法院公司案例指导与参考》，人民法院出版社2018年版，第1页。

③ 江苏省苏州市中级人民法院（2019）苏05民终4745号民事判决书。

④ 北京市第四中级人民法院（2021）京04民终71号民事判决书。

例时，会选择反映裁判立场的连续性或者重要变化的案例，以便体现司法裁判的价值立场。这一点在我们的案例编纂中还有完善的空间。

再次，案例编纂的完整性与及时性有待于提高。从其作用出发，案例编纂应该具有完整性与及时性。在这一点上，我们的案例编纂还有提高的空间。例如，在完整性方面，除全文公开的判决书，官方编纂公布的案例有时候案件事实被过度简化或者抽象化。但是案件事实与规范适用是相互依存的关系：离开案件事实的规范适用就是无源之水，离开规范适用的案件事实则是无花之木，不利于发挥案例的释法、普法与验证和推动法学理论发展的作用。在及时性方面，在实践中许多引起社会高度关注的案例的判决书并没有及时编纂公布，尤其是死刑案件的判决书，如此对于回应社会热点问题、进行理论验证以及引导全社会增强法治信仰等而言，显然是不利的。

最后，案例电子检索的权威性与便捷性有待于提高。虽然中国案例编纂的电子化与网络化已经有了较大的进步，但是在电子检索的权威性与便捷性方面还有待于提高。一方面，如上所述，案例编纂的完整性与及时性还有待于提高，同时案例编纂的主体与内容等的规范性与统一性都还存在缺陷，因此在各类网站上汇编的案例的权威性存在争议，具体而言，是由于其是否具有典型意义以及总结出的裁判规则是否具有指导意义存在不确定性。另一方面，官方的案例汇编网站与裁判文书网站设有一定的限制，在便捷性方面有待于提高。同时，官方编纂出版的纸质出版物在网络化方面还有待于提高。

2. 实质层面

总体而言，在实质层面，我们的案例编纂还有如下三个方面可以提高的空间。

首先，在根据社会形势通过案例释法，提高法律适用性，实现实质正义方面尚有待于提高。根据社会客观形势，在具体案例中灵活解释、运用现有规范，给出符合实质正义要求的裁判结果正是法治精神之所在。这一点在中国的案例法治建设中也有所体现。例如，为解决夫妻一方在婚姻关系存续期间恶意借债用于个人目的，将个人债务转为夫妻共同债务的问题。2021年1月1日开始实施的《民法典》第1064条明确规定：“夫妻一方在婚姻关系存续期间以个人名义超出家庭日常生活需要所负的债务，不属于夫妻共同债务。”其实在此之前，人民法院已经通过指导案例表明了其立场：“离婚案件中，主张于婚姻关系存续期间以个人名义所举债务为夫妻共同债务的一方当事人，除了要证明债务的真实存在并产生于婚姻关系存续期间外，还有责任举证证明所借款项用于夫妻共同生活。”[①]这一指导案例通过灵活运用证据规则得出了符合正义与常理要求的结果。

但是客观地说，在根据社会形势通过案例释法，提高法律适用性，实现实质正义方面，我们还需要拿出更大的勇气。例如，在引起全国轰动的“赵春华非法持有枪支案”中[②]，虽然二审法院将一审法院“三年六个月”的量刑结果降为“判三缓三”。但是二审法院并没有回答本案涉及的在刑事诉讼法中如何审查、采纳行政结论等问题，而且“赵春华案绝不仅仅是个案不公的问题，而是反映了目前司法制度中的缺陷，更应当引起社会的关注[③]”。置而言之，如果二审法院能够正面回答本案涉及的重大司法问题，最高人民法院能够将本案遴选为指导性案例发布，则其对中国的法治进步无疑将具有更大的普遍性意义。

其次，在通过案例编纂推动法学理论发展与法治建设方面还有待于提高。如上所述，案例编纂的作用与目的之一，是发挥其推动法学理论发展与验证法学理论的作用，因为案例是实践中发生的鲜活生动的法治教材，是最好的法治教科书，法学教育也不能止步于讲授法条和法条背后的理论，应以判例来验证法条和理论、发展法学理论。唯有如此，中国法学才能够具有一定的“主体性”，走上建构中国法学“理想图景”的道路，中国的法学学者才能立

---

① 韩玫：《夫妻共同债务还是个人债务》，载杜万华主编：《民事审判指导与参考（总第61辑）》，人民法院出版社2015年版。

② 在本案中，赵春华在2016年8月至10月间摆设射击摊位进行营利活动，于10月12日22时被公安机关巡查人员查获，并被当场收缴枪形物9支及配件等物。后经天津市公安局物证鉴定中心鉴定，在被收缴的9支枪形物中，有6支属于能够以压缩气体为动力，正常发射的枪支。

③ 陈兴良：《赵春华非法持有枪支案的教义学分析》，载《华东政法大学学报》2017年第6期，第10页。

足于中国的法律实际创造出自己的理论，因此，有的观点提出要“把案例作为认识法治、评价法治、推进法治和实现法治的抓手和资源。充分运用案例法治智慧和案例法学理论，丰富、完善中国特色社会主义法治的规范体系、制度体系、理论体系和话语体系等。”[①]遗憾的是，恰恰在这一方面我们做得还远远不够。例如，上述“赵春华非法持有枪支案”在深层次上凸显了“对刑法条文的形式理解与实质判断之间的紧张，仅在量刑阶段进行实质考量的做法并不合理，……立足于解释论，通过对非法持有枪支罪中枪支、持有与抽象危险的要素做限制性解释，是更为理想的解决路径[②]”。但是司法机关最终还是止步于量刑阶段，并没有在定罪问题上作出尝试。如果最高人民法院能够通过本案表明“在形式理解导致不当结果的情形下，应通过限制性实质解释予以纠正”的价值立场，毫无疑问会有助于解决刑法学界关于形式解释与实质解释的争论。与此相应，理论界围绕这一立场的进一步发掘，也会为司法机关处理类似案件提供正当性论证与学理支持。

最后，在明确法律适用规则，尤其是改变、创造法律适用规则的案例中，说理还有待于提高。因为法律规范的适用理由、价值立场的选择理由等都在说理之中，说理不充分，当然在验证法条和理论、发展法学理论方面会有所欠缺。目前，实务机关已经充分认识到了“释法说理是裁判文书的核心与难点，是裁判文书最重要的部分。只有释法准确无误，说理充分透彻，才能保证判决结果的准确，保证法律的正确实施”[③]，并发布正式文件，强调裁判文书说理的重要性并提出了改革要求，最高人民法院在《人民法院五年改革纲要》第13条中明确规定：“加快裁判文书的改革步伐，提高裁判文书的质量。改革的重点是加强对质证中有争议证据的分析、认证，增强判决的说理性；通过裁判文书，不仅记录裁判过程，而且公开裁判理由，使裁判文书成为向社会公众展示

① 何家弘：《外国司法判例制度》，中国法制出版社2014年版，第1页。

② 劳东燕：《法条主义与刑法解释中的实质判断——以赵春华持枪案为例的分析》，载《华东政法大学学报》2017年第6期，第16页。

③ 陶然：《裁判文书如何释法说理？》，载https://www.chinacourt.org/article/detail/2020/05/id/5228607.shtml[2021-12-12]。

司法公正形象的载体，进行法制教育的生动教材”，在《关于加强和规范裁判文书释法说理的指导意见》（法发〔2018〕10号）也要求进一步加强和规范人民法院裁判文书释法说理工作，提高释法说理水平和裁判文书质量，但是在实践中，仍然存在不愿说理、不敢说理，说理不充分，缺乏针对性以及说理不彻底，缺乏对证据的分析和认定以及对适用的法律不作解释等现象[①]。

四、大陆法系国家案例编纂的借鉴意义

“知者行之始，行者知之成。”虽然政治制度、文化传统等方面的差异决定了中国不能照搬大陆法系国家的判例制度与案例编纂模式，但是其“追求实质正义”的核心精神与中国司法机关“努力让人民群众在每一个司法案件中感受到公平正义”的工作目标是一致的。因此，德、日等大陆法系国家案例编纂的模式对于正在大力推进案例法治建设的中国而言，还是具有一定的借鉴意义的。从上述中国当前案例编纂中存在的问题出发，这种借鉴意义既存在于形式层面，也存在于实质层面。

（一）形式层面

在形式层面，大陆法系国家和地区案例编纂模式的借鉴意义在于如下四个方面。

首先，及时性与完整性相统一。如果说法律的生命在于实施，案例就是法律生命力的直接体现。而且，在特殊案件中，判例就是法官在法律规范允许范围内，针对特定事实确立的新规则。因此，判例的公布与编纂应该及时，以便于其他法院遵循以及社会公众熟知。与此同时，判例是结论性的判断，这种判断不是凭空产生的，必须以规范射程、特定价值观、案件事实等为基础，尤其是在取代旧的规则、弥补法律空白，甚至进行创造性发现之际。

① 李咏梅：《试论裁判文书的说理》，载https://www.chinacourt.org/article/detail/2015/07/id/1661906.shtml［2022-5-12］。

就如德国学者所言，在社会发生变迁的时候，法官需要进行“创造性法律发现”，因为“当立法者采取消极态度时，司法者就必须变得积极起来[①]”。为了给判例奠定正当性基础，大陆法系国家与地区在编纂案例之际，即使不收录判决书全文，也会将事实与规范基础、控辩争议要点、逻辑推论过程等完整地体现出来。

其次，统一性与多样性相统一。统一性，是指官方编纂的主体与格式相对统一，以体现案例的权威与便于其他法院遵循。与此同时，案例编纂的整体也体现出了多样性的特征。第一，是案例编纂主体的多样性，既包括官方主体，例如法院、司法行政部门，也包括学术机构、出版社等非官方机构；第二，是案例编纂形式的多样性，既有各种纸质的案例汇编、案例选集，也有各种案例评论、案例教科书等；第三，是案例载体的多样性，既有法院的官方刊物，也有学术机构的书籍，既有法院的官方网站，也有商业机构的数据库。

再次，开放性与便利性相统一。开放性主要是指法院对案例对外公布的态度。一方面，除法律有限制的案例，法院对社会公众开放所有案例，在法院的官方网站，社会公众都可以免费查询相关案例；另一方面，虽然有的法院因为级别较低、案例时间较早以及没有公开案例的规范性义务，但是社会公众可以向法院主动索取，法院也会根据要求公开案例。便利性方面，在编纂案例之际，官方和非官方机构通常都会设定较多的关键词，以便于社会公众用复杂模式精准检索。同时，官方网站的下载也比较容易。例如，在日本最高法院的官方网站上，下载判决书全文非常便利，无须进行注册、登录，就可以以PDF等格式完整、迅速地下载。

最后，传统性与现代性的结合。即在坚持通过传统媒介编纂案例的同时，充分利用现代网络技术。网络技术发展在给我们的生活、工作带来极大便利、提高效率的同时，例如即时通信让我们实现了“万里之遥，如在身边”甚至“穿越时空相会”的梦想，也给我们带来了越来越多的现代化法律问题。现代

① ［德］罗伯特·阿列克西、拉尔夫·德莱尔：《德国法中的判例》，高尚译，载《中国应用法学》2018年第2期，第143页。

化的法律问题，当然需要现代化的法律思维，同时也需要现代化的编纂方式，例如原先纸质媒体的网络化、案例的网络检索、案例数据库的建设等。

（二）实质层面

在实质层面，大陆法系国家的案例编纂模式在如下三个方面对我们具有积极的借鉴意义。

第一，及时编纂案例，完整阐述推理表明价值立场。法治追求的是实现正义、权利等自然法精神，而及时汇编、选编案例，尤其是系列案例，完整阐述推理论证过程能够表明司法的基本立场与价值选择，有助于法治精神的实现，避免“恶法亦法”的不公正现象。例如，在个人自由与权利受到压制的1910年，日本的法院也曾经通过判例表明其自由、权利的价值立场。在1910年的“一厘案”中，某烟农私自留下了几克烟草（价值一厘）自己消费。其行为被认为违反了《烟草专卖法》第48条第1款“将应向政府缴纳的烟草自己消费等行为应予处罚”之规定，构成犯罪。大审院判决认为，虽然被告人的行为违法，但是犯罪对象价值过低，不具有刑事处罚的必要性，因此判决被告人无罪。[①]本案不但体现了刑法的谦抑性，而且基于权利与自由的立场，提出了“可罚的违法性”的概念。在被收入大审院判例集并经理论界广为阐释之后，这一概念在20世纪60年代日本最高法院的一系列判例中都发挥了出罪功能。

第二，及时编纂判例，补充甚至改变相关规则，提高法律的适应性。立法总是具有滞后性，而且相对于无限的社会生活，立法者的能力总是有限的。因此，判例应在公平正义等基本价值的射程内，提高法律的适应性。及时汇编尤其是选编系列案例，对于实现此目的具有重要意义。例如，1900年1月1日起生效的德国《民法典》并未将一般人格权明确列入第823条的保护法益目录中，在20世纪50年代之前，德国法院的判例均否认一般人格权，认为对于此类侵害行为不适用金钱损害赔偿。例如在1926年的“侵害戏剧作者著作权

---

① 大判明治43・10・11刑録16・1620。

案”中，帝国法院明确认为：从上诉法院一贯遵循的判决出发，可以认为现行法秩序并未确认一般人格权。①因此，一般人格权并不产生损害赔偿请求权。

但是20世纪50年代之后，联邦宪法法院的判例开始承认一般人格权构成人的基本权利，例如在1954年的“读者来信案”（BGH, Urteil vom 25.5.1954–I ZR 211/53）中，联邦宪法法院判决认为：《基本法》第1条规定的“人的尊严权”与第2条规定的“人格自由发展权”亦是私法权利，因此一般人格权也应作为宪法基本权利受到保护。联邦法院也不断将一般人格权的内容与范围具体化，并肯定在一般人格权受到严重侵害之际，可以主张金钱赔偿。例如，在1961年“人参案”中，联邦法院判决认为，行为人实施严重侵害人格权之行为，并对客观损害具有重大过错之际，应承担赔偿责任。就精神损害应以制定法之明确规定为前提的反驳意见，法院认为：“司法裁判承认个人的一般人格权，并使其受《民法典》第823条第1款之保护，势必在民法领域产生影响，此乃《基本法》重视人格尊严、保护其自由发展之必然。民法受《基本法》之价值判断的影响，亦对人格予以保护，但如若侵害人格权而无与精神损害相当之惩戒，此等保护实有欠缺。”②1973年的“索拉娅案”则直接确立了“因过错严重侵害他人一般人格权的，应负金钱赔偿责任”的基本原则。在该案中，原告索拉娅·伊凡迪亚利–巴克提亚利公主（Prinzessin Soraya Esfandiary–Bakhtiary）当时已经与伊朗国王离婚，居住于德国慕尼黑。1961年4月29日，一份名为《新周刊》的画报杂志在首页刊登了一篇所谓的对索拉娅公主的独家专访，谈到了诸多私生活细节。但是，该访谈完全是该杂志自由撰稿人的杜撰。索拉娅公主坚决否认，并以侵害一般人格权为由提起诉讼，要求杂志出版社赔偿15000德国马克，各级法院也判决索拉娅公主胜诉。被告则以其所享有的新闻自由等宪法权利受到判决的侵犯为由，根据《基本法》第93条、《德国联邦宪法法院法》第90条等条款的规定，向联邦宪法

① ［德］提尔曼·雷普根：《德国联邦宪法法院“索拉娅案”——“创造性法律发现”的经典教案》，胡剑译，载《华东政法大学学报》2017年第5期，第135页。

② ［德］提尔曼·雷普根：《德国联邦宪法法院“索拉娅案”——“创造性法律发现”的经典教案》，胡剑译，载《华东政法大学学报》2017年第5期，第138页。

法院提起宪法诉愿。联邦宪法法院也明确指出："自德意志联邦共和国成立之日开始，民事法院即将一般人格权视为受侵权法保护之法益。严重侵犯这一权利者，应负金钱损害赔偿责任。"①

*第三，及时编纂案例，增强司法实践与理论的互动。*在法治精神的范围内，司法实践与理论的关系不是对立，而应是相辅相成、互相促进，及时编纂案例能够增强司法实践与理论的互动，例如在日本，20世纪70年代之后，刑法解释应该以判例为前提的观点逐步获得了支持，就如平野龙一所言，判例是将法具体化的事物，学说不过是为判例提供参考意见，必须以之为前提。②上述德国"索拉娅案"的判决，在一定程度上也是理论共识的结果，在"索拉娅案"之前，关于一般人格权应否承认以及对受侵犯者是否应给予金钱补偿，已经逐渐在学界获得了认同，第42届与第45届德国法律人大会的讨论表明，承认人格权保护已经是大势所趋，就如联邦宪法法院所言："现在足以确定，在历经学术界长达数十年的争论后，当年民法典制定者所拒绝的一般人格权已渐获认同，自联邦最高法院在前述判决（1954年5月25日'读者来信案'［BGHZ 13，334］）中予以承认后，它已成我国私法秩序固有之一部分。"③同时，如上述德国的"B律师强迫案"所示，判例也可以是对理论争议发挥决定性影响的实例。

在意大利，理论学说在解决下级法院遵循最高法院判例之际过于机械、严格的问题，推动判例发展方面也发挥了重要作用。具体而言，"不赋予最高法院的判例以某种形式上的权威和影响力，而是通过理论学说对具体判例的批评和支持，来消解或者强化其权威和影响力。这样，在意大利的实践中，最高法院个别的、偶然的判例并不必然对下级法院具有强大的、压倒的影响力，而只有那些通过了学界判例评论反复的'锤炼'，得到某种程度的公认，

---

① ［德］提尔曼·雷普根：《德国联邦宪法法院"索拉娅案"——"创造性法律发现"的经典教案》，胡剑译，载《华东政法大学学报》2017年第5期，第138页。

② 平野龙一：《刑法の基礎》，东京大学出版会1966年版，第243页。

③ ［德］提尔曼·雷普根：《德国联邦宪法法院"索拉娅案"——"创造性法律发现"的经典教案》，胡剑译，载《华东政法大学学报》2017年第5期，第140页。

并且判例中所表达的思想，在最高法院的实践中得到持续贯彻的‘稳固的判例’（giurisprudenza consolidata），才对下级法院具有一种强大的，事实上的影响力[①]”。也正因如此，意大利的案例研究非常繁荣，学界对判例高度关注和密集研究。

五、完善当前案例编纂工作的若干思考

基于中国案例编纂中存在的问题与《关于统一法律适用加强类案检索的指导意见（试行）》（法发〔2020〕24号）、《最高人民法院关于建立法律适用分歧解决机制的实施办法》（法发〔2019〕23号）、《最高人民法院统一法律适用工作实施办法》（法〔2021〕289号）等文件的精神与要求，对比大陆法系国家案例编纂的模式与作用，当前官方的案例编纂工作在形式层面与实质层面都还有提高的空间。

（一）形式层面的思考

在形式层面，当前的官方案例编纂工作还可以进行如下几方面的完善。

第一，提高案例编纂的规范性。提高案例编纂的规范性，主要是做好如下两方面的工作。其一，是规范案例编纂的官方主体。目前，中国官方的案例编纂主体比较多。最高人民法院内部，有案例指导工作办公室、司法案例研究院、中国应用法学研究所、各业务庭以及地方高级人民法院等，各编纂主体之间并无稳定的沟通与交流机制。如此，可能会产生一些问题。例如，就同一法律问题，可能同时出现民事判决与刑事判决，而二份判决的立场存在差异。同时，如下文关于转载已公开的裁判文书是否侵权的案例所示，也可能出现不同地域的法院给出不同判断的情形。为避免诸如此类的问题，从《最高人民法院统一法律适用工作实施办法》第11条“最高人民法院建立健全跨部门专业法官会议机制，研究解决跨部门的法律适用分歧或者跨领域的重大法律适用问题”

---

① 薛军：《意大利的判例制度》，载《华东政法大学学报》2009年第1期，第89页。

的角度出发，建议最高法就案例编纂设立一个联系机制，通报编纂案例涉及的当事人、法律问题以及适用规则等，以避免出现不一致甚至矛盾之处，提高案例的指导价值。其二，是规范案例编纂的格式。在编纂案例的格式方面，各编纂机关已经逐步形成了自己的案例编纂格式，如具体案例的构成与风格。例如，最高人民法院公布的指导性案例通常由案例编号、案例名称、通过机构与发布日期、关键词、裁判要点、相关法条、基本案情、裁判理由几部分构成，公报案例由裁判摘要、基本案情、裁判结果、裁判理由几部分构成，《人民法院案例选》刊登的典型案例由案例名称、基本案情、裁判结果与典型意义四部分构成，《刑事审判参考》刊登的指导案例则由案例编号、案例名称、基本案情、主要问题、裁判理由五部分组成。实现不同的编纂目的当然需要不同的编纂格式。但是，在汇编、选编、评注三种模式之内，应该实现编纂格式的相对统一与规范，尤其是在释法、普法方面发挥重要作用的汇编与选编两种模式之中。同时，在汇编与选编模式内实现编纂模式的相对统一，也有利于落实类案检索、建设统一法律适用平台数据库、推动法律适用统一。

第二，提高案例编纂的完整性。提高案例编纂的完整性，主要应做好如下两个方面的工作。其一，在公开裁判文书方面，除存在《刑事诉讼法》第188条①、《民事诉讼法》第159条②等例外情形的，应公开所有的裁判文书。其二，在公开案件事实方面，除存在《刑事诉讼法》第54条③、《民事诉讼法》第71条④等例外情形的，应公开案件的所有事实。如上所述，案例编纂的主

① 该条规定：人民法院审判第一审案件应当公开进行。但是有关国家秘密或者个人隐私的案件，不公开审理；涉及商业秘密的案件，当事人申请不公开审理的，可以不公开审理。

② 该条规定：公众可以查阅发生法律效力的判决书、裁定书，但涉及国家秘密、商业秘密和个人隐私的内容除外。

③ 该条规定：人民法院、人民检察院和公安机关有权向有关单位和个人收集、调取证据。有关单位和个人应当如实提供证据。行政机关在行政执法和查办案件过程中收集的物证、书证、视听资料、电子数据等证据材料，在刑事诉讼中可以作为证据使用。对涉及国家秘密、商业秘密、个人隐私的证据，应当保密。

④ 该条规定：证据应当在法庭上出示，并由当事人互相质证。对涉及国家秘密、商业秘密和个人隐私的证据应当保密，需要在法庭出示的，不得在公开开庭时出示。

要作用之一，是推动司法实务与法学理论、验证法学理论并为立法与司法政策、司法实务提供理论支持与操作建议。如果裁判文书不完全公开、案件事实不完全公开，案例编纂在这方面的作用无疑会大打折扣。

第三，提高案例编纂的主动性。提高案例编纂的主动性，尤其要做好如下两方面的工作。其一，及时主动地检查、清理案例，尤其在法律适用规则、法律规范发生重大变化等场合，对之前的法律适用规则进行修正，引导司法实践朝着实现实质正义的方向发展，如此方能在符合正义原则的前提下，统一法律适用，这也符合《最高人民法院统一法律适用工作实施办法》第17条“对纳入统一法律适用平台数据库的案例，应当及时进行检查清理。各部门在工作中发现纳入统一法律适用平台数据库的案例已经不具有指导意义和参考价值，或者相关裁判已经被改判、撤销的，应当及时通知审管办进行更新”的要求。其二，及时主动地对司法实践中存在争议的问题编纂、公布案例，明确法律适用规则。就如“黑社会性质组织的构成要件”之争[①]现象所示，相对于社会生活的无限性，立法者能力是有限的，对于司法实践中的新类型的纠纷，不同的法院对法律可能有不同的理解，出现不同的判决。同时，我国幅员辽阔，文化传统具有地域差异性，不同法院对同一问题也难免存在不同理解。例如，就转载已公开的裁判文书是否侵权的问题，苏州市中级人民法院2019年的判决与北京市第四中级人民法院2021年的判决就得出了截然相反的结论：前者认为转载已公开的裁判文书侵权[②]，北京四中院则认为不侵权[③]。在不同结论的背后是截然不同的价值观：前者强调的是个人信息主体对信息传播控制的人格权益，后者则更倾向于司法文书公开制度所蕴含的公共和社会经济利益。在这种情况下，官方权威编纂主体应该主动研究争议问题，对

---

① 在《刑法》于1997年增设黑社会性质组织相关罪名之后，人民法院与人民检察院就“存在保护伞”是否为黑社会性质组织的必备特征存在争议。最终，全国人大常委会于2002年4月28日通过《关于〈中华人民共和国刑法〉第二百九十四条第一款的解释》，将“实施违法犯罪活动，或者利用国家工作人员的包庇或者纵容”规定为黑社会性质组织的特征，平息了这一争议。

② 苏州市中级人民法院（2019）苏05民终4745号民事判决书。

③ 北京市第四中级人民法院（2021）京04民终71号民事判决书。

围绕争议问题的法律适用问题作出解答，以指导司法实践。就如《关于完善统一法律适用标准工作机制的意见》（法发〔2020〕35号）所要求的："针对经济社会活动中具有典型意义及较大影响的法律问题，或者人民群众广泛关注的热点问题，及时发布典型案例，树立正确价值导向，传播正确司法理念，规范司法裁判活动。"

当然对于已经公开的裁判文书，也需要及时进行编纂，就如《最高人民法院统一法律适用工作实施办法》第16条要求的："最高人民法院发布的指导性案例，各审判业务部门的二审案件、再审案件、请示案件、执行复议监督案件，经专业法官会议、赔偿委员会、司法救助委员会、审委会讨论的案件，以及其他具有普遍指导意义的典型案件，裁判文书上网公开后，审管办应当及时组织编纂并纳入统一法律适用平台数据库。"

第四，完善数据库建设。虽然如上所述，最高人民法院与地方高级人民法院已经建立了案例数据库，但是仍然存在一些有待于解决的问题，例如案例检索的便利性、全面性、统一性等，因此，就如有的观点所言："可以因地制宜，在确保全国法院司法裁判尺度统一、遵循司法规律的前提下，依托最高人民法院大数据平台，充分发挥最高人民法院指导性案例和省级人民法院参考性案例的优势，尝试建立多层次的案例库，最大限度发挥司法案例的指引作用。"①

（二）实质层面的思考

为了充分发挥案例编纂的各项作用，在实质层面，我们还需要在如下三个方面展开工作。

第一，提高指导性案例、公报案例以及典型案例的约束力。编纂案例的最终目的，是通过发挥案例编纂普法、释法等积极作用，在实践中实现正确的价值观，推进案例法治建设，达到良法善治。如德、日等大陆法系国家的

① 王鹏成、李倩：《依托数据平台建设　发挥案例指引作用》，载《人民法院报》2020年8月16日，第2版。

实践所示，案例编纂作用的力量源泉，在于案例本身的约束力。目前，中国案例的约束力大致可以分为三类：（1）指导性案例的约束力，（2）公报案例、指导案例以及典型案例的约束力，以及（3）其他案例的约束力。其中，指导性案例的约束力当然最高。根据最高法2010年发布的《关于案例指导工作的规定》（法发〔2010〕51号）第7条的规定，各级人民法院在审理类似案件之际，应当参照最高人民法院发布的指导性案例。“应当”一词的约束力显然高于“可以”，这是可圈可点之处。但是其作用也只是止步于“参照”：人民法院的裁判文书虽然可以将之作为裁判理由引用，但不能将之直接引用为裁判根据[①]，因此当事人也不能以违反指导性案例为由提出上诉；法院在不参照指导性案例之际，也是通过内部工作程序进行汇报。在后两者中，虽然公报案例、指导案例以及典型案例的地位与约束力实际上可能高于其他案例，但是这几类案例本身并无约束力，只能通过“类案检索制度”发挥一定的作用。

从充分发挥案例与案例编纂的作用出发，建议赋予指导性案例司法解释的效力。指导性案例是“中国特色的释法工具”[②]，虽然根据最高法2007年3月23日发布的《关于司法解释工作的规定》（法发〔2007〕12号）第5条与第6条，具有法律效力的司法解释只有“解释”“规定”“批复”和“决定”四种，但是指导性案例蕴含的规则也是法律解释，也体现了司法机关在特定问题上的立场。“为指导性案例的目的和本旨的全面落实，有必要将指导性案例的规范性转型为司法解释的一种形式”[③]，提高其法律地位，增强其约束力。同时，赋予公报案例、指导案例以及典型案例当前指导性案例所具有的“参照”的约束力，以提高社会公众对案例的认同感、汇聚社会公众对案例法治的信仰。

---

① 《最高人民法院统一法律适用工作实施办法》第9条明确规定：待决案件在基本案情和法律适用方面与检索到的指导性案例相类似的，合议庭应当参照指导性案例的裁判要点作出裁判。

② 邬海林：《将指导性案例的规范性纳入司法解释的范畴》，载《民主与法制》2017年第48期，第39页。

③ 陈兴良：《赵春华非法持有枪支案的教义学分析》，载《华东政法大学学报》2017年第6期，第39页。

第二，加强具有约束力的裁判文书的说理。如上所述，如何加强裁判文书说理是司法实践中的一大难题。如图1所示，随着全面依法治国的推进，全国各级法院每年处理的案件数以百万计，而且还在不断增长之中。同时，法学人才的分布也存在不均衡之处。因此，要求在所有判决书中实现充分说理的现实可能性较小。但是，在具有约束力的裁判文书中实现充分说理，既具有必要性，因为这部分案例被期望发挥统一法律适用、引导价值走向与增强法治信仰的作用，尤其是引起重大社会关注、体现重要法律规则的案例，也具有可行性，因为这部分案例的数量相对较小。

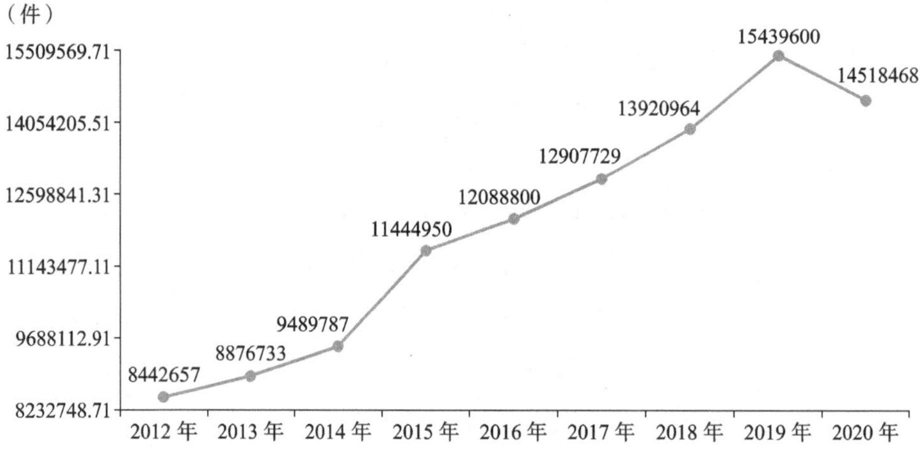

图1　2012—2020年人民法院审理一审案件收案数

第三，推动司法实践与法学理论的互动。案例是法学理论与社会现实的典型结合，是法律职业共同体的智慧结晶。法律职业共同体包括了法官、检察官、律师、法学教授等所有从事法治的工作者[①]。因此，就如上述德国有关“一般人格权”的系列判例与日本的“一厘案”等所示，提高案例与法理，也即司法实务界与法学理论界之间的互动，能够在保证司法实践沿着公平正义的道路前行的同时，为法学理论对前沿问题进行深入研究创造条件，推动法治建设稳步前行，就如有的观点所言：要“把案例作为认识法治、评价法治、

① 徐显明：《关于法律职业共同体的构建》，载《中国司法》2014年第10期，第62页。

推进法治和实现法治的抓手和资源。充分运用案例法治智慧和案例法学理论，丰富、完善中国特色社会主义法治的规范体系、制度体系、理论体系和话语体系等[①]”。遗憾的是，虽然我们的案例汇编、选编工作相对较好，但是评注模式还有待于提高，案例回应理论问题的力度又有所欠缺。

结 语

如德、日等典型大陆法系国家的实践所示，即使是在以成文法为法律渊源的国家，判例在法治建设过程中仍然可以发挥重要作用。相应地，案例编纂在普法、释法，宣示法治的价值选择，促进理论与实践融合、推动法治建设沿着正义的道路前行方面也发挥着重要作用。可以说，案例制度与案例编纂相辅相成，是推进法治建设、培养法律信仰必不可少的因素。

中共中央2020年12月印发的《法治社会建设实施纲要（2020—2025年）》明确指出，要“充分发挥高等学校、科研院所等智库作用，大力打造法治社会建设理论研究基地。加强舆论引导，充分发挥先进典型的示范带动作用，凝聚社会共识，营造全民关心、支持和参与法治社会建设的良好氛围”，案例无疑是直接连接实务界与理论界的一环，在网络发展的当下，能够快速引起普遍关注、发挥示范作用。因此，我们应该给予案例编纂更多的关注，立足现实，从各个方面完善案例编纂工作。

---

① 胡云腾：《从规范法治到案例法治——论法治建设的路径选择》，载《法治现代化研究》2020年第5期，第1页。

如何激活刑法中的酌定减轻条款？

陈银珠*

摘　要：梳理十几年来数起争议性案例发现，刑事司法中量刑僵化问题较为严重。即裁判者严格按照刑法分则及其司法解释作出的裁判，会违背罪刑相适应原则和民众认同的情理。刑法分则及其司法解释根据定量情节确定了某类案件的最低刑，但是酌定减轻条款的适用又处于保守状态。这导致量刑"刚性有余而柔性不足"，在满足刑事司法统一性的同时，会损害刑事司法的公正性。应该系统归纳酌定减轻条款的裁判规则，通过司法解释、量刑指南或者指导性案例的方式激活酌定减轻条款的适用。这使得量刑在保持统一性、确定性和可预测性的基础上，也具有适当的灵活性，最终实现刑事司法的公正性。

关键词：量刑僵化；酌定减轻条款；实体路径；程序路径

一、问题的提出

近年来刑事领域发生的争议性案例暴露出量刑僵化问题，即裁判者根据刑法分则及其司法解释得出的裁判结论会违背罪刑相适应原则和民

---

* 陈银珠，安徽师范大学法学院副教授、安徽师范大学司法案例研究中心副主任、法学博士、硕士研究生导师，研究方向为中国刑法学、案例法学。本文为2020年度安徽高校人文社会科学研究重大项目"正当防卫司法适用的保守模式与激活路径研究"（项目编号：SK2020ZD09）和2019年安徽省高校优秀青年人才支持计划重点项目"民国时期刑事司法运作机制研究——以南京江宁司法档案为考察对象"（项目编号：GXYQZD2019008）的阶段性研究成果。

众认同的情理。笔者整理了近年来引发广泛争议的社会性案件，主要包括：2001年的罗德富等非法制造爆炸物案[①]，2006年的许霆盗窃案[②]，2014年的刘大蔚走私武器案[③]，2014年闫啸天非法猎捕珍贵、濒危野生动物

---

① 罗德富是奉节县金凤乡金千村的村民。以前这个村离镇上有100多公里，由于没通公路，村民们赶个集得走一天。2001年初，为了改变山村的落后面貌，村民们决定集资修路。修路要开山，开山要炸药。罗德富估算，修公路至少需要800公斤炸药，供销社的炸药卖10多元一公斤，而如果自己制造，只要4元左右。为了节约成本，罗德富约上邻村的陈井凡、刘庆元、冯兴平商量后准备自制炸药。罗德富说，因为早先就懂得炸药的制作方法，就于2001年2月26日用买来的硝铵、硫黄粉、锯木粉末，在刘庆元的租赁屋里制造了850公斤炸药。谁知第2天，刚制好的炸药就被公安查获，为此，罗德富还带领众多村民强行阻拦公安执法。当年3月1日，罗德富和陈井凡被依法刑拘，刘庆元、冯兴平闻讯而逃。一审法院以情节严重的非法制造爆炸物共同犯罪，分别判罗德富13年，陈井凡11年徒刑，两人还同时被剥夺政治权利2年。肖玉：《农民自制炸药建公路被捕　上诉4年终被无罪释放》，载搜狐网http://news.sohu.com/20050331/n224944057.shtml。一审法院的判决无法获得民众的认同。在民众看来，行为人出于好心，客观上没有造成任何损害结果的行为，却被法院判处10年以上有期徒刑、无期徒刑或者死刑。根据我国学者的估计，全国各地严格按照这个司法解释被定罪处刑的案件至少数以万计。陈忠林：《刑法散得集（Ⅱ）》，重庆大学出版社2012年版，第21—22页。

② 2006年4月21日22时许，被告人许霆伙同同案人郭安山（已判刑）到广州市天河区黄埔大道西平云路的广州市商业银行离行式单台柜员机提款，当被告人许霆用自己的广州市商业银行银行卡（该卡内余额170多元）提取工资时，发现银行系统出现错误，即利用银行系统升级出错之机，分171次恶意从该柜员机取款共175000元，得手后携款潜逃，赃款被用光。一审法院认为，被告人许霆以非法占有为目的，伙同同案人采用秘密手段，盗窃金融机构，数额特别巨大，其行为已构成盗窃罪。被告人许霆犯盗窃罪，判处无期徒刑，剥夺政治权利终身，并处没收个人全部财产。

③ 2014年7月，刘大蔚通过QQ聊天在我国台湾地区卖家提供的网址“BCS武器空间”里选定24支枪形物后，在我国台湾地区卖家指定的淘宝网店购买虚拟商品，支付宝付款3.054万元。7月19日，为逃避海关监管，我国台湾地区卖家将24支枪形物藏匿于饮水机箱体内走私进境。7月22日凌晨，石狮海关缉私分局在泉州市清濛开发区盛辉物流公司仓库内查获饮水机内的24支枪形物。经鉴定，有21支以压缩气体为动力发射弹丸，其中有20支具有致伤力，认定为枪支。有1支不能确定是否为枪支；有3支不具有致伤力，认定为仿真枪。泉州市中级人民法院认为，被告人刘大蔚走私枪支入境，数量多达20支，其行为构成走私武器罪，判处无期徒刑，剥夺政治权利终身，并处没收个人全部财产。福建省高级人民法院维持了一审判决。根据我国学者徐昕的估计，每年至少有1万人因仿真枪被判刑，2008年以来这些犯罪至少波及10万个家庭。参见徐昕：《无罪辩护》，清华大学出版社2019年版，第252页。

案[1]，2014年王鹏非法收购、出售珍贵、濒危野生动物案[2]。这些案例的共同特点是，一审法院严格按照刑法分则及其司法解释作出的裁判结论，在法学界引起争议，也无法获得媒体和民众的认可。在上述案例中，司法解释根据爆炸物的数量、公私财物的数量、枪支的数量、野生动物的数量，作为刑法规定的“数额特别巨大”“情节严重”“情节特别严重”等的标准。司法解释根据定量情节决定了裁判者在裁判某类案件时应当适用的法定刑幅度，也就决定了这类案件的最低刑。裁判者虽然可以在法定刑幅度内自由裁量，但是即使判处最低刑仍然与罪刑相适应原则和民众认同的情理相冲突。

这个问题也引起了实务界和理论界的关注。上海市第一中级人民法院院长黄祥青指出，实践中必须警惕貌似合于法律、实际背离法律价值目的的司法裁判[3]。针对严格适用刑法司法解释导致的不公平现象，我国学者提出了缓和司法解释刚性的建议。唐继尧教授认为，在适用刑法司法解释时应当坚持例外不适用规则。虽然刑法司法解释具有极强的权威性和优先适用效力，但是不能将这种权威性和优先性绝对化，应当赋予司法者例外性地选择不适用

---

① 2014年7月14日左右的一天，被告人闫啸天、王亚军在辉县市高庄乡土楼村一树林内非法猎捕燕隼12只（国家二级保护动物），后逃跑一只，死亡一只。2014年7月18日，被告人闫啸天、王亚军卖到郑州市7只，以150元的价格卖给被告人负某燕隼1只。被告人闫啸天独自卖到洛阳市2只。2014年7月27日，被告人闫啸天和王亚军在辉县市高庄乡土楼村一树林内非法猎捕燕隼2只及隼形目隼科动物2只，共计4只。一审法院认为，被告人闫啸天犯非法猎捕珍贵、濒危野生动物罪，判处有期徒刑10年，并处罚金人民币5000元。二审法院维持了一审法院的判决。

② 王鹏从2014年4月开始非法收购、繁殖珍贵、濒危的鹦鹉并出售牟利。2016年4月初，王鹏将其孵化的2只小太阳鹦鹉以500元/只卖给原审被告人谢田福。经鉴定，该2只鹦鹉系列入《濒危野生动植物种国际贸易公约》附录的绿颊锥尾鹦鹉（人工变异种）。2016年5月10日，民警在广东省深圳市宝安区沙井街道沙井花卉世界谢田福经营的福田水族馆中查获10只鹦鹉（包括上述2只鹦鹉）。同年5月17日，民警在宝安区石岩街道麻布新村自力大道1号301房王鹏的租住处查获45只珍贵、濒危的鹦鹉，经鉴定，该45只鹦鹉系35只绿颊锥尾鹦鹉（人工变异种）、9只和尚鹦鹉、1只非洲灰鹦鹉。上述非洲灰鹦鹉被列入《濒危野生动植物种国际贸易公约》（CITES）附录I，其余鹦鹉均被列入《濒危野生动植物种国际贸易公约》（CITES）附录Ⅱ。2017年3月30日，一审法院以犯非法出售珍贵、濒危野生动物罪判处王鹏有期徒刑5年，并处罚金3000元。

③ 黄祥青：《法官如何裁判才能防止机械司法》，载《人民法院报》2019年4月11日。

某一解释条款的权力[①]。他建议，将现行《最高人民法院关于司法解释工作的规定》和《最高人民检察院司法解释工作规定》有关司法解释效力的条款修改为："最高人民法院（或者最高人民检察院）发布的司法解释，各级法院（或者检察院）应当参照适用；司法裁判中不参照适用的，应当详细阐明理由。"[②]叶良芳教授认为，司法解释只能定位为指导性规则，而不能定位为强制性规则。应当赋予司法者的是出罪或者减轻责任的酌定裁量权，而非入罪或者加重责任的酌定裁量权[③]。段卫利博士也提出了类似的建议[④]。这些缓和或者弱化司法解释刚性的建议，具有激进性，可能导致刑事司法从机械性向灵活性转变，引发对于裁判者自由裁量权滥用的担忧。这些建议会弱化最高人民法院通过司法解释维持刑事司法统一性的努力，可能不会受到最高人民法院的支持。本文提出的建议是通过激活酌定减轻条款来解决量刑僵化的问题，在总结酌定减轻条款裁判规则的基础上，将这些裁判规则以司法解释、量刑指南或者指导性案例的方式指导各级人民法院裁判案件。

二、最高人民法院对酌定减轻条款的态度

在司法实践中，酌定减轻条款处于保守甚至虚置状态。最高人民法院掌握着酌定减轻条款适用的核准权，因此最高人民法院对于该条款适用的态度至关重要。经过分析《刑事审判参考》刊登的案例发现，最高人民法院对该

---

① 唐继尧：《论当前司法活动中适用刑法解释的基本规则》，载《四川师范大学学报》（社会科学版）2019年第2期，第50页。

② 唐继尧：《中国当前刑法司法解释公信力刍议》，载《政法论丛》2016年第4期，第133—134页。

③ 叶良芳：《刑法司法解释的能与不能——基于网购仿真枪案和掏鸟窝案判决的思考》，载《政法论丛》2016年第6期，第25页。

④ 段卫利博士认为，刑事司法解释逐步丧失强制性，而只有参考性。应当允许法官在个案中有条件地突破刑法司法解释，法官突破刑事司法解释以有利于刑事被告人为原则。法官在定罪和量刑时要作出充分的说理和论证。段卫利：《刑事司法解释强制拘束力的批判与反思》，载《刑法论丛》2016年第4卷，第97—98页。

条款适用的态度从保守转向鼓励[①]。

酌定减轻条款的适用范围经历了从特殊案件到一般案件扩张的过程。起初，酌定减轻条款被认为只能适用于涉及国家利益的特殊案件。全国人大常委会法工委就冯洲受贿案答复最高人民法院称："1997年刑法第63条第2款关于因'特殊情况'在法定刑以下判处刑罚的规定，主要是针对涉及国防、外交、民族、宗教等极个别特殊案件的需要，不是对一般刑事案件的规定。"[②]全国人大常委会法工委的这个答复，明确主张酌定减轻条款适用于极个别特殊案件，明确反对适用于一般刑事案件。2001年最高人民法院的法官在解释李小平等人故意伤害案的裁判理由时认为，刑法第63条第2款的"特殊情况"主要是指案件的处理具有特殊性，一般应是指涉及政治、外交、统战、民族、宗教等国家利益的特殊需要。被处罚的被告人没有法定减轻处罚情节，对其判处法定最低刑还是过重时，才能在法定刑以下判处刑罚[③]。需要注意的是，相较于全国人大常委会法工委的回复，最高人民法院法官的这个解释出现微妙的变化。这个解释认为，酌定减轻条款的适用范围一般是指涉及国家利益的特殊案件，并没有明确反对将该条款适用于一般案件，而且这蕴含着例外存在的可能性。

2001年，最高人民法院在核准程乃伟绑架案时，把酌定减轻条款的适用范围扩张到一般刑事案件。河南省高级人民法院的法官在解释该案的裁判理由时认为，刑法第63条第2款规定的"特殊情况"，当然应指政治、外交等特殊情况，但是也不应绝对化。理解得过宽不行，有违刑法从严控制特殊情

---

① 任职于最高人民法院的何帆指出，《最高人民法院公报》和《刑事审判参考》刊登的案例，多数并非最高人民法院裁判，但经过最高人民法院相关部门编辑认可或点评，能够代表最高司法机关的观点，具有司法指导意义。何帆：《刑法注释书》，中国民主法制出版社2019年版，导言第10页。

② 周道鸾等主编：《刑法的修改与适用》，人民法院出版社1997年版，第166页。

③ 中华人民共和国最高人民法院刑事审判第一庭、第二庭编：《第111号：李小平等人故意伤害案——对不具有法定减轻处罚情节的犯罪应如何适用刑罚》，载《刑事审判参考》（2001年第7集·总第18集），法律出版社2001年版，第6页。

况减轻处罚的立法目的；理解得过严又不利于更好地贯彻罪刑相适应原则[①]。2008年8月20日，最高人民法院签发许霆案件的核准刑事裁定书。许霆案件促进了最高人民法院对于酌定减轻条款从保守向鼓励态度的转变。许霆案清晰地表明，刑法第63条第2款规定的“特殊情况”除了涉及国家利益的情况之外，还包括对案件量刑产生重大影响的其他情况，如被告人人身危险性很小等[②]。2009年，最高人民法院副院长江必新将酌定减轻条款视为衡平制度，衡平制度就是为了解决司法实践中可能出现的明显不公、明显脱离正义的案件而建立的制度[③]。

2010年闫子洲故意伤害案中，河南省高级人民法院的法官在解释该案的裁判理由时认为，刑法第63条第2款规定的“特殊情况”除了涉及国家利益的情况外，还应包括一些个案的情节特殊的情况，主要是反映被告人主观恶性、人身危害性、社会效果等方面的因素[④]。这个裁判理由不仅肯定了酌定减轻条款适用范围的扩大，而且说明了“特殊情况”的内容。2019年王海旺非法经营案中，最高人民法院的法官在解释裁判理由时提出，在确有特殊情况的案件中，要敢于、善于运用酌定减轻条款，以此体现立法精神，实现宽严相济[⑤]。这个裁判理由充分体现了最高人民法院对于酌定减轻条款适用的鼓励态度。

经过对案例的历史梳理可以发现，对于酌定减轻条款的适用最高人民法

---

① 中华人民共和国最高人民法院刑事审判第一庭、第二庭编：《第182号：程乃伟绑架案——特殊情况下减轻处罚的适用》，载《刑事审判参考》(2002年第3集·总第26集)，法律出版社2002年版，第48页。

② 张军主编：《〈刑法修正案（八）〉条文及配套司法解释理解与适用》，人民法院出版社2011年版，第55页。

③ 江必新：《在法律之内寻求社会效果》，载《中国法学》2009年第3期，第11页。

④ 中华人民共和国最高人民法院刑事审判第一、二、三、四、五庭主办：《第600号：闫子洲故意伤害案——将正在实施盗窃的犯罪分子追打致死的行为如何量刑》，载《刑事审判参考》(2010年第1集·总第72集)，法律出版社2010年版，第30页。

⑤ 中华人民共和国最高人民法院刑事审判第一、二、三、四、五庭主办：《第1237号：王海旺非法经营案——特殊情况下减轻处罚的理解与适用》，载《刑事审判参考》(总第113集)，法律出版社2019年版，第14页。

院经历了从保守到鼓励的转变。这个过程体现了酌定减轻条款的现实价值，它在量刑体系中具有不可或缺的地位。它对于实现罪刑相适应原则，对于缓和情理法的冲突，对于实现刑事司法法律效果与社会效果的融合具有无可替代的价值。在我国刚性最低刑制度占据主导地位，刑事司法机械化倾向日益严重的当下，酌定减轻条款在平衡刑事司法的统一性与公正性之间的作用日益凸显。

三、其他各层级人民法院对酌定减轻条款的态度

虽然最高人民法院对于酌定减轻条款适用的态度发生了改变，但是其他各层级人民法院仍然消极。适用该条款的数量很少，即使在应当适用的场合，仍然规避适用。张明楷教授指出，在应当适用酌定减轻条款的情况下，人们总是怕麻烦而不适用，于是出现了量刑过重或者随意选择轻罪甚至宣告无罪的现象[①]。李立众教授认为，即使在许霆案之后酌定减轻条款的适用仍然处于寥寥无几的状态[②]。理论界的观点也得到了司法实务部门的印证。最高人民法院的法官认为，由于酌定减轻条款规定不明确，法官在适用该条款时需要承受来自检察机关、被害人及其家属等各方面的压力，同时还担心因报核案件被发回重审而被追究错案责任，且因核准程序复杂，法官存在畏难情绪，导致实践中相当数量符合条件的案件没有报核，被告人没有得到减轻处罚[③]。

酌定减轻条款的适用处于保守乃至虚置状态这个命题，也得到了有限的实证数据的支撑。自1997年刑法（以下简称97刑法）实施到2008年，每年最高法院核准的案件只有一二十件[④]。2003年至2011年，全国法院报核在法定

① 张明楷：《骗取自己所有但由他人合法占有的财物构成诈骗罪——对〈伪造公章取走暂扣车辆是否构成诈骗罪〉一文结论的肯定》，载《人民检察》2004年第10期，第32页。

② 李立众：《修改酌定减轻处罚核准主体之建议》，载《人民检察》2011年第9期，第65页。

③ 张军主编：《〈刑法修正案（八）〉条文及配套司法解释理解与适用》，人民法院出版社2011年版，第55页、第62—63页。

④ 张军、姜伟、朗胜、陈兴良著：《刑法纵横谈》，北京大学出版社2008年版，第390页。

刑以下判处刑罚的案件共有677件。自2003—2011年，江苏省法院在法定刑以下判处刑罚的案件只有1件[①]。2006年许霆案使刑法理论界和实务界更加认识到酌定减轻条款的价值。许霆案之后，无论是最高人民法院核准案件数量还是核准率都有很大的提高。2007—2009年最高人民法院核准适用酌定减轻条款的案件共计199件。其中2007年36件，核准率为97.22%；2008年76件，核准率为92.11%；2009年87件，核准率为91.95%[②]。从这三年数据来看，平均每年核准66件，平均核准率为93.76%。

核准率较高表明最高人民法院对于酌定减轻条款的支持和鼓励态度，而各层级人民法院报送该类案件数量明显较少则表明他们的消极态度。这个结论可以从横向比较与纵向比较进行论证。从横向比较来看，酌定减轻条款与免予刑事处罚条款都属于从宽量刑机制，但是后者的适用数量远多于前者，参见表5。从纵向比较来看，97刑法对于酌定减轻条款进行了重大修改，修改前适用数量远多于修改后。97刑法生效之前，1979刑法所规定的适用酌定减轻条款的案件全国每年至少有几千起，有的中级人民法院一年就有70多起[③]。无论是横向比较还是纵向比较，酌定减轻条款的适用数量都明显较少。

表5　酌定减轻条款与免予刑事处罚条款适用状况对比[④]

年份	法定刑以下判处刑罚收案数（件）	法定刑以下判处刑罚结案数（件）	免予刑事处罚人数（人）
2018	38	38	16711
2017	178	168	20684
2009	—	87	17223

① 公丕祥：《完善法定刑下判处刑罚的核准制度》，载《中国审判》2011年第62期，第11页。

② 张军主编：《〈刑法修正案（八）〉条文及配套司法解释理解与适用》，人民法院出版社2011年版，第63页。

③ 张军、姜伟、朗胜、陈兴良著：《刑法纵横谈》，北京大学出版社2008年版，第391页。

④ 在最高人民法院的统计公报中，2017年开始增加“法定刑以下判处刑罚复核”的收案数、结案数和未结案的数量信息。参见最高人民法院：《全国法院司法统计公告》，http://gongbao.court.gov.cn/ArticleList.html?serial_no=sftj。

续表

年份	法定刑以下判处刑罚收案数（件）	法定刑以下判处刑罚结案数（件）	免予刑事处罚人数（人）
2008	—	76	17312
2007	—	36	15129

四、酌定减轻条款激活的实体路径

针对量刑僵化问题，本文提出的建议是激活酌定减轻条款的适用。酌定减轻条款是量刑体系中不可或缺的部分，它使得量刑活动在保持统一性、稳定性和可预测性的基础上，也具有适当的灵活性。正如美国量刑指南手册（Guidelines Manual 2018）所指出的，由于很难制定出包含大量可能影响量刑情节的指南，所以偏离规则在量刑指南体系中发挥着不可或缺的功能。偏离规则允许法院在机械地适用量刑指南无法达到制定法和量刑目的的情形下，可以例外地适用合适的刑罚①。酌定减轻条款的激活有助于刑事司法在统一性与公正性之间处于更为平衡的状态。最高人民法院对于酌定减轻条款的适用经历了从保守向鼓励的转变，刑法理论界走得更远，张明楷教授建议法官应当具有“只要符合条件就减轻处罚”的意识，法官没有必要将刑法第63条第2款视为特殊的例外规定，而应看作一般性规定②。如何激活酌定减轻条款的适用？本文认为，在最高人民法院已经核准的案例中，系统归纳酌定减轻条款的裁判规则，并将其用于指导各级人民法院的量刑活动。

（一）酌定减轻条款适用的情节种类

酌定减轻条款适用的罪名一般都属于重刑罪名。在笔者收集到的30件案

---

① See United States Sentencing Commission Guidelines Manual 2018，474.

② 张明楷：《责任刑与预防刑》，北京大学出版社2015年版，第417页。

例中，应当适用的法定最低刑为无期徒刑的案例有2件，10年有期徒刑的有21件，5年有期徒刑的有6件，3年有期徒刑的有1件。法定最低刑为3年以下有期徒刑或者拘役的案件，没有适用酌定减轻条款的必要，从宽情节可以通过适用缓刑来体现。有限的统计数据表明，酌定减轻条款适用的集中范围是法定最低刑为5年和10年的案例。以这30个案例为分析对象，以行为客观危害较小、行为人主观恶性较小、行为人人身危险性较小为标准，对裁判文书提到的酌定减轻情节进行归类。

体现行为客观危害较小的情节包括：没有造成严重危害结果；虽然将亲生孩子卖出但是被公安机关成功解救，没有造成严重危害后果；出卖亲生子女相较于“人贩子”，客观危害较小；采用非破坏手段实施盗窃金融机构；殴打行为不是危害结果发生的主要原因，仅是被害人死亡的诱因；多因一果，行为人的行为只是其中一个原因；多人一果，并非行为人一人所为；伤害行为只是受害人病发的诱因之一，不应对死亡结果负全部责任；出售的珍贵、濒危野生动物属于行为人驯养繁殖而不是野外捕捉，且有的尚未售出；准备出售的珍贵、濒危野生动物制品的价格明显低于鉴定价值；贪污所得用于林地经营，客观上有益于生态环境建设，所种树木全部折价抵偿给国有林场；部分贿赂不是实得利益，且有支付劳务的因素；案件发生在亲属之间；未为他人谋取利益；挪用公款时间较短，且案发几年前全部发放到村民手中。

体现行为人主观恶性较小的情节包括：放任态度情节轻微；被害人有严重的过错；因正常生产生活需要或者合法的生产经营活动需要；临时起意实施犯罪行为；走私的象牙制品系在境外合法购得且不能证明具有牟利目的；家庭生活困难；因公安特情人员引诱犯罪；挪用公款不是为了本人牟利，而是囿于人情帮助他人完成揽储任务；得知孩子父母无力抚养并且主动要求出卖的情况下，行为人联系收买人；走私的珍贵物品，在购买地是允许交易的。

体现行为人人身危险性较小的情节包括：悔罪表现；认罪悔罪；初犯偶犯；对案件侦破起了重要作用；如实供述犯罪；主动退赃；没有再犯罪危险，

所居住社区具备矫正管理条件；赃款赃物基本追回；为被害人赔偿经济损失；积极赔偿被害人经济损失，并取得被害人谅解。

其他情节包括：某种犯罪是基于对抗当地某种形势严峻的犯罪发生的，并得到当地民众的同情①；行为人是女儿骨髓移植手术的优选供髓者。

（二）酌定减轻条款不得适用的情形

在中国裁判文书网输入“酌定减轻处罚”进行搜索，共检索到480篇文书。在这些文书中，绝大多数都是辩护人提出适用酌定减轻条款，而裁判者以直接或者间接的方式反对适用该条款。直接反对就是裁判者在裁判文书中，直接反对将某种情节认定为酌定减轻处罚的情节；间接反对就是裁判者在裁判文书中，将辩护人提出酌定减轻条款的情节认定为酌定从轻情节。这些情节包括：身患疾病（艾滋病）不是酌定减轻处罚的情节；归案后均能如实供述主要犯罪事实，在法庭上自愿认罪，并能主动退回违法所得；行为人母亲长年瘫痪在床、家里生活窘迫；具有坦白情节、初犯、偶犯；归案后能如实供述犯罪事实，认罪态度较好；上缴部分赃款；如实供述自己的罪行、向县纪委退赃、一审审理时当庭认罪；被告人当庭自愿认罪，赔偿被害人全部经济损失，得到被害人的谅解；因民间纠纷引发，被害人对其受伤害有过错；被告人与被害人自愿达成了和解协议，一次性赔偿了被害人的全部损失，取得了被害人的谅解；被告人家属已退还骗取的全部医保基金；当庭认罪认罚，有悔罪表现，事发后积极异地补植林木；行为人此次犯罪系初犯、偶犯，全部退回被害人损失并取得了被害人的谅解；行为人此次犯罪系初犯、偶犯，到案后能够如实供述自己的罪行，且对于矛盾的发生，受害人也有一定的过错；本案系因邻里纠纷民间矛盾激化而引发，被害人对矛盾激化负有一定责任，且双方已达成医疗费等费用

---

① 中华人民共和国最高人民法院刑事审判第一、二、三、四、五庭主办：《第600号：闫子洲故意伤害案——将正在实施盗窃的犯罪分子追打致死的行为如何量刑》，载《刑事审判参考》（2010年第1集·总第72集），法律出版社2010年版，第30—31页。

由各自承担的调解协议，被告人已取得被害人谅解；被告人是一次性将包括樟树在内的所有树木进行砍伐的，对被告人可酌情从轻处罚；涉案毒品大部分已被公安机关扣押，未流入社会；妨害公务案件中，鉴于公安民警在执行公务时执行程序不够规范；鉴于两名被告归案后认罪态度好且主动缴纳罚金。最高人民法院在不核准裁判文书中认为，下列情节不属于酌定减轻处罚情节：行为人归案后能认罪悔罪，如实供述自己的犯罪事实，并积极赔偿被害人家属损失，得到被害人家属谅解；行为人归案后如实供述、自愿认罪等具体情况。

从中可以发现，仅仅具有体现行为人人身危险性较小的单个或者组合情节，不得适用酌定减轻条款。体现行为人主观恶性较小的被害人过错与体现行为人人身危险性较小的情节组合在一起时，一般情况下不得适用酌定减轻条款。

（三）从宽情节的组合效应

在适用酌定减轻条款的裁判文书中可以发现，裁判者往往根据多种从宽情节的组合作为适用酌定减轻条款的理由，没有裁判文书仅仅根据一种从宽情节来适用该条款的。这些从宽情节包括反映行为客观危害较小的情节、行为人主观恶性较小的情节和行为人人身危险性较小的情节。这些情节集合起来形成合力，被裁判者认定为刑法第63条第2款的“案件的特殊情况”。

虽然多种从宽情节的组合被认定为适用酌定减轻条款的条件，但是它们对适用该条款的影响程度不同，有的情节发挥着主导作用，而有的情节发挥着补充作用。在刘大蔚走私枪支案中，福建省高级人民法院再审刘大蔚案件时，适用刑法第63条第2款的理由是：刘大蔚尚未实际取得所购的24支仿真枪，枪支没有流入社会，社会危害性较小；涉案枪支枪口比动能较低，致伤力较小，且不易于通过改制提升致伤力；本案没有证据证明刘大蔚购枪目的是进行非法活动，认定其以营利为目的的证据也不充分；其作案时刚满18岁，系初犯，且认罪态度好。综合评估本案的社会危害性，坚持主客观相统一原则，确保罪责刑相适应，对刘大蔚可在法定刑以下判处刑罚[①]。最高人民法院核准了福建省高级人民法院的刑事判决。可见，刑法第63条第2款规定的“案件的特殊情况”在此处表现为刘大蔚走私枪支行为客观危害较小的情节、体现行为人主观恶性较小的情节和体现行为人人身危险性较小的情节。这些情节形成合力，促使裁判者适用酌定减轻条款。在这些情节中，未实际取得枪支、枪支没有流入社会、枪口比动能较低、不易于改制等情节，对于适用酌定减轻条款起着主导作用，而不能证明走私枪支的目的是非法和营利、作案时刚满18周岁、初犯、认罪态度好等情节，起着补充作用。

起主导作用的情节可以在类似案件中适用酌定减轻条款，而起补充作用的情节不能单独决定酌定减轻条款的适用。起主导作用的情节主要是体现行为客观危害较小的情节，起补充作用的情节主要是体现行为人主观恶性较小或者人身危险性较小的情节。

五、酌定减轻条款激活的程序路径

研究发现，对于酌定减轻条款的适用，最高人民法院持鼓励的态度，而其他各层级的人民法院则较为消极。因此，激活酌定减轻条款适用的关键在于唤起其他各层级人民法院的积极性。在最高人民法院已经核准的案例中，系统梳理酌定减轻条款的裁判规则，通过发布司法解释、定期修改量刑指南或者发布指导性案例的方式激活酌定减轻条款的适用。酌定减轻条款的核准权在最高人民法院，那么由最高人民法院通过司法解释、量刑指南、指导性案例的方式提供酌定减轻条款的裁判规则也是合理的。这种机制有助于激发最高人民法院以下各层级人民法院适用酌定减轻条款的积极性，在刑事司法的统一性与公正性之间、法律效果与社会效果之间维持

① 《刘大蔚网购仿真枪被判无期案再审宣判：获刑七年三个月》，https://baijiahao.baidu.com/s?id=1620801693240068024&wfr=spider&for=pc。

平衡。

通过发布司法解释激活酌定减轻条款，已经有所探索。比如《最高人民法院关于审理非法制造、买卖、运输枪支、弹药、爆炸物等刑事案件具体应用法律若干问题的解释》(原法释〔2001〕15号，根据法释〔2009〕18号修正)第9条规定，因筑路、建房、打井、整修宅基地和土地等正常生产、生活需要，以及因从事合法的生产经营活动而非法制造、买卖、运输、邮寄、储存爆炸物，数量虽然达到"情节严重"的标准，没有造成严重社会危害，并确有悔改表现的，也可以不认定为"情节严重"[①]。从现有案例来看，根据司法解释适用酌定减轻条款仍然应当经过最高人民法院核准[②]。但是，这无疑对各级法院的裁判者适用酌定减轻条款提供了更为明确的规范指引，有助于他们敢于和善于适用该条款。

通过定期修改量刑指南激活酌定减轻条款[③]。2010年10月1日起试行的《人民法院量刑指导意见(试行)》[④]，整体上忽略了酌定减轻条款的价值，基本上没有为裁判者提供适用该条款的空间。这与最高人民法院对量刑规范化改革

---

① 类似的司法解释还有：《最高人民法院、最高人民检察院、海关总署关于办理走私刑事案件适用法律若干问题的意见》(法释〔2002〕139号)第7条规定：走私珍贵动物及其制品达到一定数量标准的处5年以上有期徒刑，但是如果珍贵动物制品购买地允许交易且入境人员没有牟利目的的，一般处5年以下有期徒刑；走私珍贵动物及其制品达到一定数量标准的，属于"情节特别严重"，处无期徒刑或者死刑，但是如果珍贵动物制品购买地允许交易且入境人员没有牟利目的的，处5年以上有期徒刑。《最高人民法院、最高人民检察院关于办理盗窃刑事案件适用法律若干问题的解释》(法释〔2013〕8号)第8条规定：偷拿家庭成员或者近亲属的财物，获得谅解的，一般可不认为是犯罪；追究刑事责任的，应当酌情从宽。

② 中华人民共和国最高人民法院刑事审判第一、二、三、四、五庭主办：《第772号：王宇走私珍贵动物制品案——〈刑法修正案(八)〉实施后刑法第六十三条第二款的适用》，载《刑事审判参考》(2012年第3集·总第86集)，法律出版社2013年版，第3—4页。

③ 美国通过不断修改量刑指南的方式指导量刑法院偏离量刑指南的适用。美国联邦最高法院在Rita案中认为，量刑法院在适用量刑指南时可能出现偏离。法官会阐明偏离的理由，上诉法院会决定偏离后的处刑是否合理。量刑委员会会收集、检查这些信息。量刑委员会这样做可以获得来自控方、辩方、法律执行组织、民间自由组织、刑罚学专家及其他人的建议。它可以相应地修改量刑指南。See United States Sentencing Commission Guidelines Manual 2018，15.

④ 已失效。

的定位有关，最高人民法院认为，量刑规范化改革的主要目的在于统一法律适用标准，规范裁量权，严格执行法律，准确裁量刑罚，确保办案质量，实现公平正义，维护社会稳定，促进社会和谐[①]。追求统一性，是量刑指南的主要目的。在这一目的的指导下，可能扩大裁判者裁量权的酌定减轻条款自然缺乏一席之地。为了激活酌定减轻条款，最高人民法院可以在"量刑的指导原则"中指出酌定减轻条款的价值，在"常见犯罪的量刑"中把酌定减轻条款的裁判规则纳入相应犯罪中。

通过发布指导性案例激活酌定减轻条款。据统计，最高人民法院已经发布22个刑事指导案例，其中没有涉及酌定减轻条款的案例。相对于司法解释与量刑指南而言，指导性案例具有相对具体性和试错性。指导性案例将案例与裁判要点结合在一起，不但可以帮助裁判者理解裁判要点的内容，而且有助于裁判者理解裁判要点的背景和推理过程。对于取得良好法律效果和社会效果的司法个案，但是难以提炼抽象性裁判规则的，可以发布指导性案例。待指导性案例的实践效果经过更长时间的检验后，可以上升为司法解释或者量刑指南。

六、结论

统一性与公正性都是刑事司法追求的价值。前者要求同案同判，强调案件与案件之间的横向比较；后者要求罪刑相当，强调量刑结果与具体案件事实相称。刑法司法解释追求刑事司法统一性的努力值得肯定，但是也要警惕因为过度追求统一性而导致的量刑僵化问题，从而损害司法公正。本文梳理的数起争议性刑事案件反映出量刑僵化的现象，裁判者严格按照刑法分则及其司法解释得出的结论违背罪刑相适应原则和民众认同的情理。刑法分则及其司法解释根据定量情节确定了某类案件的法定最低刑，而酌定减轻条款的

① 《最高人民法院关于印发〈人民法院量刑指导意见（试行）〉的通知》（法发〔2010〕36号），已失效。

适用处于保守乃至虚置状态。本文建议，通过系统归纳酌定减轻条款的裁判规则，以发布司法解释、量刑指南或者指导性案例的方式，激活酌定减轻条款的适用，增加该条款适用的广度和频度。在确保量刑统一性的同时，增加量刑的灵活性，最终实现量刑的公正性。在我国自由刑和死刑占据主导地位的刑罚结构下，酌定减轻条款的激活有助于从刑事司法的角度降低刑罚的供给量。使行为人得到公正的刑罚，而不是惩罚过重的刑罚，更有利于控制犯罪。

最高人民检察院刑事指导性案例建构优化研究

——以正当防卫指导性案例为例

雍自元*

摘　要： 最高人民检察院涉正当防卫指导性案例存在关键词选取随意、要旨缺乏创新性、内容冗长、结构紊乱等问题。为了充分发挥指导性案例的指导功效，应该对指导性案例的建构加以优化。需甄选关键词、提升要旨创新性与实用性、整合简化内容。建议按照“关键词—要旨—基本案情—争议与处理结果—处理依据与理由”的逻辑顺序建构指导性案例。

关键词： 正当防卫；指导性案例；建构；优化

在全面推进依法治国的新时代，案例指导制度的建立和完善是司法改革的一项重要内容，指导性案例是案例指导制度最重要、最直接的载体和成果体现[①]。为了规范和指引下级检察机关办案，促进法律适用的统一性，最高人民检察院从2010年12月发布了第一批指导性案例，至2022年2月21日，已经发布了34批，共140个指导性案例，其中刑事指导案例86个。“指导性”是指导性案例的本质特征，也是其功能所在，然而事物功能的发挥有赖于其内容与形式的合理性，取决于其体例和架构的科学性。以涉正当防卫指导性案例为例，对最高人民检察院指导性案例的建构体例进行深入研究，有助于指导

---

*　雍自元，安徽师范大学法学院副教授、法学博士、硕士研究生导师，研究方向为中国刑法学。

①　石磊：《指导性案例的选编标准与裁判要点类型分析》，载《法律适用》2019年第18期，第3—13页。

性案例的优化与完善，进而助力推动指导性案例功能的切实发挥。

一、涉正当防卫指导性案例的体例架构

2018年12月26日，最高人民检察院发布了第十二批指导性案例，即检例第45—48号案例，该批指导性案例为涉正当防卫指导性案例，其建构体例与基本情况如下：

表6　最高人民检察院第十二批指导性案例建构体系与基本情况

编号	案名	体例	关键词	要　旨
检例第45号	陈某正当防卫案	关键词—要旨—基本案情—不批准逮捕理由（检察机关意见、不起诉理由）—指导意义—相关规定	未成年人 故意伤害 正当防卫 不批准逮捕	在被人殴打、人身权利受到不法侵害的情况下，防卫行为虽然造成了重大损害的客观后果，但是防卫措施并未明显超过必要限度的，不属于防卫过当，依法不负刑事责任。
检例第46号	朱凤山故意伤害案		民间矛盾 故意伤害 防卫过当 二审检察	在民间矛盾激化过程中，对正在进行的非法侵入住宅、轻微人身侵害行为，可以进行正当防卫，但防卫行为的强度不具有必要性并致不法侵害人重伤、死亡的，属于明显超过必要限度造成重大损害，应当负刑事责任，但是应当减轻或者免除处罚。
检例第47号	于海明正当防卫案		行凶 正当防卫 撤销案件	对于犯罪故意的具体内容虽不确定，但足以严重危及人身安全的暴力侵害行为，应当认定为刑法第20条第3款规定的“行凶”。行凶已经造成严重危及人身安全的紧迫危险，即使没有发生严重的实害后果，也不影响正当防卫的成立。
检例第48号	侯雨秋正当防卫案		聚众斗殴 故意伤害 正当防卫 不起诉	单方聚众斗殴的，属于不法侵害，没有斗殴故意的一方可以进行正当防卫。单方持械聚众斗殴，对他人的人身安全造成严重危险的，应当认定为刑法第20条第3款规定的“其他严重危及人身安全的暴力犯罪”。

最高人民检察院涉正当防卫指导性案例的内容和体例建构有一定的合理性，但也存在一些缺陷和问题。

二、涉正当防卫指导性案例构造存在的问题

（一）关键词选取随意

在现代汉语词典中，“关键词”意为能体现一篇文章或一部著作的中心概念的语词；检索资料时所查内容中必须有的词语。可见，关键词应该围绕案例中心内容精心选择，真正体现其关键性。但是，在最高人民检察院涉正当防卫的四个案例中，关键词的选择却较为随意，与案例主题关联度低。如在陈某正当防卫案（检例第45号）中，关键词为“未成年人、故意伤害、正当防卫、不批准逮捕”。而该案例主要解决的是防卫限度问题，即防卫手段与侵害手段的适应性问题，与防卫人是不是未成年人无关，从案件处理结果看，与故意伤害也无关。将未成年人和故意伤害作为关键词不仅不能反映案例的关键所在，还容易给人造成，未成年人故意伤害他人成立正当防卫，不予批准逮捕的错觉。因而，以未成年人、故意伤害作为关键词显然是不合适的。在朱凤山故意伤害（防卫过当）案（检例第46号）中，关键词被确定为民间矛盾、故意伤害、防卫过当、二审检察。而从该案来看，民间矛盾对是否认定为正当防卫没有影响，作为关键词明显不合适；二审检察有没有必要作为关键词值得商榷。在侯雨秋正当防卫案（检例第48号）中，故意伤害同样被列为关键词，这与案件处理结果不一致，作为关键词容易混淆视听。

（二）要旨缺乏创新，指向不明

要旨即“主要的意思”之义。顾名思义，要旨应该明示出案例的主要意思，使人对案例所要表达的关键思想一目了然。但是，在最高人民检察院涉正当防卫指导性案例中，要旨基本上是复述法律条文的规定，没有概括出案例所要指导的内容，也就无法为司法实践中疑难或常见问题的解决提供有力

的参照规则。如在陈某正当防卫案（检例第45号）中，要旨被表述为：在被人殴打、人身权利受到不法侵害的情况下，防卫行为虽然造成了重大损害的客观后果，但是防卫措施并未明显超过必要限度的，不属于防卫过当，依法不负刑事责任。这个表述基本是刑法第20条第2款的重述。在于海明正当防卫案（检例第47号）当中，要旨部分的后半段话为：行凶已经造成严重危及人身安全的紧迫危险，即使没有发生严重的实害后果，也不影响正当防卫的成立。这句话是对刑法第20条第3款显而易见的含义揭示。

要旨简单重述法条内容，未能概括出案例的主旨含义，也未能创新出简洁明了、容易掌握的裁判规则，指导性案例究竟要指导什么难以显现，指导性案例的指导性减弱。

（三）内容过于冗长

最高人民检察院关于正当防卫的四个指导性案例文字冗长，重点不突出。

最高人民检察院涉正当防卫四个指导性案例的字数分别为2192、2479、2580、2094，篇幅冗长，且大量笔墨用于基本案情介绍、不批准逮捕理由（检察机关意见、不起诉理由）和指导意义部分，突出检察机关的履职情况以及此案有何指导意义。冗长的内容不仅让人很难抓住重点，影响指导性案例的实用性。

第一，基本案情部分内容杂糅。案情顾名思义即为案件情况，包括案件发生时间、地点、行为手段、情节、后果、被害人情况等，但基本案情不应包含案件侦办、起诉和审理情况，以及量刑时考虑的情节等与案情无关的内容。但是，综观四个正当防卫指导性案例，基本案情内容杂糅现象比较突出。如在侯雨秋正当防卫案（检例第48号）中，除基本案情外，还有“公安机关以侯雨秋涉嫌故意伤害罪，移送检察机关审查起诉。浙江省杭州市人民检察院根据审查认定的事实，依据《中华人民共和国刑法》第20条第3款的规定，认为侯雨秋的行为属于正当防卫，不负刑事责任，决定对侯雨秋不起诉”。这实际上是争议问题和案件处理情况，却被作为基本案情的组成部分。在朱凤山故意伤害案（检例第46号）中，基本案情部分甚至出现了一审和二审情况。这些内容存在于基本案情当中，导致文题不符，内容混杂，降低了指导性案例内容的合理性。

第二，“指导意义”不够明确、内容庞杂。意义应该指价值，事物存在的原因、作用等。指导意义应该是此案件对于解决其他案件中的问题所具有的价值。因此，指导意义是源于案件，高于案件的理论抽象，而不能是对法律的引用或解释。但在最高人民检察院四个正当防卫指导性案例当中，指导意义部分都是先引用刑法第20条的相关条文，然后对法条规定的内容进行解释和说明。如于海明正当防卫案（检例第47号）的指导意义为：刑法第20条第3款规定，“对正在进行行凶、杀人、抢劫、强奸、绑架以及其他严重危及人身安全的暴力犯罪，采取防卫行为，造成不法侵害人伤亡的，不属于防卫过当，不负刑事责任”，接下来便开始对特殊正当防卫的适用条件进行叙述。在侯雨秋正当防卫案（检例第48号）中，指导意义为：刑法第20条第3款规定的“其他严重危及人身安全的暴力犯罪”的认定，除了在方法上，以本款列举的四种罪行为参照，通过比较暴力程度、危险程度和刑法给予惩罚的力度作出判断以外，还应当注意把握以下几点……指导意义侧重于解释法律，没有侧重于突出其价值指导，导致名实不符。

不仅如此，指导意义部分还存在内容庞杂的问题，如在陈某正当防卫案（检例第45号）中，指导意义既有一般防卫的限度问题，也有《未成年人保护法》的条款，还有《最高人民检察院关于实行检察官以案释法制度的规定》的规定，因其内容不集中，指导意义不明确。

（四）结构紊乱

如前所述，在涉正当防卫的四个指导性案例中，结构按照“关键词—要旨—基本案情—不批准逮捕理由（检察机关意见、不起诉理由）—指导意义—相关规定”六个部分建构起来，但是，这种结构安排中，因内容相互掺杂，导致逻辑结构混乱。突出表现在以下几个方面。

第一，“要旨”“指导意义”与“相关规定”关系杂乱。在这四个指导性案例中，要旨基本上是对相关规定部分的复述，指导意义则是对相关规定的解释，也是对要旨的进一步展开，三者表达的内容基本相同。而这三者又都以法律的相关规定为基础，因此三者之间的关系缠绕，难以厘清。如在朱凤山故意伤害案（检例第46号）当中，要旨为“防卫行为的强度不具有必要性并致不法侵害人重伤、死亡的，属于明显超过必要限度造成重大损害，应当负刑事责任，但是应当减轻或者免除处罚”，这基本是刑法第20条第2款规定的内容。而在指导意义部分，首先引用刑法第20条第2款的法律条文，接下来即开始解释该条规定的防卫过当条件。要旨、指导意义、相关规定之间关系交叉重合，杂乱。

第二，检察出庭意见和理由部分、指导意义、相关规定之间关系错位。检察出庭意见或理由部分势必结合法律阐述理由。释法说理必然不能离开法律规定的引用与阐释，但是案例中，法律引用和法理阐释被安排在指导意义部分，因而，出庭意见、检察意见、不起诉理由等部分便故意绕开法律，纯粹从理论上开展说理。如于海明正当防卫案（检例第47号）中，检察机关的意见和理由部分具体论证了关于刘某的行为是否属于“行凶”的问题、关于刘某的侵害行为是否属于“正在进行”的问题、关于于海明的行为是否属于正当防卫的问题。对这些问题的论证，特别是关于于海明的行为是否属于正当防卫的问题，如果不联系刑法第20条第3款中的正当防卫条款，根本无法将理说清楚。出庭意见或理由部分均不引用法律条文说明问题，不开展法理论证，而仅从理论方面说理，这样的说理难免缺乏底气，导致说理不充分，也导致案例内容支离破碎，结构不合逻辑。

三、涉正当防卫指导性案例的建构优化

指导性案例功能即在于指导，价值也在于指导，指导性案例应该是对实践中疑难问题进行有针对性的回应，以解决司法实践中的问题为要务，易言之，指导性案例最基本的价值功能就应该定位于适用法律[①]，如果指导性案例内容混杂，结构紊乱，势必影响其指导性和实用性。指导性案例本身存在的

---

① 杨知文：《指导性案例裁判要点的法理及编撰方法》，载《政法论坛》2020年第3期，第35—50页。

问题也是一线办案检察官常常感觉指导性案例离自己比较远，不太“解渴”[①]的原因所在。打铁还需自身硬，为了充分发挥指导性案例的功能，有必要对其结构与内容进行优化。

（一）甄选关键词

指导性案例中的关键词是指导性案例的精髓，是对案例要旨所要解决问题的浓缩，甚至是对案例中行为性质的宣告。不仅如此，关键词也是案例检索中最常用的词，下级检察机关通过关键词检索即能直接、简便地获取可以参照的指导性案例。因此，关键词对于指导性案例作用的发挥不言自明。这也决定了指导性案例中关键词的选择不能随意，而应根据指导性案例所要表达的内容甄选后确定。就陈某正当防卫案而言，其所要解决的是正当防卫的限度问题以及携带凶器是否成立正当防卫的问题，因此关键词可以凝练为正当防卫的限度、携带刀具防卫、正当防卫；朱凤山案件中关键词应该为防卫限度、故意伤害；于海明案中的关键词应该是行凶、正当防卫；侯雨秋案件中的关键词应该是其他严重危害社会的行为、正当防卫。

（二）提升要旨创新性与实用性

指导性案例就是要解决法律和司法解释没有规定或者规定不明确的问题，这决定了指导性案例必须有创新性。这种创新性的基本载体就是指导性案例的“要旨”部分[②]。因此，指导性案例的要旨绝不应限于解决所选案例的事实认定与法律适用问题，而“是从指导性案例中抽象出来并指导类似案件审判的裁判规则”[③]。即从案例中抽象、概括出法律和司法解释中缺乏规定的、普适性的、实用性强的裁判规则，以供下级检察机关类案类办。为此，从内容上

---

① 万春：《最高检指导性案例的发展历程和创新完善》，载《国家检察官学院学报》2019年第5期，第64—72页。

② 李勇：《注重三个取向增强案例指导性》，载《检察日报》2021年9月13日，第3版。

③ 沈振甫：《论刑事指导性案例裁判规则的生成》，载《中国刑警学院学报》2020年第6期，第58—65页。

看，要旨不能就事论事，也不能大而化之，而应立足于法律适用中常见、疑难问题，提出具体的创新性规则。从形式上看，要旨应该简练明确，不能含糊其词。如陈某正当防卫案中的要旨可以表述为：（1）遭遇多人持械围殴，借助凶器防卫的，不属于防卫明显超过必要限度。（2）携带凶器防卫的，不影响正当防卫的成立。在朱凤山案件中，要旨可以概括为：针对轻微不法侵害的高强度防卫属于防卫明显超过必要限度。于海明案的要旨可以确定为：（1）对于犯罪故意的具体内容虽不确定，但足以严重危及人身安全的暴力侵害行为，应当认定为刑法第20条第3款规定的“行凶”。（2）不法侵害已经造成严重危及人身安全的紧迫危险，即认为不法侵害已经开始。（3）在针对人身进行防卫时，不法侵害虽然暂时中断或者被暂时制止，但不法侵害人仍有实施侵害的现实可能性，应当认定为不法侵害正在进行。侯雨秋案的要旨可以凝练为：单方持械聚众斗殴，对他人的人身安全造成严重危险的，应当认定为刑法第20条第3款规定的“其他严重危及人身安全的暴力犯罪”。

（三）简化整合内容

第一，删除基本案情中非案情成分。具体而言，将基本案情中的侦查、起诉、审判情况剔除，将基本案情中关涉量刑的情节剔除，仅保留案件事实部分，即围绕不法侵害行为发生起因、过程、结果，突出行为人的主观意图、行为手段、情节等要素，以及防卫人的行为表现等内容叙述基本案情。就陈某正当防卫案而言，基本案情可以从“陈某，未成年人，某中学学生”到“陈某经人身检查，见身体多处软组织损伤”为止。基本案情的简洁在最高人民检察院正当防卫不捕不诉典型案例中已经得到体现。这些典型案例中的基本案情部分正是按照“凯撒的归凯撒”的要求，将无关要素排除在外。

第二，整合检察出庭意见或检察机关意见、指导意义、相关规定部分为“处理依据与理由”。如前所述，涉正当防卫指导性案例的指导意义与要旨部分内容重复，指导意义是要旨的进一步展开，其存在与否并不影响指导性案例的指导性；检察出庭意见部分阐述理论依据但没有法律支撑，指导意义部分却在解释法律规定，结果造成法律与理论关系割裂，逻辑关系混乱，释法不充分，说理不透彻。优化方案可以考虑将三者整合为一体，命名为“处理依据与理由”。在该部分，首先引用法律相关规定作为案件处理依据，其次，结合法律条文，运用理论解释处理案件的理由。出庭意见或检察机关意见、指导意义、相关规定三个部分融为一体释法说理，不仅内容简练，逻辑严密，而且有法有理，论证有力。

（四）涉正当防卫指导性案例重构设计

鉴于涉正当防卫指导性案例中存在的问题，建议对其结构安排按照“关键词—要旨—基本案情—争议与处理结果—处理依据与理由”五个部分建构。例如，陈某正当防卫案可以重构为以下几个部分。

【关键词】

防卫限度；携带凶器防卫；正当防卫

【要旨】

①一人遭遇多人持械围殴，借助凶器防卫的，不属于防卫明显超过必要限度。

②携带凶器防卫的，不影响正当防卫的成立。

【基本案情】

陈某，未成年人，某中学学生。2016年1月初，因陈某在甲的女朋友的网络空间留言示好，甲纠集乙等人，对陈某实施了殴打。……陈某经人身检查，见身体多处软组织损伤。（省略部分见检例第45号：陈某正当防卫案的基本案情部分）

【争议与处理结果】

公安机关认为，陈某的行为虽有防卫性质，但已明显超过必要限度，属于防卫过当，涉嫌故意伤害罪。公安机关以陈某涉嫌故意伤害罪立案侦查，并对其采取刑事拘留强制措施，后提请检察机关批准逮捕。

检察机关认为，陈某的防卫行为没有明显超过必要限度，不构成防卫过当，属于正当防卫，不负刑事责任，决定不批准逮捕。

公安机关将陈某释放同时要求复议。检察机关经复议，维持原决定。

【处理依据与理由】

刑法第20条第1款规定，"为了使国家、公共利益、本人或者他人的人身、财产和其他权利免受正在进行的不法侵害，而采取的制止不法侵害的行为，对不法侵害人造成损害的，属于正当防卫，不负刑事责任"。司法实践中通常称这种正当防卫为"一般正当防卫"。

一般正当防卫需同时具备下列条件：（1）前提条件：不法侵害正在进行；（2）主观条件：为了保护合法权益免受不法侵害；（3）时间条件：不法侵害正在进行；（4）针对不法侵害者本人实施防卫；（5）限度条件：正当防卫不能明显超过必要限度，且造成重大损害。依照刑法第20条第1款的规定，结合本案事实，本案中陈某的行为属于正当防卫。具体理由如下：

第一，陈某面临正在进行的不法侵害，反击行为具有防卫性质。……（省略部分见检例第45号：陈某正当防卫案中不批准逮捕的理由部分，下同）

第二，陈某的防卫措施没有明显超过必要限度，不属于防卫过当。……

第三，陈某随身携带刀具，不影响正当防卫的认定。……

在上述架构中，关键词突出主题，要旨言简意赅，基本案情简洁明了，处理结果一目了然，理由充分有力；各部分层层相应，逻辑清晰，中心突出，指向明确。下级检察机关能快速、简便地从中觅得关键要领，指导办案。

四、优化最高人民检察院指导性案例建构的建议

最高人民检察院刑事指导性案例的结构从第一批次的"要旨—基本案情—诉讼过程"三个部分，几经演变，到2020年第22批指导性案例（涉认罪认罚案例）开始，结构体例已经固定为六个部分：即关键词—要旨—基本案情—检察履职情况—指导意义—相关规定。与正当防卫指导性案例相比，这种结构已经有了很大的改进，其文题符合性增强、要旨渐趋明确，但是仍然存在过分突出检察职能和强调指导意义的问题，且篇幅冗长，重点走偏。大篇幅地叙述检察机关针对案件所作出的种种举措冲淡了指导性案例的主题，降低了指导性案例的指导价值。现有结构中，指导意义与要旨内容重复问题

仍然存在，各部分之间的逻辑关系也没有捋清楚。为此，对该结构仍然需要进行改进。建议采用本文中所主张的涉正当防卫指导性案例的建构体例重新构建最高人民检察院的指导性案例，即按照“关键词—要旨—基本案情—争议与处理结果—处理依据与理由”的逻辑顺序编写指导性案例。五个部分各负其责，互相照应，逻辑清晰，内容完整，主旨明确，释法说理充分，这样的案例才能不负初心，不负其名，真正发挥出指导的功效。

一个案例胜过一沓文件，案例是活生生的法治建设成果和法治宣传材料。“生成合乎法治的案例”成为法治建设的重要目标和归宿①。指导性案例因其规范、权威的发布机制，其对下级司法机关的指导性理应凸显。但从指导性案例的运行情况看，指导性案例面临数量供给有限、适用效果不理想等困境，概言之，距离预期目标还有一定差距②。为了充分、有效发挥指导性案例的功能，我们不仅需要为指导性案例的适用提供制度、技术上的硬件保障，更要从指导性案例内部寻找原因，通过优化案例体例，精心设计内容，科学安排结构，增强指导性案例的软实力，使指导性案例名副其实，指导有力。

---

① 于同志：《认真对待案例基于法院审判的认知与思考》，载《法律适用》2021年第1期，第114—120页。

② 江国华、张莺：《指导性案例评估机制》，载《甘肃政法大学学报》2020年第6期，第30—42页。

企业参与有组织犯罪的刑事合规基本问题

董　妍*

摘　要：企业参与有组织犯罪是指企业成为（跨国）有组织犯罪的合法掩盖形式，其形态特点是网状化、渗透性以及（国际）流动性。我国企业有必要借鉴意大利企业合规方案制定指南的建议做好自身刑事风险防控。遏制企业参与有组织犯罪的策略，需要从法律手段和社会政策两方面加以回应。在刑事合规语境下，通过法律手段打击企业参与有组织犯罪，一方面，需要注重运用刑法、行政法的基本原则保障企业合法权益；另一方面，对于触犯刑法的企业家或其职员，需激励其适用合规从宽制度。

关键词：企业参与有组织犯罪；形态特点；遏制策略；法治保障；合规从宽

一、企业参与有组织犯罪的概念厘清

研究企业参与有组织犯罪及刑事合规基本问题，需要厘清刑法学上的“有组织犯罪”和犯罪学上的“有组织的犯罪”两者在文献上以及理论上与实践中的关系。

首先，要明确有组织犯罪在两个层面上的基本概念。可以认为“有组织犯罪”是刑法学上的概念，而“有组织的犯罪”是犯罪学概念。从犯罪学层面上来看，狭义的有组织犯罪（Organized Crime）具有使用暴力或恐吓、有存续性、以创业的方式实施犯罪并利用腐败或其他方式获得免予起诉的豁免权的特点。在一些欧洲国家，有组织犯罪有一个更广义的界定，如恐怖组

* 董妍，北京师范大学刑事法律科学研究院助理研究员、博士，研究方向为刑法学。

织、经济犯罪以及帮派犯罪[①]。但需要指出的是，在理论上，有组织的犯罪（Organizational Crime）和有组织犯罪的差异很明显：只有在后一种情况下，才有必要惩罚犯罪集团的所有成员，而在企业实施犯罪的情况下，制裁所有员工是不合逻辑的[②]。因此，在很多学理文献中，“有组织犯罪”或“有组织的犯罪”是指在追求合法组织、组织分支机构、工作组或在其背景下，实施的对刑事法规的违反[③]。因此，从一个发展的角度来看，在实践中，当合法的企业逐渐转变为犯罪企业时，或当它们仅仅是大部分（如果不是全部的话）犯罪活动的一个体面的外壳时，两个概念会变得相当模糊[④]。合法的企业有可能与有组织的犯罪现象和有组织犯罪组织存在交叉和联系。

其次，需要明确打击有组织犯罪的根本要义是为了防止犯罪组织因建立共同市场和货物、工人、服务和资本的自由流动而全境蔓延[⑤]。欧盟框架决定

---

① Francesco Calderoni，Organized Crime Legislation in the European Union：Harmonization and Approximation of Criminal Law，National Legislations and the EU Framework Decision on the Fight Against Organized Crime，Springer-Verlag Berlin Heidelberg，2010，p.53.

② Rodopoulos I，“Les activités criminelles organisées en matière environnementale：quelque réflexion en vue d’une réponse pénale internationale” in Neyret L（ed），Des écocrimes à l’écocide. Le droit pénal au secours de l’environnement（Bruylant 2015）169–171，cited by Valsamis Mitsilegas and Fabio Giuffrida，The Role of EU Agencies in Fighting Transnational Environmental Crime：New Challenges for Eurojust and Europol，LEIDEN，2017，p.13.

③ N. Shover and J. Scroggins，“Organizational crime” in M Tonry（ed），The Oxford Handbook of Crime and Public Policy（oup 2009）273. For further considerations on “corporate environmental crime” see M Faure，“Environmental Crimes” in G De Geest（ed），Encyclopedia of Law and Economics，vol 3（2nd edn，Edward Elgar 2009）330–333，cited by Valsamis Mitsilegas and Fabio Giuffrida，The Role of EU Agencies in Fighting Transnational Environmental Crime：New Challenges for Eurojust and Europol，LEIDEN，2017，p.13.

④ N. Shover and J. Scroggins，“Organizational crime” in M Tonry（ed），The Oxford Handbook of Crime and Public Policy（oup 2009）273. For further considerations on “corporate environmental crime” see M Faure，“Environmental Crimes” in G De Geest（ed），Encyclopedia of Law and Economics，vol 3（2nd edn，Edward Elgar 2009）330–333，cited by Valsamis Mitsilegas and Fabio Giuffrida，The Role of EU Agencies in Fighting Transnational Environmental Crime：New Challenges for Eurojust and Europol，LEIDEN，2017，p.13.

⑤ Francesco Calderoni，Organized Crime Legislation in the European Union：Harmonization and Approximation of Criminal Law，National Legislations and the EU Framework Decision on the Fight Against Organized Crime，Springer-Verlag Berlin Heidelberg，2010，p.53.

（2008/841/JHA）就各国企业参与有组织犯罪的法人责任设定了最低标准，即法人可能因为参加犯罪组织而负责，而犯罪的实施是为法人利益，出于缺乏领导层的控制，由受管主体实施的[①]。大部分欧盟国家符合为法人设定的这一责任标准[②]。就各国刑事立法规定的有组织犯罪来看，可以分为一般的犯罪组织罪（General Criminal Organization Offences）和特殊的犯罪组织罪（Special Criminal Organization Offences）[③]。在一般的犯罪组织罪中，可以实施不同类型的犯罪；而特殊的犯罪组织罪，只有特定犯罪可以实施（例如，贩毒犯罪组织罪、贩运人口犯罪组织罪）[④]。可以说，从刑法学立法比较的角度来看，提高国家和区域间有组织犯罪立法的协调性和近似性能够避免为犯罪组织创造避风港[⑤]。

二、企业参与有组织犯罪的形态特点

分析有组织犯罪的形态特点有助于作出应有的应对策略[⑥]。有组织犯罪是对人类社会的重大威胁，助长了不稳定，阻碍了经济增长和发展努力，破坏

① Francesco Calderoni，Organized Crime Legislation in the European Union：Harmonization and Approximation of Criminal Law，National Legislations and the EU Framework Decision on the Fight Against Organized Crime，Springer-Verlag Berlin Heidelberg，2010.pp.145-146.

② Francesco Calderoni，Organized Crime Legislation in the European Union：Harmonization and Approximation of Criminal Law，National Legislations and the EU Framework Decision on the Fight Against Organized Crime，Springer-Verlag Berlin Heidelberg，2010.p.146.

③ Francesco Calderoni，Organized Crime Legislation in the European Union：Harmonization and Approximation of Criminal Law，National Legislations and the EU Framework Decision on the Fight Against Organized Crime，Springer-Verlag Berlin Heidelberg，2010.p.51.

④ Francesco Calderoni，Organized Crime Legislation in the European Union：Harmonization and Approximation of Criminal Law，National Legislations and the EU Framework Decision on the Fight Against Organized Crime，Springer-Verlag Berlin Heidelberg，2010.p.51.

⑤ Francesco Calderoni，Organized Crime Legislation in the European Union：Harmonization and Approximation of Criminal Law，National Legislations and the EU Framework Decision on the Fight Against Organized Crime，Springer-Verlag Berlin Heidelberg，2010，p.53.

⑥ 张远煌、林德核：《试析有组织犯罪的演变特征及存在形态》，载《法学杂志》2012年第3期，第10—13页。

了公共安全和国家安全[①]。在欧盟，严重的犯罪和有组织犯罪是一种腐蚀性的影响力，试图渗透和破坏经济和社会[②]。企业参与有组织犯罪呈现出网状化、渗透性和流动性的形态特点。

（一）网状化

在欧洲，有组织犯罪的景象特点是网状环境，在网状环境中，犯罪分子之间的合作是流动的、体系化的且受到以利润为导向关注的驱动[③]。与商业环境类似，犯罪网络的核心包括管理层和现场操作人员。这个核心被一系列与提供支持服务的犯罪基础设施有关的行为者，如中间商、文件欺诈者、技术专家、法律和财政顾问、洗钱者和其他服务提供商包围[④]。

（二）渗透性

活跃在欧盟的80%以上的犯罪网络利用合法的商业结构进行犯罪活动[⑤]。大约一半的犯罪网络建立了自己的合法业务结构或在高层渗透业务[⑥]。罪犯

① Naím Moisés,（2006）. Illicit: How smugglers, traffickers and copycats are hijacking the globaleconomy. New York: Anchor; White House, Strategy to Combat Transnational Organized Crime: Addressing Converging Threats to National Security（Washington, DC: The WhiteHouse, July 2011）.www.whitehouse.gov/sites/default/files/microsites/2011-strategy-combat-transnational-organized-crime.pdf, 3, cited by Rob Wainwright and Ben Waites, The Changing Face of Organised Crime: Can Europol keep up? In S. Caneppele, F. Calderoni（eds.）, Organized Crime, Corruption and Crime Prevention, Springer, 2014, p.327.

② Catherine De Bolle, EU serious and organised crime threat assessment 2021: a corrupting influence: the infiltration and undermining of europe's economy and society by organised crime, p.7.

③ Catherine De Bolle, EU serious and organised crime threat assessment 2021: a corrupting influence: the infiltration and undermining of europe's economy and society by organised crime, p.10.

④ Catherine De Bolle, EU serious and organised crime threat assessment 2021: a corrupting influence: the infiltration and undermining of europe's economy and society by organised crime, p.10.

⑤ Catherine De Bolle, EU serious and organised crime threat assessment 2021: a corrupting influence: the infiltration and undermining of europe's economy and society by organised crime, p.18.

⑥ Catherine De Bolle, EU serious and organised crime threat assessment 2021: a corrupting influence: the infiltration and undermining of europe's economy and society by organised crime, p.11.

和犯罪网络利用合法商业结构，促成或掩盖犯罪活动。在严重的和有组织犯罪领域，几乎所有类型的犯罪活动都有可能导致滥用合法商业结构。犯罪分子渗透到现有的商业结构中，利用合法的外表，逃避执法部门的注意。犯罪集团还建立临时企业（“幌子”或“空壳”公司）并利用它们渗透到合法市场[①]。有时，合法企业的所有者也是犯罪网络的成员，并从非法活动中直接受益。在其他情况下，合法企业与罪犯接洽从事以犯罪为服务（Crime as a Service）的合作型安排。犯罪集团还通过向员工介绍犯罪同伙，渗透到企业中。合法的业务结构也常用于清洗犯罪所得，并将其重新引入金融系统。除其他部门外，货币服务企业、离岸公司和涉及酒店和零售的现金密集型企业经常被用来转移和清洗非法利润。货币兑换被用来将犯罪所得融入合法经济[②]。

（三）流动性

（国际）流动性是犯罪网络的一个决定性特征，一些犯罪行动超越国界具有全球影响力。一些地点性特征有利于欧盟内外的严重的有组织犯罪。这些地点被用来为一次或多次犯罪活动提供便利，有时是同时进行的。关键地点[③]因其地理位置邻近或者连接来源国和消费市场而吸引罪犯，也会为犯罪分子提供高效的运输基建、商业和投资机会或其他优势[④]。

总体来说，在21世纪，严重的和有组织的犯罪是流动的和网络化的，在

---

① Catherine De Bolle，EU serious and organised crime threat assessment 2021：a corrupting influence：the infiltration and undermining of europe’s economy and society by organised crime，p.24.

② Catherine De Bolle，EU serious and organised crime threat assessment 2021：a corrupting influence：the infiltration and undermining of europe’s economy and society by organised crime，p.24.

③ 关键地点包括特定的位置，例如，特定的城市、高速公路或轮渡连接以及一般类型的基础设施、地区或国家。参见Catherine De Bolle，EU serious and organised crime threat assessment 2021：a corrupting influence：the infiltration and undermining of europe’s economy and society by organised crime，p.34。

④ Catherine De Bolle，EU serious and organised crime threat assessment 2021：a corrupting influence：the infiltration and undermining of Europe’s economy and society by organised crime，p.34.

信息和合同中间商的协调下，在刑事服务提供者的支持下，连接犯罪企业家个人和较小的犯罪集团，提供法律、金融、物流和许多其他专业领域方面的咨询和援助[①]。

揭示有组织犯罪的以上特点，有助于我国企业在维持自身经营和发展的过程中避免成为剥削和利用的对象，演化成有组织犯罪的保护伞。从企业自身风险防控的角度来看，意大利有关经验值得我国借鉴。

三、企业参与有组织犯罪的合规防控

从刑事立法的相似性和协调性上来讲，意大利有两个以结社或组织概念为中心的有组织犯罪[②]，而且意大利对特殊的犯罪组织要求特定的犯罪手法（Modi Operandi）[③]。我国《刑法》规定了两种以上的有组织犯罪，既存在一般的有组织犯罪，也存在特殊的犯罪组织罪，与意大利在有组织犯罪的相关立法规定上具有一定的相似性[④]。意大利经验是治理我国企业参与有组织犯罪问题和构建企业合规方案具有价值的参考资料。应当明确，在第231号法令框架下，企业可能触犯的（跨国）有组织犯罪上游犯罪罪名至少包括：

《意大利刑法典》第377条之二【诱使不作陈述或向司法当局作虚假陈述】

《意大利刑法典》第378条【人身包庇】

---

① Catherine De Bolle，EU serious and organised crime threat assessment 2021：a corrupting influence：the infiltration and undermining of europe's economy and society by organised crime，p.14.

② Francesco Calderoni，Organized Crime Legislation in the European Union：Harmonization and Approximation of Criminal Law，National Legislations and the EU Framework Decision on the Fight Against Organized Crime，Springer-Verlag Berlin Heidelberg，2010，p.59.

③ Francesco Calderoni，Organized Crime Legislation in the European Union：Harmonization and Approximation of Criminal Law，National Legislations and the EU Framework Decision on the Fight Against Organized Crime，Springer-Verlag Berlin Heidelberg，2010，p.59.

④《刑法》中第二章第三节【共同犯罪】中就犯罪集团的界定；第294条【组织、领导、参加黑社会性质组织罪】及以下属于一般的有组织犯罪的规定；特殊的有组织犯罪的规定有第120条【组织、领导、参加恐怖组织罪】等。第294条【组织、领导、参加黑社会性质组织罪】对黑社会性质的组织应当具备的特征作出了明确的规定。

《意大利刑法典》第416条【为犯罪而结成集团】[①]

《意大利刑法典》第416条之二【黑手党型集团包括外国集团】

《意大利刑法典》第416条之三【黑手党型政治选举交易】

《意大利刑法典》第630条【以敲诈勒索为目的的绑架】

《意大利刑事诉讼法》第407条第2款a）-5【武器方面的犯罪】

1990年第309号总统令（毒品法案）第74条【旨在非法贩运麻醉药品或精神药物的集团】

1997年第43号总统令第291条之四【旨在走私外国制造的烟草的犯罪集团】[②]

根据第231/2001号法令第24条之三【有组织犯罪】，企业的责任可能来自结社罪[③]以及运用黑手党方法犯下的罪行，即犯罪团伙或黑手党活动的帮助犯[④]。此外，企业还可能对结社犯罪所谓的“外部共犯”作出反应，也就是说，当企业的上级或下级在不参与犯罪活动的情况下，向黑手党型的组织提供支持[⑤]。

介于上述考量，将结社犯罪视为一种犯罪手段有根据第231号法令扩张企业责任的效果，涉及在执行犯罪契约（Pactum Sceleris）过程中发生一系列不

---

① 《意大利刑法典》第416条【为犯罪而结成集团】规定：“当3人或3人以上为实施数项犯罪的目的而结成集团”；犯罪行为既包括“促进、建立或组织”该集团，也包括“参与”该集团。该犯罪的一个基本要素是，意识到并愿意永久地成为犯罪集团的一部分，且有“为实施一般犯罪计划作出贡献的意图”，然而，该意图不一定要以实施具体确定的犯罪为直接目标。See Carlo Zaccagini，Rapporti tra associazione per delinquer D.lgs.vo 231/2001，https://carlozaccagnini.it/blog/rapporti-tra-associazione-per-delinquere-e-d-lgs-vo-231-2001/.

② Confindustria，Linee Guida per la costruzione di modelli di organizzazione，gestione e controllo，second part，p.97.

③ 《意大利刑法典》第416条【为犯罪而结成集团】以及第416条之二【黑手党型集团包括外国集团】。

④ Confindustria，Linee Guida per la costruzione di modelli di organizzazione，gestione e controllo，second part，p.99.

⑤ Confindustria，Linee Guida per la costruzione di modelli di organizzazione，gestione e controllo，second part，p.99.

确定的犯罪事实，且并不一定包括在上游犯罪的清单中[①]。

一般来说，合规方案应当旨在预防黑手党型有组织犯罪现象的表达，首先参考与在指南中所谓的上游犯罪有关的单个犯罪的保障，而后考虑特定的危险，给监督机构足够的信息流，以及适合的措施来保障报告违规主体（吹哨人）的隐私，也可能通过特定的配置，如通过专门的电话热线来实现[②]。

意大利工业家联合会（Confindustria）成员企业，应遵守2010年5月10日与内政部签署的《合法性议定书》及其修订，包括采取功能性措施以适用第231号法令的管理、组织和内部控制的规定。加入协议的企业应保证获取有关其供应商的反黑手党的审查性文件，并要求他们尊重资金流动的可追溯性，且立即报告遭受敲诈的情况。正如在执行指南中合法性问题联席委员会规定的以及上述议定书设立的情况，这些预防措施和程序，如果得到正确执行和实施，将有助于整合预防有组织犯罪和相关犯罪部分（比如腐败）的合规方案[③]。此外，企业应遵守与内政部（即具有地域权限的省）订立的法律议定书，并遵守由此产生的承诺。企业（或其运营机构）与内政部或当地市政府之间应签署法律协议，用于对潜在的雇佣资源和业务合作伙伴进行反黑手党审核[④]。

对于工作人员的甄选和聘用以及选择商品和服务供应商（例如餐饮和清洁服务）来说，为正确地选择商业伙伴，企业应当重点防控以下领域的风险：（1）引入法律或行业自律体系规定的企业道德资格机制，包括合法性评级、

① 比如，扰乱拍卖自由（《意大利刑法典》第353条），以暴力或威胁方式非法竞争（《意大利刑法典》第513条之二），不履行公共供应合同（《意大利刑法典》第355条）以及在公共供应中欺诈（《意大利刑法典》第356条）。See Confindustria，Linee Guida per la costruzione di modelli di organizzazione，gestione e controllo，second part，p.100.

② Confindustria，Linee Guida per la costruzione di modelli di organizzazione，gestione e controllo，second part，p.100.

③ Confindustria，Linee Guida per la costruzione di modelli di organizzazione，gestione e controllo，second part，p.100.

④ Confindustria，Linee Guida per la costruzione di modelli di organizzazione，gestione e controllo，second part，p.101.

在县级白名单或内政部与工业联合会之间合法协议上的公司名单上的注册情况；（2）要求由供应商生成一个在以下几方面的替代性保证声明：遵守纳税、税收、社会救济和保险规则以有利于其雇员和合作者，遵守财务的可追溯性义务，以及对意大利第231号法令中规定的犯罪，特别是就第24条之三【有组织犯罪】，没有任何措施附加于企业或其高管之上①。

在和供应商签订的合同中需要表明，在供应商作为反黑手党规则证明主体，而后被发送反黑手党禁令信息的情况下的解决性条款，以及关于不遵守该点所述规则的情况：（1）提前规定针对直接遭受的或由其家族和（或）其合作者犯罪的举报义务；（2）对被发送反黑手党禁令通知的供应商，将其实际排除在合同之外的时间，限制在严格的必要期限内。

在犯罪风险较大的领域和职能上，分配人员定期轮换②。集团中的外国企业采用与第231号法令规定的组织模式（合规方案）相适应的内部流程或控制的体系。采用特定的预防性控制（议定书），应特别参考与公共行政、公司犯罪和市场滥用犯罪有关的犯罪③。

签订集团内部采购和（或）销售分包合同、管理资金流动以及跨公司间投资时，需要事前证明（如通过替代性声明义务）被任命到外国子公司法人团体的公司代表与当地公共行政部门和（或）供应商、客户或公司第三方承包商的代表之间不存在亲属或姻亲关系④。

母公司任命外国公司法人团体成员、与国外对应方签订购买和/或销售协议、与外国对应方的金融交易、与外国对应方的投资时，应验证外国贸易/金融伙伴是否符合诚信和专业要求；且根据共同体条例或国家规定，对未列入

---

① Confindustria, Linee Guida per la costruzione di modelli di organizzazione, gestione e controllo, second part, p.101.

② Confindustria, Linee Guida per la costruzione di modelli di organizzazione, gestione e controllo, second part, p.101.

③ Confindustria, Linee Guida per la costruzione di modelli di organizzazione, gestione e controllo, second part, p.101.

④ Confindustria, Linee Guida per la costruzione di modelli di organizzazione, gestione e controllo, second part, p.101.

指定主体清单、资金和经济资源冻结措施接受者清单的外国贸易/金融伙伴进行验证。对企业资金流动进行正式和实质性的控制。确定筛选标准和规定，及执行协定的标准/合营企业与其他外国公司为了实现投资以及提供确保透明化和可追踪性的机制。

就《意大利刑法典》第377条之二（诱使不作陈述或向司法当局作虚假陈述）和第378条（人身包庇）来看，涉及企业与参与司法程序主体的关系，企业合规方案执行机构应向法律部门通报消息或调查的通知①。

四、企业参与有组织犯罪的遏制策略

打击企业参与有组织犯罪，一方面，除企业应当积极做好自身合规风险防控外；另一方面，遏制企业参与有组织犯罪的策略，需要从刑事司法和社会政策两方面加以回应。在刑事司法方面，意大利相关判例提供了一个良好的示范。

（一）刑事司法及基本原则保障

在意大利，将结社罪有关的犯罪列入第231号法令的目录意味着，如果至少有三个在企业内工作的人（下属或高级管理人员）为了犯罪而结伙，也可以对将为该后果承担财产性责任的企业提出指控②。

将结社犯罪纳入第231号法令目录中所涵盖的上游犯罪，关乎法定原则（特别是针对上游犯罪的确定性原则）的兼容性和密闭性问题，为犯罪而结社也可能构成为实施未规定在第231号法令中的犯罪，因此，有可能无限扩大可能配置企业行政或刑事责任的犯罪范围。结社的目的指明了一系列与集体企业所犯罪行的详尽目录完全无关的犯罪，因此，客观上不适合根据第231号法

① Confindustria，Linee Guida per la costruzione di modelli di organizzazione，gestione e controllo，second part，p.102.

② Carlo Zaccagini，Rapporti tra associazione per delinquere e D.lgs.vo 231/2001，https://carlozaccagnini.it/blog/rapporti-tra-associazione-per-delinquere-e-d-lgs-vo-231-2001/.

令第2条【法定原则】、第5条【企业责任】和第24条及其后续条款[①]确定的企业责任[②]。批评认为，针对《意大利刑法典》第416条的指控将导致违反第231号法令的制裁体系的确定性原则，因为它是一个“开放式”的条款，能够将任何犯罪行为纳入上游犯罪；它可能导致企业或机构及其管理机构的责任被不合理地扩展。意大利刑事法院法官就企业涉嫌参与有组织犯罪，即企业触犯第231号法令第24条之三【有组织犯罪】规定的犯罪作出了相关个案判决，回应了上述质疑。

1.法的确定性原则

2013年5月，塔兰托法院法官对ILVA公司[③]的资产进行预防性扣押[④]，预防措施针对各种受到以下指控而提起的刑事诉讼程序的主体，如结社罪[⑤]、过失灾害罪[⑥]、解除或故意不采取工伤防范措施[⑦]、在水或食品中投毒罪[⑧]以及针对公共行政和公众信任的犯罪、针对环境保护、职业卫生和安全的犯罪，这些主体以各种方式参与了在塔兰托的ILVA工厂的行政和管理[⑨]。在同一程序

---

① 涉及上游犯罪目录及其他实体与程序规定。

② Carlo Zaccagini，Rapporti tra associazione per delinquere e D.lgs.vo 231/2001，https://carlozaccagnini.it/blog/rapporti-tra-associazione-per-delinquere-e-d-lgs-vo-231-2001/.

③ 里瓦集团（Gruppo Riva）是一家意大利钢铁生产商。由埃米里奥·瑞弗拉（Emilio Riva）于1954年创立。该集团目前居世界第十八位，也是欧洲第三大钢铁生产商。里瓦集团由Riva钢材和Ilva两家公司组成，全部股东权益由Riva家族通过金融机构“Riva FIRE”持有。塔兰托ILVA工厂是欧洲最大的钢厂，配有五座高炉。Riva钢材总部位于米兰，设施位于意大利北部。里瓦集团总部位于意大利米兰，主席为Emilio Riva，首席执行官为法比奥·瑞弗拉（Fabio Riva），参见：Ilva nell’Enciclopedia Treccani，https://www.treccani.it/enciclopedia/ilva/.

④ Ilva nell’Enciclopedia Treccani，https://www.treccani.it/enciclopedia/ilva/.

⑤ 《意大利刑法典》第416条。

⑥ 【未命名的灾害】,《意大利刑法典》第434条。See Il reato di disastro colposo c.d. innominato：determinatezza，configurazione e causalità.（studiocataldi.it）

⑦ 《意大利刑法典》第437条。

⑧ 《意大利刑法典》第439条。

⑨ Tommaso Trinchera，Caso Ilva：La Cassazione Esclude La Confisca Per Equivalente Del Profitto Dei Reati Ambientali，in Diritto Penale Contemporaneo，https://archiviodpc.dirittopenaleuomo.org/autori/56-tommaso-trinchera.

中，针对RIVA F.I.R.E.股份公司受到了有组织犯罪[①]的指控，涉嫌触犯【为犯罪而结成集团】[②]以及【环境犯罪】[③]。在进行预防性扣押后，鉴于该厂未能开展环境恢复工作，钢铁公司董事会辞职[④]。由于塔兰托复审法院的命令维持了初步调查法官（GIP）的预防性扣押措施，预防性措施所针对的企业向最高法院提出了上诉[⑤]。

最高法院受理了上诉并取消了预防性扣押。意大利最高法院刑六庭就ILVA案件发表了自己的观点[⑥]。取消根据第231/2001号法令第19条【没收】和第53条【预防性扣押】作出的旨在没收或预防性扣押其他等价物的措施，总价值约为81亿欧元[⑦]。

最高法院认为扣押措施是错误的。在企业的行政责任中考虑了一系列与被指控的犯罪类别完全无关的犯罪事实（包括未命名的灾难、解除或故意不采取工伤防范措施、在水或食品中投毒），不适合根据第231号法令确立企业的责任[⑧]。

最高法院指出，这些犯罪事实的相关性，不能间接地从其作为结社犯罪的犯罪目的而受指控的不同方面来获得。因为，以这种方式，《意大利刑法典》

---

① 第231号法令第24条之三第2款。

② 《意大利刑法典》第416条。

③ 第231号法令第25条之十一第2款规定的行政违法。

④ Ilva nell'Enciclopedia Treccani，https://www.treccani.it/enciclopedia/ilva/.

⑤ Tommaso Trinchera，Caso Ilva：La Cassazione Esclude La Confisca Per Equivalente Del Profitto Dei Reati Ambientali，in Diritto Penale Contemporaneo，https://archiviodpc.dirittopenaleuomo.org/autori/56–tommaso–trinchera.

⑥ Tommaso Trinchera，Caso Ilva：La Cassazione Esclude La Confisca Per Equivalente Del Profitto Dei Reati Ambientali，in Diritto Penale Contemporaneo，https://archiviodpc.dirittopenaleuomo.org/autori/56–tommaso–trinchera.

⑦ Tommaso Trinchera，Caso Ilva：La Cassazione Esclude La Confisca Per Equivalente Del Profitto Dei Reati Ambientali，in Diritto Penale Contemporaneo，https://archiviodpc.dirittopenaleuomo.org/autori/56–tommaso–trinchera.

⑧ Tommaso Trinchera，Caso Ilva：La Cassazione Esclude La Confisca Per Equivalente Del Profitto Dei Reati Ambientali，in Diritto Penale Contemporaneo，https://archiviodpc.dirittopenaleuomo.org/autori/56–tommaso–trinchera.

第416条【为犯罪而结成集团】的规定会变成一个“开放式”的条款，违反第231号法令规定的确定性原则，潜在地适合于任何类型的犯罪的规定，有不合理地扩大集体机构潜在责任范围的危险①。

但是，在2020年3月4日，最高法院第三刑事庭作出的第8785号判决②中，该案判决推翻了不能间接根据犯罪目的就第231号法令第24条之三【有组织犯罪】处罚企业的原则。该案法官指出，即使结社罪所追求的“犯罪”不属于企业行政责任所涵盖的犯罪，也可以追究负责③。

具体来说，米兰上诉法院维持了判决，认定企业犯有第231/2001号法令第24条之三【有组织犯罪】所规定的行政违法，即旨在实施一系列未指明的税务犯罪有关的结社犯罪（在事实发生时，税务犯罪尚未列入上游犯罪清单）。

该企业就该判决向最高法院提出了上诉，声称违反了第231/2001号法令第2条（法定性原则）。但针对这些辩护意见，最高法院指出：

首先，“企业需要为了具体的犯罪事实负责，而非为犯罪目的负责（不包括在那些由犯罪产生的行政责任的上游犯罪），尽管结社犯罪明确地规定在第231号法令第24条之三”。犯罪计划的实现以及因此实际实现的犯罪得以强调不是为了评估每个法人的责任，但只能在给企业带来财产利益的范围内，因此，可以确认为没收目的而获得的利润。在这种情况下，并不影响企业的“上游犯罪”的责任（由于上述第24条之三情况的存在），合伙人所犯罪行是否涉及所

---

① Tommaso Trinchera，Caso Ilva：La Cassazione Esclude La Confisca Per Equivalente Del Profitto Dei Reati Ambientali，in Diritto Penale Contemporaneo，https://archiviodpc.dirittopenaleuomo.org/autori/56-tommaso-trinchera.

② 该案针对一家锡线公司（Eltech S.r.l.），占地面积5000平方米，拥有20名员工，四个电解镀锡厂以及五个技术先进的拉丝厂，就镀锡线而言，其生产力达到6000吨/年，拉丝线超过5000吨/年。https://www.eltech-spa.it/html/en/home.html.

③ Associazione per delinquere：ammessa la responsabilità amministrativa dell'ente anche se i delitti commessi dall'organizzazione criminale non rientrano nel catalogo dei reati presupposto，https://www.osservatorio-231.it/2020/03/16/associazione-per-delinquere-ammessa-la-responsabilita-amministrativa-dellente-anche-se-i-delitti-commessi-dallorganizzazione-criminale-non-rientrano-nel-catalogo-dei-reati-presuppos/.

指控的犯罪，并不重要。二审法院法官正确地指出，如果企业不能根据第24条之三承担责任，那么这一条可能会完全不具有任何惩罚能力，这一情况构成《意大利刑法典》第416条规定的犯罪结社。其次，“企业并不为实施的涉税犯罪负责[①]，而是通过事实上的主管，积极参加了针对上游犯罪的犯罪团伙，从而整合了第231号法令第24条之三的假设”。最后，“为犯罪而结社是由犯罪目的而抽象出来的，因此，犯罪目的需要危害公共安全，但只有在构成了组织所追求的犯罪计划的发展时，才会被认定”。合法性审查法官[②]还考量了与企业被要求采用的合规方案有关的问题，解决“企业在同一法令中提到的与构建合规方案有关的问题，特别是在风险评估阶段，必须从理论上考虑任何可能列入该犯罪组织计划的犯罪行为，结果是几乎不可能绘制风险地图”[③]。在这一点上，该判决看起来限制了“模糊地绘制风险地图以及同样不确定的流程”的风险，指出“犯罪计划的实施以及由此，犯罪的实际实施，强调该情况并不是为了评估法人对其中每一项的责任，而只是因为它们给犯罪企业带来了财产性的好处，且由此可以帮助确定为没收目的而获得的利润”[④]。

从2014年针对有组织的环境犯罪以及2020年针对有组织的税务犯罪来看，意大利法官在认定企业参与有组织犯罪所获得的利润作为标准加以没收时，经历了两个明显的转变，一个是从犯罪直接获得的利润到通过犯罪间接获得的利润，另一个是从严格限缩第231号法令第24条之三的适用，到承认结社

---

① 税务犯罪当时尚未列入上游犯罪清单。

② 意大利法官分为就事实和就法律问题加以审判的法官。

③ Associazione per delinquere：ammessa la responsabilità amministrativa dell’ente anche se i delitti commessi dall’organizzazione criminale non rientrano nel catalogo dei reati presupposto，https://www.osservatorio-231.it/2020/03/16/associazione-per-delinquere-ammessa-la-responsabilita-amministrativa-dellente-anche-se-i-delitti-commessi-dallorganizzazione-criminale-non-rientrano-nel-catalogo-dei-reati-presuppos/.

④ Associazione per delinquere：ammessa la responsabilità amministrativa dell’ente anche se i delitti commessi dall’organizzazione criminale non rientrano nel catalogo dei reati presupposto，https://www.osservatorio-231.it/2020/03/16/associazione-per-delinquere-ammessa-la-responsabilita-amministrativa-dellente-anche-se-i-delitti-commessi-dallorganizzazione-criminale-non-rientrano-nel-catalogo-dei-reati-presuppos/.

犯罪以危害公共安全为目的，并构成了组织所追求的犯罪计划的发展，即达到适用条件。

笔者认为，在我国，应当明确区分不同的企业参与有组织犯罪的类型，对有组织犯罪的性质加以酌情分析。例如，针对有组织的环境犯罪，应根据已有的《环境保护法》确定的相关规定，确定企业的相关处罚，对于构成犯罪的，触犯《刑法》第六节破坏环境资源保护罪的企业家，主动采取恢复性措施的可以适用合规激励机制。

2.法不溯及既往原则

除法定原则外，意大利有关里瓦集团的第3635号判决就法不溯及既往原则作出了解读，其要求对各实体实施制裁时，必须在犯罪事实实施之前，有明确的已经生效的立法规定。因此，为了根据意大利第231号法令第19条申请没收等值物品，必须参考构成犯罪的行为完成时间，而非企业一方获得利润的时间①。

为正确地认定能够被没收的利润，规定预防性措施的意大利第231号法令应当已排除所有在2009年7月15日第94号法令生效前的有组织的行为以及所有在2011年7月7日第121号法令生效之前的环境违规，第94/2009号法令将上游犯罪清单扩展到了《意大利刑法典》第416条（为犯罪而结成集团）规定的犯罪，而第121/2011号法令扩展了企业对环境规则违反的责任②。

考虑到对等价物加以没收的明显的惩罚性质，法院的结论是，“实际的预防性义务的适用以及后续夺格性的措施，不能追溯到在发现存在与该企业的管理责任相同配置的前提和条件之前所出的行为，从这方面来讲，仅考虑当下的由有效的上游犯罪目录覆盖的行为，有组织的事实情况以及与环境有关

---

① Tommaso Trinchera, Caso Ilva: La Cassazione Esclude La Confisca Per Equivalente Del Profitto Dei Reati Ambientali, in Diritto Penale Contemporaneo, https://archiviodpc.dirittopenaleuomo.org/autori/56-tommaso-trinchera.

② Tommaso Trinchera, Caso Ilva: La Cassazione Esclude La Confisca Per Equivalente Del Profitto Dei Reati Ambientali, in Diritto Penale Contemporaneo, https://archiviodpc.dirittopenaleuomo.org/autori/56-tommaso-trinchera.

的违法”[①]。

可以看出，在遵循法不溯及既往这一原则上，意大利判例法秉持了各国《刑法》公认的基本原则。

3.罪责刑相适应原则

意大利第231号法令构建了拟人化的企业责任体系[②]，旨在处罚作为企业的“组织过失”的企业犯罪主观“有责性”，但在运用罪责刑相适应原则来认定可没收的利润时，意大利法院并未将节省的成本作为衡量可没收的利益的标准，而是将犯罪的直接后果作为没收的对象。但2020年意大利最高法院根据第231号法令第24条之三【有组织犯罪】的判决将可没收的对象扩大到了结社犯罪的间接后果造成的经济利益。

具体来说，在2014年针对里瓦家族集团第3635号判决中，最高法院针对有争议的预防措施加以审查，旨在确定行使第231号法令第19条规定的没收而可扣押的利润[③]。

关于这一问题，首先，必须参考最高法院合议庭的判决（2008年最高法院合议庭作出的针对意大利费赛亚股份有限公司[④]的第26654号判决）该判决将利润界定为“直接和立即从犯罪中获得的经济利益”[⑤]。根据最高法院的意见，利润作为企业节省开支的概念，意味着一个积极的经济成果的确定，具

① Tommaso Trinchera，Caso Ilva：La Cassazione Esclude La Confisca Per Equivalente Del Profitto Dei Reati Ambientali，in Diritto Penale Contemporaneo，https://archiviodpc.dirittopenaleuomo.org/autori/56-tommaso-trinchera.

② Carlo Enrico Paliero，la colpa di organizzazione tra responsabilita collettiva e responsabilita individuale，2006，219.http://hdl.handle.net/2434/27333.

③ Tommaso Trinchera，Caso Ilva：La Cassazione Esclude La Confisca Per Equivalente Del Profitto Dei Reati Ambientali，in Diritto Penale Contemporaneo，https://archiviodpc.dirittopenaleuomo.org/autori/56-tommaso-trinchera.

④ 费赛亚Fisia Italimpianti，是意大利最大的建筑公司Impregilo的垃圾处理和环保部门。https://cn.bing.com/dict/fisia-italimpianti.

⑤ Tommaso Trinchera，Caso Ilva：La Cassazione Esclude La Confisca Per Equivalente Del Profitto Dei Reati Ambientali，in Diritto Penale Contemporaneo，https://archiviodpc.dirittopenaleuomo.org/autori/56-tommaso-trinchera.

体取决于受到指控的犯罪事件的实现①。

在里瓦家族集团案件中，最高法院认为，被告犯罪行为造成的所谓环境损害，不能被认为等同于涉案企业因上游犯罪（特别是环境违法）而直接和立即获得资产的增加。不能参照实现未来投资计划的估计成本来计算可没收的利润，其错误地认为，这些成本与过去在环境领域的个别疏忽之间存在关联②。根据第231/2001号法令第19条和第53条，为了确定可扣押和而后可没收的利润，必须“确定其是作为犯罪的直接后果，存在经济资源的实际转移，即企业资产有明显的积极变化，避免在犯罪的利润（被理解为资产的实际增加）这一概念与企业因未开展环境恢复工作，而不当获得的开支节省所造成的可赔偿的损害之间，进行不当的同化”③。

但是可以说，2020年第8785号针对意大利锡线企业的判决推翻了上述判决确立的原则，还处理了针对同一犯罪的累加的制裁违反“一事不再理”原则的问题，更加注重遵循刑法罪责刑相适应这一基本原则。该案中，企业辩称“因为在刑事和行政处罚（来自税务诉讼）的累积方面，动机存在缺陷，理由明显不符合逻辑”④。但最高法院特别指出“针对同一事实处以刑事制裁和一个确定的行政制裁，并未违反‘一事不再理’原则，条件是所犯

① Tommaso Trinchera, Caso Ilva: La Cassazione Esclude La Confisca Per Equivalente Del Profitto Dei Reati Ambientali, in Diritto Penale Contemporaneo, https://archiviodpc.dirittopenaleuomo.org/autori/56-tommaso-trinchera.

② Tommaso Trinchera, Caso Ilva: La Cassazione Esclude La Confisca Per Equivalente Del Profitto Dei Reati Ambientali, in Diritto Penale Contemporaneo, https://archiviodpc.dirittopenaleuomo.org/autori/56-tommaso-trinchera.

③ Tommaso Trinchera, Caso Ilva: La Cassazione Esclude La Confisca Per Equivalente Del Profitto Dei Reati Ambientali, in Diritto Penale Contemporaneo, https://archiviodpc.dirittopenaleuomo.org/autori/56-tommaso-trinchera.

④ Associazione per delinquere: ammessa la responsabilità amministrativa dell'ente anche se i delitti commessi dall'organizzazione criminale non rientrano nel catalogo dei reati presupposto, https://www.osservatorio-231.it/2020/03/16/associazione-per-delinquere-ammessa-la-responsabilita-amministrativa-dellente-anche-se-i-delitti-commessi-dallorganizzazione-criminale-non-rientrano-nel-catalogo-dei-reati-presuppos/.

罪行的严重程度与制裁的累加之间成比例，符合《欧洲联盟基本权利宪章》（CDFUE）第49条[①]、第50条[②]和第52条[③]规定的相关原则以及《欧洲人权公约》（CEDU）”[④]。

（二）经济金融和社会阻断政策

除了立法和司法措施，成功遏制有组织犯罪和公共部门腐败的国家还纳入了最新的经济和金融政策。为打击有组织犯罪，需要采取监管措施。在经济金融领域遏制有组织犯罪集团所需的措施包括：解决社会真空地带；通过减少注册新公司的复杂性和腐败或通过交税，减少非正规市场（为犯罪企业提供经济投入和人力资源）的发生概率和规模；改善收入和财富分配；在以前被国家宣布为非法的市场中引入劳动力监管（如卖淫）并通过适用医学的食品和药品管理法来监管毒品市场；识别、监控、扣押和没收与生产和分销走私和假冒材料相关的金融资产是任何有组织犯罪遏制计划的关键战略的一部分。这需要超越洗钱法规。许多强迫普通公民进行的非法交易（如强迫公证的土地转让给有组织犯罪）发生在金融领域之外，而金融情报单位对此没有管辖权[⑤]。事实上，越来越多的联合国成员国正在实施资产披露法规和法律互助计划。在这种情况下，银行保密已不再是一种选择[⑥]。

而打击跨国有组织犯罪的最有效政策措施主要依靠三大支柱：（1）在民间社会网络手中实行更有效的司法决策控制，减少刑事法庭程序性和实质性自由

---

① 即刑事犯罪和刑罚的合法性和相称性原则。

② 即在刑事诉讼中不因同一刑事犯罪而受到两次审判或惩罚的权利。

③ 即针对权利和原则的解释和范围。

④ Charter of Fundamental Rights of the European Union，https://www.europarl.europa.eu/charter/pdf/text_en.pdf.

⑤ Edgardo Buscaglia，Judicial and Social Conditions for the Containment of Organized Crime：A Best Practice Account，in（Heinrich-Böll-Stiftung and Regine Schönenberg，eds.），Transnational Organize Crime：Analyses of a Global Challenge to Democracy，Transcript Verlag，2013，p.70.

⑥ Edgardo Buscaglia，Judicial and Social Conditions for the Containment of Organized Crime：A Best Practice Account，in（Heinrich-Böll-Stiftung and Regine Schönenberg，eds.），Transnational Organize Crime：Analyses of a Global Challenge to Democracy，Transcript Verlag，2013，p.70.

裁量权被滥用的频率；（2）与犯罪企业有关联的合法企业和个人被成功没收资产的频率更高——所有这些都基于有效的金融情报系统，该系统能够生成证据材料，以确保系统地拆散、没收和追回公司手中的资产，而这些公司提供了剥削人口贩运所需的生产基础措施；（3）存在解决受犯罪企业影响的高风险青年群体的健康、劳动和教育需求的政府和（或）非政府预防方案①。

此外，如果希望消除犯罪企业的社会和经济根源，公共政策应该更加注重填补社会真空（例如，缺乏在公共卫生方面的社会投资，缺乏为青年设置的教育选择，缺乏社会基础设施，缺乏适当的职业培训）和更少担心镇压行动。扰乱有组织犯罪的运营，需要没收民事资产，因此，需要减少在公共部门内部可能扩大公共腐败圈的非法资金②。发展国家基础设施以应对公务员制度改革以及发展公共机构和公共部门官员的审计能力也显示出减少腐败的强大力量。最后，对掌握在有组织犯罪手中的市场（如毒品和卖淫）的监管方法需要通过食品和药品监管和劳动法，以及社会预防来解决，以便达到预期的遏制效果③。

从整体上来看，遏制企业参与有组织犯罪的策略，一方面，需要在刑法基本原则的保障下，通过刑事司法手段打击企业参与有组织犯罪，激励企业家及其涉罪职员启动刑事合规从宽制度，适当保障企业财产权等合法权益；另一方面，需要协同运用行政法和不同层面的社会阻断政策，防止有组织犯罪剥削和利用合法企业这一犯罪现象的蔓延。

---

① Edgardo Buscaglia，Judicial and Social Conditions for the Containment of Organized Crime：A Best Practice Account，in（Heinrich–Böll–Stiftung and Regine Schönenberg，eds.），Transnational Organize Crime：Analyses of a Global Challenge to Democracy，Transcript Verlag，2013，p.71.

② Edgardo Buscaglia，Judicial and Social Conditions for the Containment of Organized Crime：A Best Practice Account，in（Heinrich–Böll–Stiftung and Regine Schönenberg，eds.），Transnational Organize Crime：Analyses of a Global Challenge to Democracy，Transcript Verlag，2013，p.71.

③ Edgardo Buscaglia，Judicial and Social Conditions for the Containment of Organized Crime：A Best Practice Account，in（Heinrich–Böll–Stiftung and Regine Schönenberg，eds.），Transnational Organize Crime：Analyses of a Global Challenge to Democracy，Transcript Verlag，2013，p.71.

安徽抗日根据地人民调解制度研究

——以1943年胡兆昌与陈学定债务纠纷案为例

李晓婧　宋　松*

摘　要：作为纠纷化解有效手段之一的调解，孕育于中国传统法律的土壤。虽然其在各个时代有着不同的称呼与不同的表现形式，但是依旧凭借着其解决纠纷的有效性、彻底性，享有“东方智慧”的美誉。在安徽抗日根据地时期，由于政权尚未稳固以及受到战争的影响，其司法资源极其短缺；同时，中国共产党领导下的社会改造在不断进行，大量纠纷的出现对根据地孱弱的司法供给造成了极大的压力。人民调解制度就伴随着这种缓解社会治理压力的需求应运而生。安徽抗日根据地人民调解制度的产生与发展经验，不仅具有解决当时社会纠纷以及推动根据地法制建设的历史价值，还对当代推动建立多元化纠纷解决机制，促进社会和谐发展具有宝贵的借鉴意义。

关键词：安徽抗日根据地；人民调解；马锡五审判方式；债务纠纷案

---

* 李晓婧，安徽师范大学法学院副教授、法学博士、硕士生导师，研究方向为中国法律文化。宋松，安徽师范大学法学院硕士研究生，研究方向为中国法律史。本文为2021年度安徽师范大学“庆祝中国共产党成立100周年”专项课题《近代安徽革命根据地法制建设研究》（项目批准号：QZJDBN2021XZD05）的阶段性研究成果。

一、安徽抗日根据地人民调解制度之建立

中国共产党在革命早期就建立了人民调解制度。1923年成立的海丰总农会设立了仲裁部。1931年11月颁布的《地方苏维埃政府的暂行组织条例》明确规定“乡苏维埃有权解决未涉及犯罪行为的各种争执问题”，即确立了地方政府的调解职能。人民调解制度契合了中国社会无讼的法律文化传统，坚持了马克思主义法学理论的人民性要求，是两者的有机融合。抗日战争时期，各根据地政府又制定了一系列法规，如1941年4月的《山东省调解委员会暂行组织条例》、1942年3月的《晋西北村调解暂行办法》、1942年4月的《晋察冀边区行政村调解工作条例》、1943年6月的《陕甘宁边区民刑事案件调解条例》等。上述法规使调解工作从组织形式、调解内容到调解程序实行了制度化。抗战时期的调解组织主要有民间调解、群众团体调解、政府调解以及司法调解四种。调解的案件范围包括一般民事纠纷和轻微的刑事案件，但法律另有规定的除外。调解的基本原则包括双方自愿原则和合法合理原则，当然调解不是诉讼必经程序原则；当事人也可直接向司法机关起诉，这一原则是自愿原则的自然延伸。调解的意义特别重大：它解决矛盾，增强民间和睦、团结，利于抗日民族解放事业；增强民众法治观念，减少纷争；利于司法机关集中精力处理重大刑民案件，提高办案质量；为解放战争和新中国人民调解工作提供了丰富历史经验；是人民司法的一大特色和补充。

安徽的鄂豫皖边区、豫皖苏边区和淮北苏皖边区等抗日根据地，先后建立了调解组织。豫皖苏边区联防委员会和淮北苏皖边区议会还先后于1941年2月20日和1942年3月13日颁布了《豫皖苏边区各县乡级调解委员会组织条例》和《淮北苏皖边区各县区乡（镇）保调解委员会章程》。《章程》规定：“各县之区乡（镇）保，应分别设立各级调解委员会。”区乡（镇）调解委员会，由区乡（镇）保长召集地方公正士绅和群众团体代表选举。1943年7月7日边区第二届议会驻会议员通过的《淮北苏皖边区修正各县区乡（镇）调解委员会章程》，规定保级暂停设置调解委员会，并对区乡（镇）委员会的组织方法作

了新的详细规定。同年，鄂豫皖边区、政府在所属各地普遍推行陕甘宁边区普及调解工作的经验。1944年5月20日，淮北苏皖边区第三次司法会议讨论区乡调解委员会实施问题时，建议民政处健全区乡调解委员[①]。这些抗日根据地的调解组织，担负处理民事纠纷和轻微刑事案件的任务。调解纠纷的范围，各边区的规定大体相同。一是一般民事纠纷，包括婚姻、债务、继承、土地、劳资纠纷等；二是轻微刑事案件。1941年2月20日豫皖苏边区联防委员会颁布的《豫皖苏边区各县乡级调解委员会组织条例》规定："在不违背本县区施政方针和法令的原则下，凡本乡所发生一般民事事宜和轻微刑事案件，都可调解之。"各边区调解的形式多种多样，群众自己的调解是一种最主要的调解形式。即由当事人双方各自邀请近邻，亲友或乡里有名望之公正人士参加调解，由于他们对事情的发生，是非曲直最为了解，因而提出的调解方案容易被当事人双方所接受。还有各边区的区乡（镇）设立的调解委员会进行的调解，由于调解委员和群众联系密切，在群众中有一定威信，因而调解纷争也容易收到较好的效果。当时规定，无论采取何种方式调解，均须坚持当事人自愿的原则，不得对当事人进行强迫、压制、威胁利诱，而只能采取说服教育，因势利导、打通思想的方法，在明确是非，评议曲直之后，提出合情合理的调解方案。各边区政府注意在开展其他工作的同时，抓好调解工作，制定了一系列关于调解工作条例等法规。如鄂豫皖工农兵第二次代表大会就专门通过了婚姻问题决议案，作为调解婚姻纠纷的准绳。1942年3月13日淮北苏皖边区参议会通过了《淮北苏皖边区各县区乡（镇）保调解委员会章程》，规定对"应予调解之案件，经保级调解不能成立时，应申请乡（镇）级为之调解，乡（镇）级调解不能成立时，再申请区级为之调解，区级调解不能成立时方得起诉"。1943年鄂豫皖边区政府在所属各地普遍推行陕甘宁边区普及调解工作的经验。边区政府的文件指出："调解可使大事化小，小事化无，增强农村和睦，节省劳力财力，以从事生产。"做好调解工作，"既可和解当事人之争执，复可使当事人恢复旧感，重归于好。无芥蒂横梗其胸，无十年不能忘却

① 安徽省地方志编纂委员会编：《安徽省志·司法志》，安徽人民出版社1997年版，第17页。

的仇恨”[①]。

二、1943年胡兆昌与陈学定债务纠纷案之始末

《中国革命根据地案例选》中记载了1943年发生在淮南抗日根据地的一起因买地借款而产生的债务纠纷案件[②]。该案具体情况如下：

1943年初的一天，农民胡兆昌来到了淮南根据地六（合）高（邮）办事处属下的桑园乡黎城区署。一进门，他就向区署的干部说：“我是桑园乡棋盘庄的。我要告我们庄的陈学定。陈学定太不讲信用了。前些日子，我们合买了姓东的十六亩地，这十六亩地我们共花了二万六千元。那时，陈学定没多少钱，从我手中先借了四千五百元，说是过后就还给我。可是，我向他要了好几回，直到现在，他也不给。我说的都是真话，不信，你们可以问一问我们买地时的中证人董文才。”

黎城区署受理了这个案件，传被告陈学定和中证人董文才到署对证。

陈学定说：“我在买地时倒是向胡兆昌借过钱，不过，没有他说的那么多，只是借了五百元。其实要是光买地，我的钱也就够了，只因为中证人董文才他们要了我们二万五千九百八十元的黑费，我才向他借了钱。”

“我没有和他在一起出过黑费，想用这种办法赖账，那可不行！”胡兆昌申辩说。

区署的同志见双方各执一词，便请中证人作证。

中证人董文才说：“要说黑费嘛，他们可没出过，我不过是做点好事，从中说合说合，乡里乡亲的，谁要他们的黑费？至于陈学定欠胡兆昌的钱，那可是真的，共欠四千五百元，是买地时借的，我是他们买地时的中证人，这我自然清楚。”

区署的同志听了三个人的陈述，觉得案情复杂，但由于种种原因，他们

---

① 安徽省地方志编纂委员会编：《安徽省志·司法志》，安徽人民出版社1997年版，第213页。

② 赵崑坡、俞建平：《中国革命根据地案例选》，山西人民出版社1984年版，第150页。

并未下乡调查，所以，尽管前后做了几次调解工作，问题终未解决，只好转交六（合）高（邮）办事处处理。

1944年春，六（合）高（邮）办事处，在学习了马锡五的审判方式之后，受到了很大的鼓舞，于是派天（长）高（邮）司法科胡副科长，前往桑园乡向当地群众调查胡兆昌和陈学定的债务纠纷。当地群众说："按陈学定家的日子说，买了那么几亩地，也算不了什么，可是自买地后，他反倒去外面讨饭，莫不是他交了黑费？"

胡副科长在当地进行了大量的调查研究。从所掌握的材料看，陈学定确系被骗受冤，但尚有一些事实不清。为了进一步弄清此案的真相，4月18日胡副科长在桑园乡棋盘庄进行了群众会审。

首先，胡副科长把他所调查的材料，向参加会审的群众做了报告。接着，让被告陈学定向大家说明了事情的经过。随后，又让参加会审的群众，根据各自所知的材料，发表意见。

群众纷纷发表自己的看法，言谈话语充满了对陈学定的同情和对胡兆昌、董文才等人的不满。

胡兆昌见群情激愤，再也坐不住了，老老实实地讲出了事情的原委：

"我和陈学定合买了东姓庄田十六亩，正价是二万六千元。可是董文才他们又在正价以外，要了我们二万五千九百八十元黑费。董文才他们和陈学定不和，我原来也和陈学定不和，这样，董文才他们就利用了我们之间的不和，说是我只要到政府告陈学定在买地时欠我四千五百元，他们就可以减少我所交的黑费。董文才还说，他可以在我告陈学定时作证。董文才！你说是不是这样？你说呀！"

董文才低着头，当初的神气劲儿全没有了，迫不得已地说："胡兆昌说的全是真的，告陈学定的主意是我出的，我让胡兆昌告了陈学定，给政府找了麻烦，我有罪……我有罪……"

胡副科长代表政府接受了群众的意见，对此案提出了处理意见：

（一）陈学定和胡兆昌各按其所出数，收回被董文才等所敲诈的二万五千九百八十元。

（二）董文才等教唆别人诬告陈学定，应依法惩办。

此案处理后，陈学定和胡兆昌以及全乡群众无不赞扬政府。《淮南日报》也为此事发表社论，指出这种新的审判方法，是马锡五审判方式在淮南根据地的开始，是一年来深入整风，干部思想意识与思想方法改变的结果。该社论号召淮南根据地每一位从事政法工作的同志，要像天（长）高（邮）司法科一样，依靠群众，切实贯彻司法工作为广大人民服务的精神。

该案中，农民陈学定因买地向另一农民胡兆昌借款五百元，但胡兆昌却在买地中证人董文才的教唆之下诬告陈学定向其借款四千五百元且不予归还，最终在天高司法科胡副科长的实地调查之下，以调解的形式将纠纷予以解决，并依法惩办了诬告教唆者。

三、"马锡五审判方式"对安徽抗日根据地人民调解制度的影响

（一）抗战中诞生的"马锡五审判方式"

为了方便战争环境中群众的诉讼，各抗日边区司法机关都实行巡回审判制度。巡回审判形式灵活多样，有的由各级司法机关指派审判人员，定期深入基层，巡回审判各自辖区内的刑事案件；有的由政府或法院设立专门的巡回法庭或流动法庭，代表该级政府或法院外出巡回审判。马锡五是陕甘宁边区陇东专区专员兼高等法院陇东分庭庭长，他在边区法律范围内，以其巡回审判的实践开创了一种灵活实用的审判方法，被称为"马锡五审判方式"。其基本特点如下：

首先，深入基层进行实地调查。在审判工作中，马锡五遵照以事实为根据、一切从实际出发的原则，亲自深入到群众中开展全面、细致的调查研究，了解案件的真相和舆论导向，尽可能全面地收集证据，以便作出正确的裁判。

其次，认真贯彻党的群众路线，采用审判与调解相结合的方法。马锡五善于依靠群众来调查案情，以平等的态度耐心听取各方面的意见。他还吸收有威望、有能力的群众直接参与案件的审理和调解，重视审判与调解相结合

的方法，消除原被告双方的对立情绪。采取这种方式做出的判决既合乎法理，又顺乎人情。

最后，简化诉讼手续，方便群众诉讼。马锡五灵活地运用巡回审判的特点，一切从方便群众出发，携卷下乡，定期巡视所属各县，随时受案。在田间地头就地设庭审判，即时判决。在保证案件依法处理的前提下，简化诉讼程序。同时改变了少数司法人员坐堂问案的审判作风。

马锡五审判方式的出现和推广，培养了大批优秀司法干部，解决了积年疑难案件，减少争讼，促进团结，利于生产，保证抗日，使边区司法更加适应抗战的需要和农村的实际，进一步推动了边区司法的民主化，使新民主主义司法制度落到实处。

（二）安徽抗日根据地人民调解制度深受“马锡五审判方式”影响

调解相较于诉讼之所以在纠纷解决的过程中更容易为人们所接受，一方面是由于传统官僚风气的影响，司法者在普通民众的心中已经是一种高高在上的“官老爷”形象，他们只会为了自己的利益来决定案件的走向。简单来说，普通民众对诉讼中的法官并没有形成合理的信赖，并且基于这种不信赖，人们通常不会选择通过诉讼的方式来解决自己的纠纷。而另一方面，繁杂的法律规则并不都能符合当时特定地域人民内心中既定的社会共识，很多情况下法律与习惯的冲突也会导致人们无法认同诉讼的最终结果。在当时的社会背景之下，调解则很好地克服了这两个缺陷。

在胡兆昌与陈学定的债务纠纷案中，由于黎城区署觉得案情复杂，并没有进行实地调查，虽然做了几次调解工作，但是都没有解决纠纷。而在学习了马锡五审判方式之后，天高司法科胡副科长深入桑园乡当地进行调查，之后开展了群众会审，听取每一位群众的意见，胡兆昌也是在群情激愤之下说出了事件的原委，最终掌握了本案的真实信息，解决了双方的纠纷。这种聚众调解的优点也显而易见：纠纷双方在发生冲突时，往往都处于一个情绪激动、言辞激烈的一个状态，仅靠单一的调解人员不一定能够劝说双方心平气和地讨论纠纷。而在聚众调解的环境之下，不光有专业的调解人员进行劝说，与纠纷双方有着亲密联系的左邻右舍也会帮忙进行劝说，这种近距离的劝说往往会为双方情绪带来更为有效的安抚，进而保障调解的顺利进行。除此之外，聚众调解也发挥着信息公开的作用，防止因发生纠纷使得某一方当事人的社会评价降低，打破原有的和谐关系。虽然涉及双方隐私的纠纷是否使用聚众调解的方式暂时还无从得知，但是就一般纠纷来看，大都体现我党的群众路线，会依靠群众来调解群众内部的纠纷。当时人民调解的目的并不仅限于化解纠纷双方的矛盾，还会对纠纷以外的问题例如违法行为进行处理，进而使案件的最终结果合乎民众朴素的价值观。该案不仅解决了胡兆昌与陈学定之间的纠纷，还对董文才收买地黑费的敲诈行为以及教唆诬告行为进行了处理。由此看来，当时的人民调解制度已经突破了仅限于矛盾双方的纠纷问题而转化为对案件全面的、合乎人情的解决，这无疑也是对人民调解制度内涵的创新与突破。

总之，这种深入实地调查、切实依靠群众、全面解决纠纷的人民调解制度，不仅提升了根据地民众对于司法工作者的信赖程度，还从实际出发，听取群众意见，使案件以最符合大众内心朴素价值观的方式得到解决，从根本上巩固了中国共产党在根据地的政权基础，也推动了安徽各抗日根据地的法制建设。

四、安徽抗日根据地人民调解制度的当代意义

（一）提供建设社会主义和谐社会的当代经验

传统中国各个流派尽管对于“和谐”一词定义的表述都不尽相同，但是从其内涵来说，每个流派都认为和谐必然意味着人与人之间、人与天之间的和谐统一。而人与人之间的和谐统一，就是人民调解制度的最终追求。在人与人之间产生纠纷时，原有的和平状态必然会被利益冲突所打破，要想将这种和平状态予以恢复，就必须通过诉讼来确定利益归属，最终达到定分止争的效果。但是，如果这种和平状态是建立在若干联系的基础上，如亲戚、邻

居、朋友等，虽然通过诉讼恢复了和平状态，但是这种原有的和谐关系必然会被诉讼所破坏，这也是传统中国处于人情关系网下的每个人所不愿意看到的，因为“对社会生活有序模式的追求是人类的天性，冲突天然所具有的对立性很自然地使人们认识到其消极性和破坏性”[①]。在根据地时期的战争背景下，和谐对于当时的中国共产党联合团结分散游离的农民群体和支离破碎的乡村社会也有着不可替代的作用。只有在农民群体保持和谐关系的前提之下，根据地的政权基础才能稳固，日常生产经营活动也才能顺利进行。正是在这种和谐需求之下，中国共产党领导创造并推行了人民调解制度以维护社会和谐关系。

当前我国虽然早已摆脱根据地时期那种动荡不安的社会环境，经济上也摆脱了一穷二白的境地，但是随着社会关系的日益复杂，人民美好生活需求的日益扩大，传统和谐理念指导下的和谐社会关系在新时代也被赋予了全新的意义。近年来，随着社会主义核心价值观的提出，和谐早已成为我国能够建成社会主义现代化强国的重要标志，和谐社会建设也成为我国当前社会建设的主要目标。而要实现社会和谐、国家和谐，就必须通过人民调解制度来妥善解决人民内部纠纷，维护人民内部和谐关系。但是就当前的人民调解制度来说，虽然在大部分情况下都可以有效解决社会纠纷，但是由于个人素质水平的差异，部分人并不会诚信履行所达成的调解协议，甚至部分人利用人民调解来拖延案件时间进而转移财产，使社会关系受到进一步损害。而在安徽抗日根据地的人民调解制度中，对于纠纷的调解都是在人民群众当中进行，纠纷原委、调解经过以及调解结果都为群众所知晓，纠纷双方迫于群众的压力都会选择相互体谅并且诚信履行经过调解所达成的合意。因此当前的人民调解制度也应当对该优点进行学习，对于人民调解协议的不诚信履行问题，请求法院确认效力进而强制执行应当作为其最后的保障方式，对于一些仅仅由于素质较低而不予履行调解协议的人员，应当组织专门人员或亲朋好友对其进行劝导，动员人民群众的力量来促进纠纷的合理解决，恢复纠纷双方的

① 范愉：《ADR原理与实务》，厦门人民大学出版社2002年版，第43页。

和谐关系，最终保障和谐社会建设的顺利进行。

（二）提供建设多元化纠纷解决机制的本土资源

随着社会环境的日益复杂，各方利益冲突的不断加剧，在这种背景下所产生的社会矛盾也呈现出多样性、复杂性的特点。这种包含社会各方争议焦点的复杂性纠纷要想得到妥善处理，光靠机械化地适用法律必然无法满足其需求。除此之外，由于司法判决是国家意志的体现，在某些情况下这种刚性的判决很容易与大众脑海中根深蒂固的传统观念发生冲突，如果一味地追求用诉讼方式来化解社会纠纷，必然会适得其反，导致社会不稳定因素的出现。为了应对当前社会矛盾的复杂化与多样化以及提升纠纷解决结果的大众认可度，必须加快建设多元化纠纷解决机制，探索诉讼外的纠纷化解手段。

人民调解制度作为多元化纠纷解决机制中不可或缺的一部分，其解决纠纷的方式相对于刚强的司法裁判来说要柔和得多。从安徽抗日根据地人民调解制度来看，在对一件纠纷进行调解之前，调解人会对纠纷的基本情况进行实地考察，询问人民群众的意见；而在诉讼当中，审判人通常是被动接收案件情况。首先，这种深入群众主动调查的方式必然会提高纠纷处理结果在人民群众心中的公信力，进而增强社会关系的修复效果。其次，这种融入群众进行调查的方式，也有利于调解人员了解当地的民风民俗，将特定地域的风俗习惯也纳入调解之中，在特定情况下以其为纠纷处理依据来对双方进行劝说，而不是机械化、僵硬化地引用法律条文来作为依据，使得纠纷处理结果难以使人信服。当代人民调解制度也可以学习这种实地化的纠纷解决方式，在调解时更加注重对于纠纷具体情况的把握，并且结合当地民风民俗，不必拘泥于现有的法律条文，只要纠纷双方都予以认同并且不违反法律，就可以利用实地化的本土资源来解决双方之间的矛盾。

就另一层面来说，在构建“大调解”工作格局与加快建立多元化纠纷解决机制的背景下，人民调解制度作为我党领导人民解决内部矛盾，实现民众自治的重要制度，对其早期探索过程中所产生的典型案件进行研究，也必然可以从中得出一定有益经验为当代所借鉴。且人民调解制度作为著名的“东方智慧”，其追求自我完善的目光不应投向国外，而应当在我国本土资源中寻找宝贵的经验。安徽抗日根据地人民调解制度的探索实践，是对诉讼外纠纷解决机制探索的珍贵经验。其不仅对我国当前人民调解制度的发展与完善有着重要的借鉴意义，更是我们当前推动建设多元化纠纷解决机制宝贵的本土资源。

五、结语

中国共产党领导下的革命根据地人民调解制度作为传统中国调解制度的创造性发展与延伸，其不仅体现了中华民族几千年来对和谐社会的不懈追求，更说明“和谐”作为一种文化早已流淌于每一位中国人的血脉当中。根据地时期的人民调解制度作为中国共产党将社会治理与纠纷解决融合在一起的一个伟大创新，不仅在当时具有维护战时社会秩序、团结群众保障社会生产的重要作用，其探索过程中产生的各种模范调解案例、模范调解方法更是为新中国乃至现代人民调解制度的发展提供了典型范例。因此，在当代人民调解制度发展与改进的过程中，要更多地将目光转向本土资源，学习传统中国调解制度与近代根据地时期人民调解制度中值得借鉴的部分，最终为建设社会主义和谐社会提供强有力的制度保障。

立法前沿聚焦

高空抛物罪的定罪方案研究

夏尊文*

摘　要：我国《刑法》新增设了高空抛物罪，学术界在本罪的主观罪过、情节严重以及本罪与相关犯罪的竞合等问题上存在诸多分歧，有必要进行深入研究。研究表明，本罪无论行为还是结果的主观罪过都应当为间接故意。本罪的情节严重应当具备两个条件：一是扰乱公共秩序；二是具有具体危险的间接故意并造成轻微伤或者毁坏财物数额不大的危害结果。本罪的行为仅限于扰乱公共秩序的高空抛物行为，故而，本罪只可能与扰乱公共秩序的高空抛物行为构成的犯罪产生竞合关系，未扰乱公共秩序的高空抛物行为构成犯罪的，与本罪无关。同时，以扰乱公共秩序为前提，本罪只可能与故意伤害罪等故意犯罪产生竞合关系，不可能与过失致人重伤罪等过失犯罪产生竞合关系。

关键词：高空抛物罪；情节严重；扰乱公共秩序；具体危险；想象竞合

2020年12月26日通过的《刑法修正案（十一）》在我国《刑法》第二百九十一条之一后增加一条，作为第二百九十一条之二，其中第一款规定："从建筑物或者其他高空抛掷物品，情节严重的，处一年以下有期徒刑、拘役或者管制，并处或者单处罚金。"第二款规定："有前款行为，同时构成其他犯罪的，依照处罚较重的规定定罪处罚。"该条规定了高空抛物罪（以下将"高空抛物罪"简称为"本罪"）。本罪的构成要件比较明确，但是，立法部门、国内学术界在本罪的主观罪过、情节严重以及本罪与相关犯罪的竞合

---

*　夏尊文，湖南理工学院法学院副教授、硕士研究生导师，研究方向为中国刑法学。

等问题上存在诸多分歧，这种情况的存在显然不利于本罪的适用。有鉴于此，本文将从本罪未造成严重后果与造成严重后果两个方面对本罪的定罪方案展开研究，并对这些问题作出回应，不足之处，请学界同仁批评指正！

一、未造成严重后果的定罪方案

本罪未造成严重后果的，适用《刑法》第二百九十一条之二第一款。该款的适用需要从本罪的构成要件要素入手，就本罪的构成要件要素而言，其他构成要件要素都不是什么问题，主要问题在于本罪的主观罪过以及情节严重的认定。

（一）本罪的主观罪过

在学术界，学者们比较一致的观点是本罪的主观罪过是犯罪故意。不过，学者们的观点也存在一些细微的差别。观点一只是简单认为本罪的主观罪过为故意，没有明确是否包括直接故意①。观点二主张本罪的主观罪过包括直接故意，但没有明确直接故意是针对什么而言的②。观点三指明了本罪的主观罪过是针对破坏公共秩序这一结果而言的，既包括直接故意，也包括间接故意③。观点四提出，本罪的主观方面是故意，行为人对自己抛掷物品

---

① 参见李晓明：《“高空抛物”入罪的法教义学分析与方案选择》，载《天津法学》2020年第3期，第60页；彭文华：《〈刑法修正案（十一）〉关于高空抛物规定的理解与适用》，载《苏州大学学报》（哲学社会科学版）2021年第1期，第56—57页；刘颖恺：《高空抛物行为的刑法规制与限缩解释》，载《行政与法》2021年第4期，第110页；陈俊秀：《高空抛物罪的教义学阐释及司法适用——以〈刑法修正案（十一）〉与〈高空抛物意见〉为中心》，载《北京社会科学》2021年第8期，第60—61页。

② 杨万明主编、周加海副主编：《〈刑法修正案（十一）〉条文及配套〈罪名补充规定（七）〉理解与适用》，人民法院出版社2021年版，第300页。

③ 参见劳东燕主编：《刑法修正案（十一）条文要义》，中国法制出版社2021年版，第244页。类似观点认为，本罪的主观罪过为故意，即行为人明知自己在实施高空抛物行为，明知自己的行为会妨害社会管理秩序，希望或者放任法益侵害结果的发生。参见时延安、陈冉、敖博：《刑法修正案（十一）评注与案例》，中国法制出版社2021年版，第389页。

的行为是明知的，对于抛掷物品所可能引发的危害结果一般是持放任的态度[①]。观点五认为，本罪的行为人应当对侵犯人身安全和扰乱公共秩序具有最低限度的放任，即在主观上需要有间接故意的心态，同时不仅对于抛物的行为具有放任，而且对于可能造成的损害结果也具有放任的间接故意[②]。在上述观点中，比较而言，观点五最有道理，只是缺乏详细论证。观点四也还比较合理，不足之处在于没有言明行为人对自己抛掷物品行为的“明知”是否包括直接故意，同时也没有表明行为人对扰乱公共秩序的主观罪过。观点三主张针对破坏公共秩序这一结果的主观罪过包括直接故意，这可能有违客观事实，因为高空抛物案件中，多为由于醉酒、泄愤等原因而肆意抛掷物品、漠视他人生命健康安全的间接故意情形[③]。而且，将高空抛物行为扰乱公共秩序限于间接故意，可以避免本罪与寻衅滋事罪等多种犯罪的竞合。此外，这种观点以及观点一、观点二均未提及行为人对于抛掷物品所可能造成的人身伤害或财产损害的主观罪过，而这是在认定高空抛物行为是否属于“情节严重”的重要内容。

（二）情节严重的认定

关于本罪中的“情节严重”，全国人大法工委作了如下释义：“主要是指多次实施高空抛掷物品行为；高空抛掷物品数量较大的；在人员密集场所实施的；造成一定损害等，具体可以视情节依照相关规定处理。[④]”在学术界，学者们提出了多种方案，这些方案与全国人大法工委的释义大同小异。总体来看，已有的方案虽然考虑了诸多情形，但是比较粗糙、杂乱，边界不够清

---

① 高铭暄、孙道萃：《中国刑法立法的最新进展——以〈刑法修正案（十一）〉新增罪名为场域》，载《澳门法学》2021年第2期，第12页。

② 古瑞华：《高空抛物罪司法适用探析——基于中国裁判文书网96份文书的考察》，载《信阳师范学院学报》（哲学社会科学版）2021年第5期，第32页。

③ 杨万明主编、周加海副主编：《〈刑法修正案（十一）〉条文及配套〈罪名补充规定（七）〉理解与适用》，人民法院出版社2021年版，第303页。

④ 王爱立主编：《中华人民共和国刑法释义》，法律出版社2021年版，第646页。

晰、明确，可操作性不强。不过，值得肯定的是，不少学者都将高空抛物行为是否扰乱公共秩序作为一个必备的条件予以考虑[①]。

根据本罪的体系地位，在认定本罪中的“情节严重”时，在满足高空抛物行为扰乱公共秩序主观上出于间接故意的前提下，扰乱公共秩序应当是最基本的要求，同时需要考虑行为人对危险的控制、行为人对危险的认识情况、对危害结果的主观罪过，还应考虑本罪作为轻罪的构成要件与本罪行为可能构成的其他轻罪、重罪的构成要件之间的衔接。综合考虑这些因素，本罪的“情节严重”应当满足如下两个条件。

条件一：扰乱公共秩序。

考察这个条件，先得搞清楚何谓公共秩序。通说未对公共秩序作出界定，只将广义的社会管理秩序界定为国家对社会各个方面进行管理而形成的稳定有序的社会状态[②]。有的学者认为，公共场所秩序，是指保证公众安全出入，使公共场所规定的公共行为规则得到普遍遵守的状态[③]。还有的学者从后果的角度对公共秩序作了阐述，指出所谓扰乱公共秩序，就是“造成社会管理秩序的混乱，引起了社会公众的不安感”[④]。不管如何界定公共秩序，从本罪出台之前《刑法》所规定的扰乱公共秩序罪来看，至少具有如下两个方面的共性：（1）扰乱公共秩序的行为肯定发生在人员比较集中的公共场所；（2）集中在公共场所的人员肯定现场感受到了不同于正常状态的秩序。既然少数且特定人的人身安全不是公共安全，那么，少数且特定人的秩序也很难说是公

---

① 参见林维：《高空抛物罪的立法反思与教义适用》，载《法学》2021年第3期，第46—47页；劳东燕主编：《刑法修正案（十一）条文要义》，中国法制出版社2021年版，第243页；夏伟：《风险预防逻辑下高空抛物罪的教义学阐释》，载《西南民族大学学报》（人文社会科学版）2021年第9期，第98页；陈俊秀：《高空抛物罪的教义学阐释及司法适用——以〈刑法修正案（十一）〉与〈高空抛物意见〉为中心》，载《北京社会科学》2021年第8期，第60页。

② 高铭暄、马克昌主编：《刑法学》（第八版），北京大学出版社、高等教育出版社2017年版，第524页。

③ 周光权：《刑法各论》（第三版），中国人民大学出版社2016年版，第360页。

④ 赵秉志主编、袁彬副主编：《〈刑法修正案（十一）〉理解与适用》，中国人民大学出版社2021年版，第259页。

共秩序！因此，在私人院落中抛掷物品，或者在极为偏僻的公共场所（比如一个停工的建筑工地里）抛掷物品，就很难说扰乱了公共秩序[①]。又如，行为人从周围无人居住且来往行人很少的乡间高层建筑中抛掷物品的，或者维修偏远地区高压电线的工人高空抛掷物品的，也不能说扰乱了公共秩序[②]。再如，若行为人在一些特殊的时间段（如清晨或深夜）向楼下抛掷物品，自认为不会砸到行人但事实上却发生了砸人致伤或致死的后果[③]，尽管造成了严重后果，应当以犯罪论，然而，现场行人稀少，亦难以认定为扰乱了公共秩序。可见，高空抛物行为的地段、时段会影响到对该行为是否扰乱公共秩序的认定。

与此同时，高空抛物行为扰乱公共秩序所引起的社会公众的不安感应该是一种现场的感觉而非事后的感觉，故而，行为人在实施高空抛物行为时没有人在现场，空中的物品没有进入任何人的视野，人们甚至不知道发生了什么，早已安全落地的物品事后被人发现报警，警察再通过调取监控倒查行为人，这种案件很难说扰乱了公共秩序[④]。将这种案件作为犯罪处理，那就是纯粹在保护人们的安全感，“然而公众的安全感本身难以成为刑法的保护法益”[⑤]。

还需要强调一点的是，扰乱公共秩序只是本罪“情节严重”的一个条件而非全部条件，然而，有的学者几乎将其视为了全部条件。例如，有的学者认为，“从高空抛掷敞开的衣服、羽毛、打开的降落伞等，也是完全可以扰乱公共秩序的，因而可以构成高空抛物罪”[⑥]。还有的学者主张，行为人所抛掷之

---

① 林维：《高空抛物罪的立法反思与教义适用》，载《法学》2021年第3期，第46页。

② 劳东燕主编：《刑法修正案（十一）条文要义》，中国法制出版社2021年版，第247页。

③ 黄静：《城市高空抛物行为的本质与权利救济》，载《重庆社会科学》2010年第3期，第72页。

④ 当然情况也可能是这样的：在现场的人没有举报，后来发现的人举报了。这种情况另当别论。

⑤ 张明楷：《高空抛物案的刑法学分析》，载《法学评论》2020年第3期，第25页。

⑥ 参见彭文华：《〈刑法修正案（十一）〉关于高空抛物规定的理解与适用》，载《苏州大学学报》（哲学社会科学版）2021年第1期，第56页。论者一方面提出要警惕将高空抛物罪沦为“口袋罪”（参见彭文华：《〈刑法修正案（十一）〉关于高空抛物规定的理解与适用》，载《苏州大学学报》（哲学社会科学版）2021年第1期，第59页），另一方面自己实际上已经先人一步走上了这条道路。

物对他人人身、财产安全具有伤亡、毁坏的抽象危险，造成公众产生不安全感或者畏惧感，即应认定成立本罪[①]。司法裁判应当避免这种倾向。

条件二：行为人具有具体危险的间接故意，并造成了被害人轻微伤或者毁坏财物数额不大的危害结果。

考察这个条件，无法回避具体危险这个令人困惑不已又十分重要的概念。理论上习惯于将危险划分为具体危险与抽象危险，但是关于二者的区分，德国、日本刑法理论上存在不同学说，没有定论[②]。在我国，学术界在对二者的区分问题上也存在很大分歧。在此，笔者无意对已有的学术分歧进行评述，只想揭开二者的神秘面纱。

经验告诉我们，可以从不同的角度对危险进行分类。一种分类是根据危险产生的时间，可以将危险分为行为的危险与结果的危险，行为的危险与行为同为一体，比如爆炸的危险等；结果的危险出现在行为之后，比如破坏交通工具的危险等。另一种分类是根据危险的可控程度，可以将危险分为可控的危险、不可控的危险、不完全可控的危险。可控的危险，比如正常驾驶的危险等；不可控的危险，比如爆炸的危险等；不完全可控的危险，比如醉驾的危险。当然，这两种分类会产生一定的交叉。不可控的危险其实就是具体危险，不完全可控的危险其实就是抽象危险。抽象危险处于可控的危险与不可控的危险之间，这种危险本身具有可控的一面，但是又存在向不可控方向发展的可能，最终是否可控取决于行为时的环境、行为人对危险的控制情况、行为人的能力及身体状况等诸多变量。可见，抽象危险只是具有发生不可控危险的可能，易言之，于抽象危险而言，具体危险的出现与否具有不确定性。

搞清楚了具体危险的概念，再来讨论如何认定具体危险的间接故意。众所周知，高空抛物行为的危险是一种行为的危险，这种行为的危险具有一定的不可控性，但是是否可以就此认定其属于具体危险呢？这得看行为人有没有对危险进行控制，如果行为人对危险进行了控制，那么，其就具有一定的

---

① 林维：《高空抛物罪的立法反思与教义适用》，载《法学》2021年第3期，第46页。

② 张明楷：《外国刑法纲要》，清华大学出版社2007年版，第112—113页。

可控性，从而变成了不完全可控的危险即抽象危险。行为人控制危险，会设法避免危害结果的发生。行为人是否对危险进行了控制，主要从以下两个方面进行考察：（1）是否通过对抛掷区域下方的观察对抛掷物品的方向进行控制，选择安全的落点；（2）事先是否对抛掷区域下方的行人进行了提醒或者警告。对这两个方面进行考察的结论，只要有一个方面可以得出肯定的结论，说明行为人对危险进行了控制，即便最后出现了具体危险，造成人员伤亡或重大财产损失，那也是具体危险的过失而非具体危险的间接故意①。在行为人对危险进行了控制的前提下，其存在一定的根据相信危险是可控的，也就是说，不可控危险的出现具有很大的不确定性，这就决定了其对不可控危险的出现缺乏明知，既然如此，就只能构成不可控危险即具体危险的过失而非具体危险的间接故意。人员伤亡或者重大财产损失的危害结果是具体危险的现实化，因此，行为人对人员伤亡或者重大财产损失的危害结果也只能是过失的，这种过失属于比较典型的过于自信的过失。对此，有的学者指出，尽管高空抛物行为出于主观故意，然而，行为人也可能对最终发生的结果并不具有故意。例如，行为人在故意实施高空抛物行为的同时，对风险进行了一定控制，包括多次查看、实施了一定提醒行为，最后造成伤亡后果的，只能认定成立过失致人重伤罪或过失致人死亡罪等犯罪②。

对这两个方面进行考察的结论，如果没有任何一个方面可以得出肯定的结论，说明行为人没有对危险进行控制，那么，在最后出现了具体危险的情

---

① 有一个案件，被北京市海淀区人民法院认定为以危险方法危害公共安全罪，判处被告人彭×有期徒刑三年，缓刑三年。这一判决令人百思不得其解，因为根据案情介绍、被告人的供述以及辩护人的辩护意见，被告人对高空抛物行为的危险进行了控制，最后危险也处于可控状态，最多算是不当维权。基本案情：2019年12月18日15时许，被告人彭×在其居住的本市海淀区某小区内，因认为在南侧广场内休闲娱乐的数名小区居民打扰其休息，将空啤酒瓶（玻璃质地）及未开封瓶装啤酒（瓶身为玻璃质地）从窗口向外抛出。经现场勘验，啤酒瓶碎片分别位于广场中央、过道座椅处及步行道旁草地上。其辩护人发表的辩护意见为：本案案发地点在小区内部，案发时间属于上班时间，小区内活动的人员基本固定，按照被告人彭×的供述，当时楼下的人员在10人左右，其抛掷酒瓶时也有意地避开人群向无人的地方抛掷……参见北京市海淀区人民法院刑事判决书（2020）京0108刑初1071号。

② 林维：《高空抛物罪的立法反思与教义适用》，载《法学》2021年第3期，第42—46页。

况下，是否可以就此得出结论说行为人具有具体危险的间接故意呢？那也不一定，这个时候还要对行为人实施高空抛物行为的时段或者地段进行考察，行为人选择在一般人都认为是安全的时段或者地段实施高空抛物行为，虽然危险是不可控的，行为人也没有对危险进行控制，但是这种特殊时段或者地段影响到了行为人对危害结果发生的不可控危险的认识，行为人自认为没有危险，事实上危险是不可控的，最终导致了危害结果的发生，危害结果之所以发生，是行为人对危害结果发生的不可控危险认识不清造成的，既然认识不清，就不能说行为人对这种不可控危险的出现是明知的，缺乏明知，行为人对危害结果的主观罪过同样只能是过失、不可能是故意[①]。例如，行为人在一些特殊的地段（如人迹罕至的偏僻之地）或时间段（如清晨或深夜）向楼下抛掷物品，自认为不会砸到行人但事实上却发生了砸人致伤或致死的后果，在这种情形下，行为人对其行为造成的损害结果的主观罪过也是一种过于自信的过失[②]。再比如，"行为人在凌晨三点左右、学校放假期间的宿舍楼抛下书本，自以为不会有人经过，但砸中外出晚归的学生，造成重伤的，行为人不具有伤害该学生的故意，而致被害人重伤的结果又难以为高空抛物罪所评价，应以过失致人重伤罪定罪处罚"[③]。

因此，只有行为人在实施高空抛物行为时未对危险进行控制，同时对具体危险的出现是明知的，其才算是具有具体危险的间接故意。如果行为人在实施高空抛物行为具有具体危险的间接故意，同时造成了被害人轻微伤或者毁坏财物数额不大的危害结果，就满足了情节严重的第二个条件。之所以要求造成被害人轻微伤或者毁坏财物数额不大的危害结果，是因为故意伤害罪的成立起点要求为轻伤以上，故意毁坏财物罪的成立起点要求为数额较大，过失伤害要致人重伤才构成犯罪，这个要求能够实现本罪的构成要件与故意

① 对危险认识不清是过失的典型特征。参见许玉秀：《主观与客观之间——主观理论与客观归责》，法律出版社2008年版，第33页。

② 黄静：《城市高空抛物行为的本质与权利救济》，载《重庆社会科学》2010年第3期，第72页。

③ 杨万明主编、周加海副主编：《〈刑法修正案（十一）〉条文及配套〈罪名补充规定（七）〉理解与适用》，人民法院出版社2021年版，第302—303页。

伤害罪、故意毁坏财物罪、过失致人重伤罪的构成要件之间的有序衔接[①]。如果行为人实施高空抛物行为仅因扰乱公共秩序、没有造成任何危害后果就构成本罪，实难与故意伤害罪等罪的构成要件衔接起来，亦有违罪责刑相适应原则，毕竟行为人扰乱公共秩序也仅仅是间接故意而已。

需要强调的是，笔者提出的上述“情节严重”方案的两个条件必须同时具备，方可认定为本罪。若造成轻微伤或者毁坏财物数额不大，但是未扰乱公共秩序，则不能认定为本罪，按侵权行为处理。若扰乱公共秩序，但是未造成任何危害结果，则作无罪处理[②]。

二、造成严重后果的定罪方案

本罪造成严重后果的，适用《刑法》第二百九十一条之二第二款，该款的适用涉及本罪与相关犯罪竞合的问题。关于该款的适用，以下拟从三个方面展开论述。

（一）《刑法》第二百九十一条之二第二款的理解

“前款行为”需要“情节严重”才构成犯罪，该款连“情节严重”几个字

---

① 有的学者指出，对本罪抛掷物品行为所可能引发的人身危害结果，根据法定刑的规定，一般限于造成他人轻微伤的情形。参见高铭暄、孙道萃：《中国刑法立法的最新进展——以〈刑法修正案（十一）〉新增罪名为场域》，载《澳门法学》2021年第2期，第12页。有的学者认为，本罪抛掷物品导致他人的财产损害应限于不构成故意毁坏财物罪的追诉标准。参见古瑞华：《高空抛物罪司法适用探析——基于中国裁判文书网96份文书的考察》，载《信阳师范学院学报》（哲学社会科学版）2021年第5期，第32页。这些观点都很有道理。但是，也有学者认为，认定高空抛物罪犯罪的成立不需要抛物行为造成了实害结果，不以抛掷物品导致他人轻微伤或数额较大财产损失为前提。在论者看来，若等到实害结果发生后再追究高空抛物行为，其规制显然过于滞后，使得高空抛物罪的设置形同具文。参见陈俊秀：《高空抛物罪的教义学阐释及司法适用——以〈刑法修正案（十一）〉与〈高空抛物意见〉为中心》，载《北京社会科学》2021年第8期，第59页。这种观点无法实现本罪的构成要件与故意伤害罪、故意毁坏财物罪、过失致人重伤罪的构成要件之间的有序衔接。

② 将来可以考虑在《治安管理处罚法》中规定相应的处罚。

都没有，它怎么可能构成其他重罪？就此而言，该款规定没有《刑法修正案（十一）》第一次审议稿拟在《刑法》第一百一十四条中增加的第三款[①]规定科学、合理。从法理上讲，该款规定所规定的“前款行为”应该比第一款规定的情节更加严重才可能构成比本罪更重的犯罪，所以，在司法实践中，应当将该款理解为：“有前款行为，情节特别严重的，同时构成其他犯罪的，依照处罚较重的规定定罪处罚。”全国人大法工委在对该款进行释义时也附加了一个条件——“造成人员伤亡、公私财产重大损失等”[②]。司法裁判可以参考适用。

（二）张明楷教授关于故意实施高空抛物行为构成犯罪的处理方案

在《最高人民法院关于依法妥善审理高空抛物、坠物案件的意见》（2019年10月21日）发布之后、《刑法修正案（十一）》出台之前，张明楷教授（以下简称“张教授”）对高空抛物案进行了深入的研究，并提出了高空抛物行为的处理方案，这些方案具有一定的参考价值，本身也值得研究。当时《刑法》没有将高空抛物行为规定为犯罪，所以不存在本罪与相关犯罪的竞合问题，但是放在《刑法修正案（十一）》出台之后的背景下，其中有些方案实质上讨论的就是本罪与相关犯罪的竞合问题，张教授的方案既涉及高空抛物又涉及高空坠物，下面仅对其关于行为人故意实施高空抛物行为构成犯罪的处理方案进行归纳并从法理的角度进行评析。

第一，高空抛物行为不可能构成以危险方法危害公共安全罪。

张教授认为，“高空抛物行为不可能具有放火、决水、爆炸的特点，不可能一旦发生就无法立即控制，行为终了后危险范围也不会扩大。即使是在人员密集场所抛出诸多物品，也只具有导致多数人伤亡的具体危险。由于行为终了后的结果范围不会扩大，故而不可能导致不特定多数人伤亡的具体危险，

---

① 具体内容为：“有前款行为，致人伤亡或者造成其他严重后果，同时构成其他犯罪的，依照处罚较重的规定定罪处罚。”

② 王爱立主编：《中华人民共和国刑法释义》，法律出版社2021年版，第646页。

不应认定为以危险方法危害公共安全罪”[①]。由此可见，张明楷教授几乎否认所有的高空抛物行为存在构成以危险方法危害公共安全罪的可能。

张教授将放火、决水、爆炸等危险方法的危险归入不可控制的危险，这一立场是正确的。但是，以行为终了后危险范围以及结果范围不会扩大为由，认为高空抛物行为不可能构成以危险方法危害公共安全罪，这种观点值得商榷。因为《刑法》第一百一十四条规定的放火、决水、爆炸等危险方法的危险既包括结果的危险（放火、决水、投放危险物质的危险属于此类危险），也包括行为的危险（爆炸的危险属于此类危险），结果的危险在行为终了后危险范围以及结果范围会扩大，行为的危险在行为终了后危险范围以及结果范围不一定会扩大，例如，一颗炸弹爆炸的当量是恒定的，一旦造成严重结果，结果本身的范围并不一定会扩大。有学者指出，高空抛掷燃烧物、爆炸物等物品，以及针对运行状态下的机动车等高度危险的特定目标，高速公路和机场等特定场所高空抛各种钝器、锐器和其他有足够物理破坏力之物等行为，完全同《刑法》第一百一十四条规定的危险方法的危险性相当，应当依法认定为以危险方法危害公共安全罪[②]。另有学者也举例说，尽管行为人从高空抛下的不是爆炸性物质，然而，如果该物体从高空抛下与地面碰撞以后温度升高，可能发生燃烧或爆炸危险的，那么就与爆炸罪的危险相当，可以毫无障碍地认定该行为构成以危险方法危害公共安全罪[③]。所以，不能完全否定高空抛物行为存在构成以危险方法危害公共安全罪的可能。

第二，故意实施高空抛物行为，致人死亡或者有致人死亡具体危险的，应一律认定为故意杀人罪；没有致人伤亡的危险，导致毁坏财物数额较大或者情节严重的，应认定为故意毁坏财物罪；导致他人身体伤害的，应认定为

---

① 张明楷：《高空抛物案的刑法学分析》，载《法学评论》2020年第3期，第22—23页。

② 魏东、赵天琦：《刑法修正案的规范目的与技术选择——〈刑法修正案（十一）草案〉为参照》，载《法治研究》2020年第5期，第59页。

③ 周光权：《刑事立法进展与司法展望——〈刑法修正案（十一）〉总置评》，载《法学》2021年第1期。

故意伤害罪①。

在张教授看来，只要行为人实施高空抛物行为是故意的，并造成了人员伤亡或财物毁坏等严重后果，那么，行为人对人员伤亡或财物毁坏等严重后果也是故意的。有的学者对此持不同意见，认为行为人故意高空抛物，造成人员伤亡或其他严重后果的，行为人对危害结果的主观罪过既可能是故意，也可能是过失②。这种观点比较符合实际，前文已经就行为人对危害结果的主观罪过可以是过失进行过分析，在此不赘，需要说明的是，过失毁坏财物的，不在犯罪考虑范围之内。

非常值得讨论的是张教授提出的故意杀人未遂的观点。他提出，故意实施高空抛物行为具有致人死亡具体危险的，应当认定为故意杀人未遂。同时给出了这种具体危险的两个条件："（1）物品可能砸中他人，亦即在行为人高空抛物时，高空底下有具体的人；（2）所抛之物产生了剥夺他人生命的危险。"其中第一个条件说明物品没有砸中人，第二个条件说明所抛之物"足以致人死亡"。问题在于，首先，且不说间接故意是否存在未遂③，在物品没有砸中人的情况下，能否以"足以致人死亡"为由说明行为具有致人死亡的具体危险？对此，张教授自己其实是持否定态度的，因为其前文认为，"危害公共安全"是一种具体危险，"足以危害公共安全"是一种抽象危险④，照此推理，"足以致人死亡"也应是一种抽象危险才对⑤，不知道其所指致人死亡的具体危

---

① 张明楷：《高空抛物案的刑法学分析》，载《法学评论》2020年第3期，第33页。

② 时延安、陈冉、敖博：《刑法修正案（十一）评注与案例》，中国法制出版社2021年版，第389—390页。

③ 学术界在这一问题上存在很大分歧。通说表示反对，参见高铭暄、马克昌主编：《刑法学》（第八版），北京大学出版社、高等教育出版社2017年版，第145—146页。有的学者则表示赞同，参见王礼仁：《间接故意犯罪未遂的理论价值和实践意义》，载《法学评论》1991年第4期，第80—82页；张明楷：《刑法学（上）》（第五版），法律出版社2016年版，第330—331页；熊琦：《关于间接故意犯罪未遂形态的再讨论——以中德比较法视野进行考察与反思》，载《法学评论》2012年第4期，第41—49页。

④ 张明楷：《高空抛物案的刑法学分析》，载《法学评论》2020年第3期，第16—47页。

⑤ 这里的抽象危险是张教授所理解的抽象危险，根据前文的分析，实质上也不一定真的是抽象危险。

险这一结论从何而来？此外，在物品没有砸中他人的情况下，怎么能够证明行为人在主观上存在杀人的间接故意？人们不禁要问，在物品没有砸中他人的情况下，如何得出行为人在实施高空抛物行为时，那时那刻的心理活动就是“杀人”的间接故意，而不可能是“伤害”的间接故意？或者既非“杀人”的间接故意，亦非“伤害”的间接故意[①]？

事实上，行为人故意实施高空抛物行为，如果满足前述张教授给出的两个条件，同时行为人存在对具体危险的间接故意（即明知具体危险的存在）[②]，那么，最多只能说明出现了具有致人死亡能量的具体危险，这种间接故意的具体危险大概存在五个不同的发展方向：单纯坠地、致人轻微伤、致人轻伤、致人重伤、致人死亡，结果是具体危险的现实化，出现什么具体危险就会造成什么结果，不同发展方向的具体危险互相排斥、不能并存，没有出现的具体危险都只是一种可能。在具体案件中，这种间接故意的具体危险最终会往哪个方向发展是不确定或者说是随机的。根据前述张教授给出的第一个条件，结果说明物品没有砸中人，也就是说，这种具有致人死亡能量的具体危险最终发展成为单纯坠地的具体危险，单纯坠地具体危险的出现，说明这种情况只是存在出现致人死亡具体危险的可能，并非真的出现了致人死亡的具体危险[③]。不过，即便最后造成了致命部位的轻微伤、轻伤甚至重伤，也只能说是一种“危及”生命的具体危险，不能说是“危害”生命的具体危险，“危及”生命与“危害”生命不一样，“危及”生命是差一点“危害”生命。在间接故意的情况下，“危害”生命的具体危险不能用具体危险的最大能量来加以证明，只能用死亡的结果来加以证明，因为其具体危险没有指向性；只有在直接故意的情况下，“危害”生命的具体危险才能用具体危险的最大能量来加以

---

① 因为间接故意犯罪中的放任心理是针对已经发生的结果而言的，即最终发生的是何种犯罪结果，该结果才能被认定为“放任发生的结果”。参见李兰英：《犯罪中止形态若干争议问题的再探讨》，载《法律科学》2002年第5期，第39页。

② 这里还必须以行为人存在对具体危险的间接故意为前提，因为不能排除行为人对具体危险是过失的可能。

③ 除非行为人对这种具有致人死亡能量的具体危险具备直接故意的主观心态。

证明，因为其具体危险具有明确的指向性。故而，在高空抛物间接故意“危及”生命的情况下，只能认定为间接故意杀人的危险犯，不能认定为间接故意杀人的未遂犯。

以前，我国《刑法》并未为间接故意杀人设置造成致命部位轻微伤的危险犯，现在，《刑法》选择了本罪①。当然，本罪作为间接故意杀人的危险犯亦仅限于高空抛物造成致命部位轻微伤的情形，在高空抛物造成致命部位轻伤或者重伤的情况下，本罪与故意伤害罪②产生竞合关系。

此外，张教授还认为，“如果行为人高空抛下重物，但高空下根本没有具体的人，就不存在致人死亡的具体危险，只是存在抽象危险，这便不可能成立故意杀人罪。”这一结论是正确的，但是论证值得质疑，如果危险本身是不可控的，行为人也没有对危险加以控制，那么这种危险就是具体危险，即便高空下根本没有具体的人，具体危险也不可能变成抽象危险，应该说这种情况只可能出现重物坠地的具体危险，不可能出现致人死亡的具体危险。

第三，故意实施高空抛物行为，具有导致他人身体伤害的危险，但没有导致他人身体伤害的，由于我国并不处罚故意伤害的未遂，所以难以认定为故意伤害罪。但是，在高空抛物行为具有击中不确定人员身体的可能时，可以解释为“殴打”，同时这种行为扰乱了公共秩序，因而可以认定为寻衅滋事罪。当这种行为导致小区居民不敢在道路上行走，或者在道路上行走提心吊胆时，就应当评价为恐吓。将情节恶劣的高空抛物行为评价为恐吓行为，这种行为就可以构成寻衅滋事罪③。

为了将这种情况的高空抛物行为纳入《刑法》的惩罚范围，将高空抛物行为解释为“殴打”或评价为“恐吓”，张教授可谓用心良苦，可是这种解释和评价总让人感觉太过牵强，亦难免存在类推解释之嫌。

以上是对张教授关于行为人故意实施高空抛物行为构成犯罪的处理方案

① 在高空抛物造成非致命部位轻微伤的情况下，也可以认为本罪是间接故意伤害的危险犯。

② 在造成致命部位轻伤或者重伤的情况下，间接故意杀人的危险犯变成了故意伤害罪。

③ 张明楷：《高空抛物案的刑法学分析》，载《法学评论》2020年第3期，第24—25页。

所作的评析。至于张教授的上述处理方案中提到的相关犯罪是否与本罪存在竞合关系，下面展开讨论。

（三）本罪与相关犯罪的竞合

关于《刑法》第二百九十一条之二第二款所涉及的本罪与相关犯罪的竞合，全国人大法工委的释义如下："如果行为人有第一款规定的高空抛掷物品的犯罪行为，造成人员伤亡、公私财产重大损失等，符合本法第二百三十五条过失致人重伤罪、第二百三十三条过失致人死亡罪、第二百三十四条故意伤害罪、第二百三十二条故意杀人罪、第一百一十五条以危险方法危害公共安全罪、第二百七十五条故意毁坏财物罪构成要件或者构成其他犯罪的，根据本款的规定，采取从一重罪处罚的原则，即依照处罚较重的规定定罪处罚，对依照刑法有关规定定罪处罚的，对于行为人高空抛掷物品的情形，可以作为处罚的量刑情节予以考虑。"[①]

学者的观点与全国人大法工委的释义不尽相同。部分学者一致认为，本罪与故意杀人罪、故意伤害罪、故意毁坏财物罪、以危险方法危害公共安全罪之间可能产生竞合关系。在此基础上，有的学者追加了过失致人重伤罪、过失致人死亡罪[②]；有的学者追加了重大责任事故罪、强令违章冒险作业罪、投放危险物质罪、破坏交通工具罪等犯罪[③]；有的学者追加了重大责任事故罪、强令违章冒险作业罪、寻衅滋事罪等犯罪[④]；有的学者追加了过失致人重伤罪、

---

① 王爱立主编：《中华人民共和国刑法释义》，法律出版社2021年版，第646页。这一解释对本罪与相关犯罪竞合的处理方案留待后文评析，首先肯定一下这一解释的一大亮点——想象竞合犯的处理原则：对于想象竞合犯，从一重罪处断，同时将轻罪作为量刑情节予以考虑，做到了对犯罪事实的全面评价。想象竞合犯是一个行为触犯数个罪名，面临一罪评价不足、两罪评价过剩的问题，过往通说主张从一重罪处断的原则（高铭暄、马克昌主编：《刑法学》（第八版），北京大学出版社、高等教育出版社2017年版，第187页），并未提及将轻罪作为量刑情节予以考虑，还是没能解决对犯罪事实评价不足的问题。

② 应家赟：《高空抛物罪的保护法益及其规范适用》，载《浙江学刊》2021年第5期，第97页。

③ 劳东燕主编：《刑法修正案（十一）条文要义》，中国法制出版社2021年版，第246—247页。

④ 陈俊秀：《高空抛物罪的教义学阐释及司法适用——以〈刑法修正案（十一）〉与〈高空抛物意见〉为中心》，载《北京社会科学》2021年第8期，第60—61页。

过失致人死亡罪、重大责任事故罪、强令违章冒险作业罪等犯罪[①]；还有的学者追加了过失致人重伤罪、过失致人死亡罪、重大责任事故罪、寻衅滋事罪甚至煽动型犯罪或类似犯罪[②]。

本罪到底可不可能与上列犯罪产生竞合关系？下面我们来好好分析一下。

首先，本罪与以危险方法危害公共安全罪之间不可能产生竞合关系。如前所述，虽然不能完全否定高空抛物行为存在构成以危险方法危害公共安全罪的可能，但是，这是否意味着本罪与以危险方法危害公共安全罪之间可能产生竞合关系呢？对此，前述全国人大法工委的释义给出了肯定的回答[③]，最高人民法院大法官杨万明主编的专著持相同的立场[④]。有的学者亦对此表示肯定[⑤]。令人不解的是，全国人大法工委在释义本罪与《刑法》第114条以危险方法危害公共安全罪的竞合时对两罪进行了比较，其中提到，“两罪构成条件不同。高空抛掷物品一般不具有现实危险性，要求达到情节严重才构成犯罪；而以危险方法危害公共安全是具有一定的现实危险性，不需要情节严重或者

---

① 陶旭蕾：《高空抛物罪的理解与适用》，载《河南司法警官职业学院学报》2021年第3期，第43—44页。

② 彭文华：《〈刑法修正案（十一）〉关于高空抛物规定的理解与适用》，载《苏州大学学报》（哲学社会科学版）2021年第1期，第57—59页。

③ 全国人大法工委关于本罪在造成人员伤亡、公私财产重大损失等情况下与《刑法》第115条以危险方法危害公共安全罪的竞合的解释，前文已述。关于本罪与第114条以危险方法危害公共安全罪的竞合，全国人大法工委是这样解释的：“刑法修正案（十一）增加了高空抛掷物品犯罪，实践中对于高空抛掷物品的行为一般不宜再适用刑法第114条规定的以危险方法危害公共安全罪。对于个别情况下，行为人高空抛掷物品危及公共安全的行为，判处一年有期徒刑明显偏轻，符合刑法第114条规定的，可以按照以危险方法危害公共安全罪追究刑事责任。”王爱立主编：《中华人民共和国刑法释义》，法律出版社2021年版，第646—647页。

④ 论者指出，“在修正后《刑法》第二百九十一条之二增设高空抛物罪之后，并不意味着高空抛物行为完全失去了适用危害公共安全犯罪的空间。根据《刑法》第二百九十一条之二第二款的规定，实施高空抛物行为，同时构成其他犯罪的，依照处罚较重的规定定罪处罚”。杨万明主编、周加海副主编：《〈刑法修正案（十一）〉条文及配套〈罪名补充规定（七）〉理解与适用》，人民法院出版社2021年版，第301—302页。

⑤ 论者认为，“高空抛物行为视情形也可能发生危及不特定多数人生命、身体的危险，其与以危险方法危害公共安全罪可能产生竞合”。周光权：《刑事立法进展与司法展望——〈刑法修正案（十一）〉总置评》，载《法学》2021年第1期，第33页。

造成严重后果作为构成要件”。这表明本罪中的高空抛物行为与以危险方法危害公共安全罪的行为没有交集，既然如此，认为两罪可能产生竞合关系又从何说起？

有学者认为，在我国《刑法》中，对于具有高度公共安全风险或者造成严重实害后果的高空抛物行为，已经有足够的罪名予以制裁，那些不具有高度公共安全风险亦未造成严重后果的高空抛物行为，才是本罪规制的对象[①]。《刑法修正案（十一）》最终未在《刑法》第114条第2款中增设本罪，恰好说明本罪的行为属于一种不同于“其他危险方法”的行为[②]。《刑法修正案（十一）》将高空抛物行为从草案一次审议稿的危害公共安全罪调整为扰乱公共秩序罪，目的就在于惩处那些没有危及公共安全然而扰乱公共秩序的高空抛物行为[③]。

如此说来，高空抛物行为构成以危险方法危害公共安全罪，应该不是本罪与以危险方法危害公共安全罪竞合之后择一重罪处断，而是排斥适用本罪，选择适用以危险方法危害公共安全罪。易言之，高空抛物行为构成以危险方法危害公共安全罪的，应当排除本罪的适用，直接适用以危险方法危害公共安全罪，这样，本罪与以危险方法危害公共安全罪之间就不可能产生竞合关系。

其次，本罪与上列其他犯罪之间是否可能产生竞合关系？

根据前文的分析，我们可以将高空抛物行为分为扰乱公共秩序的高空抛物行为和未扰乱公共秩序的高空抛物行为，本罪的高空抛物行为仅限于扰乱

---

① 参见韩轶：《刑法更新应坚守谦抑性本质——以〈刑法修正案（十一）（草案）〉为视角》，载《法治研究》2020年第5期，第50—51页。类似观点指出，“本次修正案新增设的高空抛物罪，并不是针对危害公共安全的抛物行为，更不是针对造成严重后果的高空抛物行为，而是规制那些不具有高度公共安全风险、未造成严重危害后果的、扰乱了公共秩序的高空抛物行为”。刘宪权、陆一敏：《刑法修正案（十一）的解读与反思》，载《苏州大学学报》（哲学社会科学版）2021年第1期，第39页。

② 刘颖恺：《高空抛物行为的刑法规制与限缩解释》，载《行政与法》2021年第4期，第109—110页。

③ 陈兴良：《公共安全犯罪的立法思路嬗变：以〈刑法修正案（十一）〉为视角》，载《法学》2021年第1期，第50页。

公共秩序的高空抛物行为，未扰乱公共秩序的高空抛物行为构成犯罪的，与本罪无关。故而，本罪只可能与扰乱公共秩序的高空抛物行为构成的犯罪产生竞合关系，不可能与未扰乱公共秩序的高空抛物行为构成的犯罪产生竞合关系。以下进行具体分析。

其一，本罪与投放危险物质罪或破坏交通工具罪之间不可能产生竞合关系。

本罪扰乱公共秩序的高空抛物行为的危险与上列可能构成投放危险物质罪或破坏交通工具罪的高空抛物行为的危险不具有相当性，本罪的设立本身就表明本罪与上述投放危险物质罪或破坏交通工具罪在危险犯层面没有交集，既然如此，它们在实害犯层面怎么可能存在交集？故此，本罪与上述可能由高空抛物行为构成的投放危险物质罪或破坏交通工具罪之间不可能产生竞合关系，高空抛物行为构成投放危险物质罪或破坏交通工具罪的，直接认定为投放危险物质罪或破坏交通工具罪即可。

其二，本罪与故意伤害罪、故意杀人罪或故意毁坏财物罪之间不一定产生竞合关系。

根据前文的分析，本罪成立的一个重要条件是扰乱公共秩序，所以，行为人故意实施高空抛物行为，若间接故意造成轻伤以上、致人死亡或毁坏财物在数额较大以上，扰乱公共秩序，则本罪与故意伤害罪、故意杀人罪或故意毁坏财物罪之间产生竞合关系；若间接故意造成轻伤以上、致人死亡或毁坏财物在数额较大以上，未扰乱公共秩序，则不构成本罪，直接认定为故意伤害罪、故意杀人罪或故意毁坏财物罪即可。

其三，本罪与过失致人重伤罪、过失致人死亡罪、重大责任事故罪、强令违章冒险作业罪之间不可能产生竞合关系。

众所周知，过失致人重伤罪、过失致人死亡罪、重大责任事故罪、强令违章冒险作业罪都属于过失犯罪。行为人故意实施高空抛物行为，构成这些过失犯罪的，都是过于自信的过失，前文分析了这种过于自信的过失的两种情况：一种情况是行为人对危险进行了控制，最后出现了具体危险，造成人员伤亡或者重大财产损失；另一种情况是行为人没有对危险进行控制，但是对危害结果发生的不可控危险认识不清，最后出现了具体危险，造成人员伤亡或者重大财产损失。无论哪一种情况，都说明行为人在主观上没有扰乱公共秩序的故意，既然没有扰乱公共秩序的故意，就不可能与本罪之间产生竞合关系，构成犯罪的，根据具体情况分别认定为过失致人重伤罪、过失致人死亡罪、重大责任事故罪、强令违章冒险作业罪即可。

其四，本罪与寻衅滋事罪之间不可能产生竞合关系。

不可否认，高空抛物、寻衅滋事都具有一定的随意性，然而，高空抛物的随意多半是间接故意，扰乱公共秩序也是间接故意；而寻衅滋事的随意是直接故意，扰乱公共秩序也是直接故意。两罪的构成要件存在很大差别，因此，本罪与寻衅滋事罪之间不可能产生竞合关系。有的学者也明确反对两罪之间存在想象竞合的关系，主张对于高空抛物行为，原则上应当排除寻衅滋事罪的适用[①]。

其五，本罪与煽动型犯罪或类似犯罪之间不可能产生竞合关系。

本罪为间接故意犯罪，上列论者所提到的煽动型犯罪或类似犯罪属于直接故意犯罪，仅凭这一点就可以否定本罪与上列论者所提到的煽动型犯罪或类似犯罪之间可能产生竞合关系。也很少有学者主张本罪还存在这种竞合关系。

① 杨志国、方毓敏：《高空抛物犯罪司法判断要点》，载《检察日报》2021年2月1日，第3版。

《民法典》离婚经济补偿制度的理解与适用

华泓洁　王　楠*

摘　要：自《中华人民共和国民法典》（以下简称《民法典》）颁布以来，关于第1088条离婚经济补偿制度引起社会的高度关注及广泛谈论，其理论基础为新家庭经济学及婚姻家庭领域的实质平等观。有效厘清离婚经济补偿制度的构成要素并总结过往司法适用经验，有助于《民法典》的具体落实。梳理相关法律条文及司法判例可知，对于离婚经济补偿请求提出的时间不应当仅限定于"离婚时"，而应当将其期限范围扩大以保障当事人权利的充分行使；对数额没有统一的判定标准易导致同案不同判情形的发生，可以利用成本加市场替代统一补偿数额的方式进行计算；离婚经济补偿的实现方式的单一不利于维护当事人的合法权益，应当参考借鉴多种补偿手段，以期获得实质公平。

关键词：离婚经济补偿；理论基础；律条研析；进路探索

一、问题的缘起

随着经济社会的飞速发展，家庭作为社会中最小的生产单位，其内部也存在一定的分工合作，以期实现家庭利益的最大化。而中国家庭深受千百年来传统思想的影响，即使在社会思想不断更迭，男女平等观念不断

---

* 华泓洁，青岛大学法学院研究生，中日韩法学研究中心研究员，研究方向为民商法。王楠，法学硕士，青岛大学法学院团委书记兼讲师。

普及的今天，女性依然承载着大部分的家庭劳动，而男性则更多倾向于物质方面的供给。婚姻本身的结合是基于情感的沉淀，家庭的分工也是源于“百年好合”的美好愿景而作出的抉择。当夫妻感情稳定，家庭氛围良好时，这样的分工于其本人及社会来说有所裨益。但是，一旦夫妻双方感情陷入危机或者走向破裂时，女性便一下子处于弱势地位。因此，离婚时对于将更多的时间精力投放于家庭中而牺牲自我成长空间的一方应当给予相应的补偿。

早在2001年修正的《婚姻法》中离婚经济补偿思想就有所体现，《婚姻法》第40条规定：“夫妻书面约定婚姻关系存续期间所得的财产归各自所有，一方因抚育子女、照料老人、协助另一方工作等付出较多义务的，离婚时有权向另一方请求补偿，另一方应当予以补偿。”但是，由于该法律条文将离婚经济补偿的适用范围局限于约定财产制的婚姻形式中，而中国传统家庭通常无法接受“AA制婚姻”，认为其背离了共同创造美好生活的朴素家庭观，而依然选择夫妻共同财产制。所以，实践中将该条法律束之高阁，甚至有学者对于该条文的存废问题展开了激烈的讨论。但是，2020年随着具有里程碑意义的《民法典》颁布，婚姻家庭编第1088条进一步明确了对家务劳动、养育子女、赡养老人、协助另一方工作做出巨大贡献一方的补偿。新颁布的《民法典》第1088条不仅保留了原有的立法精神，更将其适用范围扩大为所有夫妻财产制形式，对该法律条文的司法实践适用起到了巨大的推动作用。本文试结合上述条文对离婚经济补偿制度进行探讨。

二、离婚经济补偿相关概述

（一）离婚经济补偿制度的理论基础

1.新家庭经济学

所谓“新家庭经济学”在上文中已经有所提及，是指家庭作为经济社会中的生产单位，家庭成员之间以及家庭资源方面会进行合理分配，致使达到效益最大化①。该“效益最大化”既可能是指经济方面的效益，即家庭收入的增加，也有可能是具体劳动产生的抽象价值，例如，子女教育获得保障，父母得以安享晚年，协助另一方获得更多的社会资源等。效益的获得必然有家庭成员的付出或牺牲。在大部分家庭中，男性在外打拼，通过具体劳动获得金钱物质方面的资源，以支撑家庭日常开销。更多的女性不仅要承担与男性相同的社会角色，还要承担比男性更多照顾家庭的角色，或者放弃社会中的角色回归家庭成为全职主妇。这样的角色分工会导致家庭利益的失衡。从男性角度来说，最直观地负担了家庭的大部分开支，而妻子对家庭经济方面贡献较小。但是从女性角度来说，牺牲的是其个人在社会上发展的机会。日复一日，矛盾积聚，婚姻逐渐走向破裂。主要原因在于：一方面，投入与付出不成正比。社会角色通过具体劳动可以获得相应的报酬，但是家庭中承担家务、照顾子女及老人的行为是以感情为基础的无偿付出，并无对等的利益支撑。另一方面，对家庭照顾的付出，受益方不仅仅是付出方，而是惠及配偶与其他家庭成员，甚至对于配偶离婚后仍有影响，长此以往不利于家庭和睦。此种不对等的婚姻终将会在一方决定离婚时走向破灭，引起一系列的社会问题②。

2. 婚姻家庭领域的实质平等观

“公平、正义”是贯穿于所有法律条文的原则性要求，离婚补偿制度则是婚姻家庭领域实质平等观的体现。诚然，我国长期以来对于离婚财产分割有着明确的规定，但是其分割的是家庭既得财产，换言之是对固定资产、金融债券以及现金存款的机械化分割，并不过多考量双方对家庭的照顾程度，其往往更多考虑的是既得利益的来源。离婚经济补偿则是将夫妻中一方对家庭照顾程度及质量纳入裁量范畴，是对具体劳动的抽象收益进行明示化。在家庭财产分割之后，促使获益方对家庭照顾付出较多一方进行补偿。该制度关

---

① 王玮玲：《新家庭经济学下离婚补偿制度的适用规则》，载《政法论坛》2021年第6期，第110—122页。

② 田岱月、王琪瑞：《离婚经济补偿制度的要素厘定与司法适用》，载《昆明学院学报》2021年第4期，第51—58页。

注到了某些弱势群体在离婚后可能会因为在离婚前家务劳动付出较多而导致错失一定的职场机会，甚至与社会脱节，进而无法保障基本生活的社会问题，具有重大进步意义，实现了婚姻家庭领域的实质公平。

（二）离婚经济补偿制度的定则规范

《民法典》第1088条规定："夫妻一方因抚育子女、照料老年人、协助另一方工作等负担较多义务的，离婚时有权向另一方请求补偿，另一方应当给予补偿。具体办法由双方协议；协议不成的，由人民法院判决。"相比较旧的《婚姻法》第40条中所限制的约定财产制婚姻关系，《民法典》将"夫妻书面约定婚姻关系存续期间所得的财产归各自所有"删除，进一步扩大了离婚补偿制度的适用范围，将离婚补偿制度适用于全部类型的婚姻形式，既包括约定财产制、夫妻共同财产制，也包括部分约定财产制。一方面是基于原先《婚姻法》所规定的约定财产制所局限的范围太小，导致其不能很好适应中国社会的国情，背离社会实践而存在，违背了立法原意；另一方面是因为，在实践中，中国人朴素的家庭观念决定了"同居同财"始终是主流的夫妻相处模式，法律不鼓励夫妻之间将财产和家庭责任区分得泾渭分明，更不鼓励双方在财产方面斤斤计较。将离婚经济补偿制度的范围扩大更加适应中国社会的国情。

另一项较大的改动是在条文最后加上了"具体办法由双方协议；协议不成的，由人民法院判决"。与该条文相比较，《婚姻法》第40条只是明确了应当进行离婚补偿的立法精神，进一步指明了进行离婚经济补偿的法律后果。首先，尊重当事人的意思表示，具体办法包括补偿期限、方式、途径等，可以由双方当事人在不违反法律法规和公序良俗的基础上协商进行。其次，该条文仍然存在一些适用上的问题，当事人协议不成的由人民法院进行判决，虽然明确了人民法院的自由裁量权，但是具体实施办法仍然较为模糊，法院判定的标准是什么？法院的自由裁量权到底有多大？离婚经济补偿的数额定性标准如何？一系列问题仍待考究，笔者将在下文进行详细阐述。

三、《民法典》离婚经济补偿制度的律条研析

（一）“义务”范围的界定

在《民法典》第1088条中明确指出的“义务”包括“抚育子女、照料老年人、协助另一方工作等”。“抚育子女”相对来说比较好理解，是指包括女性分娩、对子女的生活照顾以及学业辅导。就分娩来说，女性所承受的生理以及心理的压力远远超过男性，更有可能患有身体方面的后遗症以及产后抑郁等。生活照顾方面难以具体区分父母双方的付出程度，只能以照顾孩子的时间、频率等结合案情由法官具体评估。同样地，学业辅导也是现代家长任务的重中之重。“照料老年人”应当包括的是男女双方的长辈，可能是父母也可能是有养育之恩的祖父母、外祖父母等，同样应当根据照料的时间、频率等因素综合考量是否属于《民法典》第1088条“义务”的范围。在这点中，有些与老人的相处，如逢年过节的探望、生病的探望等属于正常人情交往，并不能属于《民法典》第1088条中的“义务”。“协助另一方工作”达到何种程度才属于受补偿的范围呢？正常的家人相处时的端茶倒水、捶背捏脚并不能当然达到补偿的标准，而另一方通过负担方的协助行为，例如复印整理资料、帮忙订购机票、提供思路灵感等行为获得了一定利益的，则可能构成补偿的基础。

值得关注的是除却上述的三种法定义务之外，条文结尾还有一个“等”字，给予了法官一定的自由裁量权。换言之，《民法典》第1088条中的“义务”不仅包括法定的义务，还包括当事人之间约定的或是默认的义务。最为典型的是全职太太所承担的家务劳动。女性一般并不是因为自身没有能力承担社会角色选择成为全职太太，而是考虑到孩子年幼时需要父母的陪伴，权衡夫妻双方的收入后选择放弃工作陪伴孩子成长学习。但是在实践中，全职太太做的远不仅仅是照顾孩子，而是默认承担了家庭的所有家务劳动。在人们的传统观念中，男性在外打拼的辛苦程度要高于家庭主妇，家庭主妇带孩

子、买菜做饭不需要花费很大的力气，但是在实际情况中，家庭主妇必须24小时随时到岗，即使身体不适也无法找人代替，每天有必须完成的任务。因此，就离婚经济补偿的“义务”范围来说，不仅仅应当包括法定的三项义务，还应当包括家庭生活中的其他具体劳动价值及凝聚在具体劳动中的抽象价值。

（二）“负担较多义务”之衡量标准

在《民法典》第1088条中明确规定了获得离婚经济补偿的前提条件是“负担较多义务”，显然，获得离婚经济补偿所负担的义务不仅仅有质的要求，还有量的要求。那么何谓“较多”，又应当如何评判，学术界有不同的争论[①]。“较多”的表述是中国人所秉持的中庸思想在该条文中的体现，在法律条文中用如此泛化的概念，虽然在司法实践中会造成一定的困惑，但其更可贵的是肯定了包含在具体劳动中的抽象价值。正如我国菜谱中常常描述的“盐少许，糖少许”一般，“较多”是一个较为模糊的词语，需要法官充分发挥主观能动性，在合理范围内行使自由裁量权。

“较多”应当从以下三个方面加以判断。首先，负担义务时间的长短。此处“时间的长短”应当是具有相对性的，与另一方相比较而得出的。例如，男性经常在外出差或者分居两地的，那么女性长期在家操持家务、照顾老人和孩子就能轻易评判。但如果是共同居住，共同负担家务劳动及照顾老人子女的，由于家庭生活具有私密性，现在社会不同于往日的“熟人社会”，邻居之间相互不了解对方的生活，对于举证来说就相当困难。其次，负担义务的内容。从上文分析可知，义务包含法定的义务抚育子女、照料老年人、协助另一方工作，以及约定的其他义务。但是，同样是负担家庭义务，难易程度并不相同，抚育子女是照顾学龄前儿童还是有独立行为能力的孩子，照料的老人是瘫痪在床的还是身体健康的，协助对方的工作只是帮助复印资料还是担当不可或缺的角色，这就需要法官根据实际情况酌情采纳双方意见。此外，

① 田岱月、王琪瑞：《离婚经济补偿制度的要素厘定与司法适用》，载《昆明学院学报》2021年第4期，第51—58页。

由于一方牺牲另一方获得利益的大小也是必须考量的因素。离婚经济补偿制度建立的出发点就在于“补偿”二字，之所以要补偿，是因为一方牺牲自我为另一方创造机遇或是财富，既得利益者应当在婚姻走向破裂时给予牺牲者应有的补偿。如果只是在婚姻关系存续期间正常的家庭照顾，另一方并没有因为正常的家庭照顾而获利，则失去了补偿的基础，不具有可补偿性[①]。

四、离婚经济补偿制度司法适用问题的厘清及进路探索

（一）适当放宽提出补偿请求的时间

《民法典》第1088条明确指出提出离婚经济补偿的时间为“离婚时”。所谓“离婚时”是指从夫妻双方一方提出离婚开始，到婚姻关系结束为止。协议离婚的，以双方领取到离婚证书为时间节点。诉讼离婚的，以法院宣判结束婚姻关系为止。从离婚经济补偿制度的诞生背景来看，其在我国最早载于1981年颁布的《婚姻法》，至今已有40余年，立法者出于保护妇女权益而将此内容列入法律条文。但是囿于当时学术研究不够深入，以及妇女本身法律意识淡薄，对于《婚姻法》生效后司法适用情形没有作全面的考虑，情有可原。总体来说，相较于我国1950年《婚姻法》而言，离婚经济补偿制度的出世，足以彰显司法领域对离婚后妇女权益保护的重视与关切。

回归问题本身，作为请求权而言，“离婚时”的限定过于死板。能够有资格提出离婚经济补偿的主体往往是全职主妇或者是偏远地区的女性，相对而言，由于她们的收入相较于另一方来说更少，在家庭中处于弱势地位，没有话语权。全职主妇的日常花销来自丈夫的给予，正是由于这种长期不平等的家庭地位关系，使得女性在离婚时不敢提出离婚经济补偿的请求，导致其常年对家庭的付出得不到应有的回报。另外，偏远地区的女性往往文化水平较低，从小受到“男尊女卑”思想的影响，法律意识淡薄，甚至不知道“离婚

① 沈海星：《民法典离婚经济补偿制度的改善及司法适用》，载《上海法学研究》集刊2020年第9期，第232—237页。

经济补偿”为何物，更不会在离婚时提出经济补偿的要求。

《民法典》第1088条所规定的“离婚时”有一定的局限性，应当将其顺延为离婚后的一段时间。第一，虽然夫妻关系会随着离婚而终止，但是妻子对家庭所做的贡献具有一定的延续性。例如，妻子在婚后选择做家庭主妇，照料家人，丈夫得以将所有的精力花费在工作上，取得良好的资源，获得晋升机会。第二，妻子作出的牺牲后果并不会因为婚姻关系的结束而终止。如果妻子原先也受到良好的教育，有一定的工作能力，那么妻子的付出就不仅仅是家务劳动那么简单，还包括失去了良好的工作机会以及事业发展的前景。离婚后的女性失去了年龄优势，容易受到职场歧视，这一切也是不具有可逆性的，并带有持续性。并且，上文也提及了全职主妇和偏远地区女性可能会迫于压力或者是法律意识淡薄而无法及时提出补偿的请求。根据厦门法院在2001年至2002年审理的398起离婚案件中，仅有一名女性提起了离婚经济补偿的请求[①]。在北京、上海、哈尔滨2008年审结的所有离婚案件中，未有人提起离婚经济补偿[②]。由此可见，不能将离婚经济补偿局限于“离婚时”，可以参考一般民事诉讼时间，协议离婚以领取离婚证书为起始点，诉讼离婚以宣判离婚为起始点，离婚后三年内可以提出离婚经济补偿请求，超出诉讼时效，请求权归于消灭。一方面，能够与民事诉讼法相衔接，没有违背基本的民事诉讼原理，与其他普通请求权的诉讼时效相一致，保证了民事诉讼内部的一致性。另一方面，有利于实现保障妇女权益的实质公平，在合理期限内给予弱势群体以保障自身权益的机会。

（二）利用成本加市场替代统一补偿数额

在认定当事人具有离婚经济补偿请求权后，补偿的数额成为新的争议焦点，在学术界也有不少讨论，主要包括三种观点。第一种观点，具体的补偿

---

① 夏吟兰:《离婚救济制度之实证研究》，载《政法论坛（中国政法大学学报）》2003年第6期，第150—156页。

② 王歌雅:《离婚救济制度：实践与反思》，载《法学论坛》2011年第2期，第30—33页。

方式应该按照个案平衡的原则，权衡在婚姻关系存续期间夫妻双方的收入差距、婚姻关系持续的长短以及一方付出后另一方获利的情况等综合评判。第二种观点，制定统一的补偿标准，使离婚经济补偿的数额可以通过公式进行计算。具体为，离婚经济补偿数额=（夫妻双方的年收入差额 ÷ 2）× 婚姻关系持续年限。第三种观点，离婚经济补偿数额=当地家政服务人员（类似月嫂、保姆、护工）的平均工资 × 家务时间[①]。

以上三种观点的存在侧面说明了在司法实践中对于离婚经济补偿数额并没有形成主流观点，存在类似案件不同判的情形。该争议的出现主要有两方面原因。一方面，《民法典》第1088条对于离婚经济补偿的数额没有作出明确的规定，即没有统一的数额计算方式，将具体数额的确定委于各级人民法院。由于各审判员职业素养参差不齐，且对这一问题自由裁量权过大，而导致判决结果的不同实属必然结果。另一方面，离婚诉讼与其他类型案件不同，由于其隐私性较强，大多数不公开审判，只有法官及当事人知晓个中缘由，其他主体无法有效监督，且各地经济发展水平相差较大，最终数额的确认也千差万别。值得关注的是，上述观点中都提到了时间问题，无论是婚姻关系存续时间长短还是家务时间长短，在判定补偿数额时都有着举足轻重的作用，但是对于其他因素，例如夫妻收入差额、当地家政人员的平均工资等是否应当加入其中，以及具体应当如何评价，还有待商榷。

虽然离婚经济补偿的数额与婚姻关系存续时间、为家庭付出劳动时间的长短、当事人为家庭牺牲的程度，以及对方当事人的获益息息相关，但是，由于照料家庭的行为往往是出于情感的考量，在投入时不计成本，并且具有一定的隐秘性，旁人无法佐证，在离婚时难以计算，因此可以参考市场计算方式进行估算。

首先，婚姻关系存续时间与为家庭付出劳动时间的长短是判定离婚经济补偿数额的基准，即时间成本。请求人在婚后为照顾家庭、孩子及老人而选择当家庭妇女或将大部分的精力投放在家人身上，在这方面可以采取前文所

---

① 金眉：《离婚经济补偿的理解与适用研究》，载《江苏社会科学》2021年第4期，第130—138页。

述的利用家政服务人员的市场价值进行判定。由于家务劳动以及照顾子女老人都存在隐性价值，我们可以参照市场上保姆、月嫂和护工的薪资来确定补偿的数额与劳动时间相结合进行计算。

其次，应当充分考虑另一方的既得利益。值得注意的是，离婚经济补偿和离婚损害赔偿虽然都与给付金钱或实物相关，但是其性质完全不同。离婚经济补偿是建立在一方牺牲自我照顾家庭、成就对方而获得的，具有补偿性质，与过错无关。而离婚损害赔偿具有惩戒性，是对过错方的惩罚，所以在考虑离婚经济补偿时要充分考虑另一方获得了哪些利益，不仅包括最基础的金钱收入，也包括晋升机会、人脉资源、社会地位等抽象事物的价值①。

综上所述，离婚经济补偿的数额既不能盲目夸大，偏离补偿的本质，也不能机械参考市场价格。应当以市场价格作为计算的参考，加入隐性抽象的具体劳动所包含的价值，并乘以劳动年限，以达到立法目的，保障当事人的合法权益，肯定家务劳动的社会价值。

（三）发挥多种补偿手段的作用

无论何种离婚经济补偿制度，都包含了实现的期限和实现的形式。离婚经济补偿是指一方对另一方的具体劳动以及凝结在具体劳动中的抽象价值进行补偿，既有实物的也有金钱的，实现的期限一般包括一次性给付和分期给付。实现的期限最主要取决于现实经济条件。就离婚而言，双方都会更倾向于一次性了断，不想与对方有更多纠缠，也有利于展开新的生活。但是，确有困难无法一次性给付的，可以尊重双方当事人的意思表示，进行分期给付。进行分期给付的风险较大，首先，分期给付顺利进行的前提是对方的品德优良。如果对方素质良好，能够按照约定的时间给付相应的数额，则领受方的权利能够得到保障。一旦对方不讲信用，不能按时按期如数支付，则离婚经济补偿的实现较为困难。其次，对方的经济状况也是离婚经济补偿实现的重

---

① 刘廷华：《离婚经济补偿制度的理论依据与完善措施》，载《吉林师范大学学报》（人文社会科学版）2012年第5期，第6669页。

要因素。在对方讲诚信的前提下，经济状况良好可以保证补偿的及时到位，如果其本身经济状况出现恶化，权利人获得离婚经济补偿的可能性较小。关于补偿实现的形式选择，司法实践中既有现金、转账的，也有签署欠款协议将补偿金设定为债权的。相对来说，现金、转账是较为稳妥的方式，一方面现金可以直接获得实物，后期发生变动的可能性较小，而转账流水对于金额的给付与收取都有明确的记载，且实际操作简便。签署欠款协议将补偿金设定为债权的方式最不可靠，后期容易因对方当事人的资信情况变化而发生变故。在司法实践中，无论是当事人协商还是法院作出判决，都会根据实际情况作出补偿金给付的最佳选择。

要使离婚经济补偿制度真正落地，补偿手段的多样性至关重要。实践中，最为常见的是以货币形式进行给付，可能是一次性给付，也可能是分期给付。对于这一点来说，虽然法律明文规定应当由当事人先行协商，当事人无法达成一致时才需要法院作出裁决，那么无论是从当事人的角度还是从法院的角度来说，都应当将天平靠向“一次性给付”更合理。首先，当事人既然已经婚姻破裂，必然期许与前任尽快撇清关系，金钱上的纠葛可能会引发类似争夺抚养权等不必要的纷争。其次，常言道“夜长梦多”，一次性给付的方式可以预防因对方资金周转出现问题不能及时打款的风险，从而保障请求权人的日常开销及其孩子的生活质量。最后，法院进行判决时，应当充分考虑当事人的实际经济情况，避免被请求权人为逃避支付补偿金而编造谎言，导致请求权人的诉讼目的无法达成，造成司法资源的浪费。

另外，手段的形式也应当根据法律的进步而提供多样化的选择。根据《民法典》第366条的规定，“居住权人有权按照合同约定，对他人的住宅享有占有、使用的用益物权，以满足生活居住的需要”。该规定虽然是物权编的新增，但是用在离婚经济补偿中也未尝不可。离婚后的全职主妇或者是经济能力较差的一方可能会因为婚姻关系的结束在经济方面面临巨大的困难，尤其是住房保障。此时，应当允许另一方为其设定居住权，保障基本的生活需求。同样地，还可以参照《劳动合同法》所规定的竞业禁止时间，将未来的三年到五年的收入作为未来可预期收入，纳入考量因素，对请求权人提供短期的经济帮助，使其更快融入社会，适应职场生活。

五、结语

法律是一个不断完善的过程，我国法治化的进程也在荆棘中开辟了一条符合我国国情的道路。《婚姻法》虽然很早就已经确立，但是人们往往忽视了《婚姻法》中存在的经济因素。

《民法典》第1088条立足于我国传统朴素的婚姻家庭观，秉持公平、正义的原则，在《婚姻法》第40条的基础上进行了革新，适用于所有财产制的婚姻模式，对婚姻中负担较多家庭责任的弱势群体进行补偿，避免了不必要的家庭纷争，促进了社会的和谐稳定。离婚经济补偿制度不仅仅肯定了家务劳动的经济价值，更尊重了全职一方对婚姻的无私付出，是我国立法史上的重大进步。

典型案例评析

论工伤保险先行支付制度的实施问题及解决路径

——以“袁某某与乌鲁木齐市社会保险管理局劳动和社会保障要求履行行政给付案”为例

黄乐平　韩　容*

摘　要：工伤保险先行支付制度赋予了未依法参加工伤保险的工伤劳动者获得及时救治与赔偿的权利。该制度自2011年7月1日起实施至今逾十周年，而袁某某与乌鲁木齐市社会保险管理局之间关于工伤保险先行支付争议的行政诉讼也同步持续了近十年。该案围绕工伤保险先行支付制度的溯及力、先行支付的法律依据和实施条件等争议焦点而形成旷日持久的“诉讼战”，也暴露了该制度在实施过程中存在落实不力、配套制度缺位以及基金运行风险等一系列问题。为了实现该制度保障工伤职工劳动权益的立法宗旨，建议修改法律规定并完善配套体系，提升先行支付效率，加强先行支付追偿工作及降低基金运行风险。

关键词：工伤保险基金；先行支付；社会保险基金追偿

《中华人民共和国社会保险法》（以下简称《社会保险法》）第41条确立工伤保险基金先行支付制度，即“职工所在用人单位未依法缴纳工伤保险费，发生工伤事故的，由用人单位支付工伤保险待遇。用人单位不支付的，从工

* 黄乐平，正高级研究员、法学博士，北京义联劳动法援助与研究中心主任。韩容，北京义联劳动法援助与研究中心研究员。

伤保险基金中先行支付”。《社会保险基金先行支付暂行办法》（以下简称《先行支付暂行办法》）第6条对先行支付的具体情形作出了进一步解释。该制度自2011年7月1日起实施至今已逾十年，而工伤劳动者袁某某与乌鲁木齐市社会保险管理局之间因工伤保险先行支付争议的司法诉讼（以下简称“袁某某案”）也持续了近十年，至今仍未结束。如此旷日持久的诉讼是为什么？双方争议的焦点又是什么？本文将通过对该案的讨论来分析工伤保险先行支付制度在实施过程中遇到的问题，努力探寻这些问题的根源，并提出解决问题的路径。

一、案情简介：因工伤保险先行支付争议而持续十年的行政诉讼

《社会保险法》和《先行支付暂行办法》中明确了社会保险经办机构负责经办工伤保险先行支付的法定职责，工伤保险基金先行支付申请人之后，有权向相关责任方（第三人或用人单位）追偿；若申请人对社会保险经办机构作出的关于先行支付的行政行为不服的，可以提起行政诉讼进行救济。然而，上述法律法规对工伤保险先行支付制度的规定并非完善，袁某某与乌鲁木齐市社保局正是因对该制度的规定产生争议而陷入了持续十年的行政诉讼循环。

（一）五个回合的行政诉讼

2008年7月，袁某某在乌鲁木齐市三师建业劳务有限公司务工时受伤，于2010年3月被认定为工伤，被鉴定为七级伤残。在袁某某与用人单位的工伤保险赔偿案件进入执行程序时，用人单位已无财产可供执行，法院最终于2011年10月14日作出了终止执行的裁定书。随后，袁某某依据《社会保险法》第41条向乌鲁木齐市社保局提交工伤保险先行支付申请，但被拒绝先行支付。袁某某遂提起行政诉讼，自此，袁某某与乌鲁木齐市社保局开启了一审、二审，再次一审、二审，共计五个回合的“循环式”行政诉讼。

1.第一回合

法院出具终止执行的裁定书后，未得到工伤保险赔偿的袁某某于2011年11月30日向乌鲁木齐市社保局申请工伤保险待遇的先行支付。遗憾的是，乌鲁木齐市社保局于2011年12月29日的行政答复结果是不予先行支付。随后，袁某某针对乌鲁木齐市社保局不予先行支付的行政行为提起了行政诉讼。一审法院支持了袁某某的诉讼请求，责令社保局六十日内向袁某某先行支付工伤保险待遇。然而，乌鲁木齐市社保局不服，提起上诉。

2012年11月，乌鲁木齐市中级人民法院裁定撤销原判，发回重审，理由是乌鲁木齐市社保局的“不予先行支付答复”属于具体行政行为，原审法院错将其当作“不作为类”案件处理。

2013年3月13日，一审法院判决最终撤销了乌鲁木齐市社保局针对袁某某工伤待遇先行支付答复的具体行政行为，并责令其于判决生效之日起六十日内重新作出答复[①]。乌鲁木齐市社保局再次不服，提起上诉，但乌鲁木齐市中级人民法院维持了原判[②]。

2.第二回合

拿到一审、二审的胜诉判决后，袁某某再次向乌鲁木齐市社保局申请工伤保险先行支付。然而，2013年9月16日，乌鲁木齐市社保局的答复仍是拒绝先行支付，理由也与第一次几乎一致，即按照“法不溯及既往”原则，2011年7月1日之前发生的工伤待遇不适用先行支付；而至于法院已生效判决，已经提起申诉[③]。收到乌鲁木齐市社保局的答复后，袁某某只能再次提起行政诉讼，请求法院判决乌鲁木齐市社保局先行支付工伤保险待遇。

法院经审理后，判决撤销了乌鲁木齐市社保局2013年9月16日的答复，以

---

① 袁某某与乌鲁木齐市社会保险管理局行政诉讼，乌鲁木齐市水磨沟区人民法院（2013）水行初字第10号行政判决书。

② 袁某某与乌鲁木齐市社会保险管理局行政诉讼，乌鲁木齐市中级人民法院（2013）乌中行终字第52号行政判决书。

③ 乌鲁木齐市社会保险管理局《关于工伤保险待遇先行支付的答复》（乌社保函〔2013〕32号），2013年9月16日。

及同样责令其在规定期限内重新作出具体行政行为，驳回袁某某请求法院判决乌鲁木齐市社保局先行支付工伤保险待遇的诉讼请求[①]。乌鲁木齐市社保局依然不服，提起上诉。2014年6月10日，二审法院再次维持了一审判决结果[②]。

3.第三回合

再次拿到一审、二审的胜诉判决后，袁某某又向乌鲁木齐市社保局申请工伤保险先行支付。然而，2014年8月8日乌鲁木齐市社保局又一次拒绝。被拒绝后，袁某某不得不再次提起了行政诉讼。

2014年10月24日，法院认为："起诉人袁某某就此问题已在我院进行过诉讼，我院（2013）水行初字第10号案件中已做处理，起诉人袁某某属重复起诉，起诉人袁某某应按照《信访条例》向行政机关的上级机关通过信访途径解决，故不予受理。"[③]

随后，袁某某再次向法院提起诉讼。2015年3月9日，一审法院仍然是撤销乌鲁木齐市社保局于2014年8月8日的答复，责令其于规定期限重新作出行政行为，驳回袁某某其他诉讼请求[④]。双方均对判决结果不服，提起了上诉。2015年6月18日，二审法院维持原判[⑤]。

4.第四回合

再次拿到一审、二审的胜诉判决后，袁某某又向乌鲁木齐市社保局申请工伤保险先行支付。然而，2016年5月25日，袁某某得到的仍然是拒绝支付的答复，其不得不又一次提起行政诉讼。

---

① 袁某某与乌鲁木齐市社会保险管理局行政诉讼，乌鲁木齐市水磨沟区人民法院（2014）水行初字第4号行政判决书。

② 乌鲁木齐市社会保险管理局与袁某某劳动和社会保障行政确认二审，新疆维吾尔自治区乌鲁木齐市中级人民法院（2014）乌中行终字第37号行政判决书。

③ 袁某某与乌鲁木齐市社会保险管理局行政诉讼，乌鲁木齐市水磨沟区人民法院（2014）水立初字第26号行政裁定书。

④ 袁某某与乌鲁木齐市社会保险管理局劳动和社会保障行政确认一案，新疆维吾尔自治区乌鲁木齐市水磨沟区人民法院（2015）水行初字第7号行政判决书。

⑤ 袁某某与乌鲁木齐市社会保险管理局劳动和社会保障行政确认二审，新疆维吾尔自治区乌鲁木齐市中级人民法院（2015）乌中行终字第51号行政判决书。

2016年12月6日，一审法院的判决结果与前三个回合的判决结果如出一辙[①]。袁某某不服判决，提起上诉。2017年3月20日，二审法院维持原判[②]。

5. 第五回合

又一次拿到一审、二审胜诉判决后，袁某某再次向乌鲁木齐市社保局申请工伤保险先行支付。2019年5月14日，袁某某依然得到的是拒绝先行支付的答复，无奈之下，袁某某又一次提起了行政诉讼。

在这一次诉讼中，被告乌市社保局提出愿意在法院的主持下与原告协调，具体方案如下：待国家、自治区、乌鲁木齐市出台先行支付相关法规规章后，在被告据此可操作先行支付款项之日，袁某某或经其授权的委托人可持本调解书前来乌市社保局办理该业务[③]。在乌鲁木齐三师建业劳务有限公司仍未支付该工伤赔付款项的前提下，乌市社保局收到申请书之日起在3个工作日按照社会保险法及工伤保险有关规定，对袁某某提供的有关票据及资料进行审核，将应当由工伤保险基金支付的部分待遇先行支付至袁某某[④]。然而，原告袁某某认为该协议没有具体的履行时间，也没有具体的金额，因此不同意协调，最终协调未果[⑤]。

2019年9月14日，法院认为："本案诉讼请求的内容均已包含在生效的乌鲁木齐市新市区法院作出的（2016）新0104行初96号行政判决中……因此，原告要求法院判决被告乌市社保局履行法定职责，依法向其先行支付工伤保

---

① 袁某某与乌鲁木齐市社会保险管理局行政撤销一审，新疆维吾尔自治区乌鲁木齐市新市区人民法院（2016）新0104行初96号行政判决书。

② 袁某某与乌鲁木齐市社会保险管理局劳动和社会保障行政给付二审，新疆维吾尔自治区乌鲁木齐市中级人民法院（2017）新01行终14号行政判决书。

③ 袁某某、乌鲁木齐市社会保险管理局其他一审，新疆维吾尔自治区乌鲁木齐市水磨沟区人民法院（2019）新0105行初63号行政判决书。

④ 袁某某、乌鲁木齐市社会保险管理局其他一审，新疆维吾尔自治区乌鲁木齐市水磨沟区人民法院（2019）新0105行初63号行政判决书。

⑤ 袁某某、乌鲁木齐市社会保险管理局其他一审，新疆维吾尔自治区乌鲁木齐市水磨沟区人民法院（2019）新0105行初63号行政判决书。

险待遇无须启动新的诉讼，故对原告的起诉，依法应当予以驳回。”[①]

2020年9月16日，袁某某再次起诉。2020年11月14日，法院判决依旧是撤销乌鲁木齐市社保局于2019年5月14日作出不予先行支付的回复，责令其在规定期限内重新作出具体行政行为[②]。

这一次判决后，双方都未上诉。然而，袁某某依旧未得到工伤保险先行支付待遇，双方的争议并未得到解决。

（二）为何陷入行政诉讼循环怪圈？

袁某某与乌鲁木齐市社保局的行政诉讼（以下简称“袁某某案”）僵持了近十年。究其原因，与工伤保险先行支付制度的设计（下文有具体阐述），以及与解决工伤保险先行支付争议的行政诉讼程序不完善有密切关系。

在我国行政诉讼司法实践中，履行判决与撤销判决比较容易混淆。前者是指法院在查明行政机关未履行法定职责的情况下，判决其在法定期限内履行；而后者是在行政行为的主要证据不足、适用法律错误等情形下，法院判决撤销该具体行为，可以同时判决其重新作出行政行为[③]。那么，因社会保险经办机构拒绝先行支付而引起的行政诉讼应当适用履行判决还是撤销判决呢？

显然，在“袁某某案”中，法院的理解是：针对工伤保险先行支付申请的处理，无论社会保险经办机构是否同意先行支付，都意味着其履行了法定职责，至于履行恰当与否，是另一个问题。因而，在这五个回合的行政诉讼中，法院作出的都是撤销判决，而非履行判决，即都未直接要求乌鲁木齐市社会保险管理局先行支付袁某某工伤待遇。但是，在判决理由中，法院明确阐述了撤销原答复的理由（袁某某符合工伤保险先行支付），乌鲁木齐市社会

① 袁某某、乌鲁木齐市社会保险管理局其他一审，新疆维吾尔自治区乌鲁木齐市水磨沟区人民法院（2019）新0105行初63号行政判决书。

② 袁某某与乌鲁木齐市社会保险管理局劳动和社会保障要求履行行政给付一审，新疆维吾尔自治区乌鲁木齐市水磨沟区人民法院（2019）新0105行初262号行政判决书。

③ 张莹莹：《七份胜诉判决为何不能保障工伤先行支付权利？》，北京义联劳动法援助与研究中心网站：http://www.yilianlabor.cn/yanjiu/2015/1592.html，访问日期：2021年7月23日。

保险管理局的抗辩理由不能成立。

法院对“袁某某案”的判决已经足以指明重新作出的行政行为的方向，然而，乌鲁木齐市社会保险管理局的一次次拒绝支付答复显然并未尊重法院的判决，也违反了《行政诉讼法》。根据《行政诉讼法》第71条[①]规定，在法院已经认同袁某某符合社会保险待遇先行支付情形的情况下，乌鲁木齐市社会保险管理局不得以同一事实和理由作出拒绝支付的答复。显然，乌鲁木齐市社会保险管理局的后四次拒绝答复已经违反了《行政诉讼法》第71条。

同时，根据《行政诉讼法》第73条[②]规定，法院在查明行政机关负有给付义务的，判决行政机关履行给付义务。在“袁某某案”中，乌鲁木齐市社会保险管理局具有向袁某某先行支付工伤保险待遇的法定职责，在其不履行给付义务的情形下，法院可以直接判决其履行给付义务。以及根据《最高人民法院关于适用〈中华人民共和国行政诉讼法〉若干问题的解释》（法释〔2015〕9号）第23条规定，法院可以判决被告在一定期限内履行相应的给付义务。因而，法院是可以直接判决乌鲁木齐市社会保险管理局向袁某某先行支付相关的工伤保险待遇。事实上，其他地区的法院也有直接判决社保机构向申请人先行支付工伤保险待遇具体数额的先例[③]。遗憾的是，在本案中，法院始终未跳出撤销判决的圈子，一遍又一遍地维持“重新作出具体行政行为”的判决结果。

此外，行政机关以同一事实和理由重新作出与原具体行政行为基本相同的具体行政行为，人民法院应当根据《行政诉讼法》对于行政机关拒绝履行判决、裁定的相关规定处理，如向该行政机关的上一级行政机关或者监察、人事机关提出司法建议。而在“袁某某案”中，法院虽然试图主持双方调解，

---

① 第71条　人民法院判决被告重新作出行政行为的，被告不得以同一的事实和理由作出与原行政行为基本相同的行政行为。

② 第73条　人民法院经过审理，查明被告依法负有给付义务的，判决被告履行给付义务。

③ 匡中明与重庆市江津区医疗保险中心工伤保险基金先行支付纠纷一审，重庆市江津区人民法院（2013）津法行初字第00076号行政判决书；天长市工伤保险服务中心、戴雨生二审，安徽省滁州市中级人民法院（2020）皖11行终54号行政判决书。

但在未能达成调解方案的情形下也未采取其他方式来解决争议，由此导致案件的循环诉讼怪圈，争议久诉而未决。

二、争议焦点：袁某某十份胜诉判决，为何权利还未“兑现”？

经过长达十余年的诉讼，袁某某已经手持近十份胜诉判决，但是一直未受到先行支付的工伤保险待遇。分析该案，双方争议主要为工伤保险先行支付是否可以溯及既往、先行支付的法律依据及条件是否成立。

（一）追溯时效：先行支付是否溯及既往？

在“袁某某案”中，双方对工伤保险先行支付是否溯及既往，即针对2011年7月1日之前的发生的工伤劳动者是否适用，具有较大争议。

袁某某认为，其工伤事故伤害虽发生在2008年，但依法经仲裁、诉讼后仍不能获得工伤保险待遇，法院出具中止执行文书的时间为2011年10月14日，在《社会保险法》及《先行支付暂行办法》实施后，故社保局应当核定其先行支付①。

而乌鲁木齐市社会保险管理局认为，袁某某的工伤发生时《社会保险法》与《先行支付暂行办法》并未出台，因此，袁某某的工伤不能溯及既往适用工伤保险先行支付②。

（二）法律依据：先行支付的实施细则缺失

在“袁某某案”中，双方第二大争议焦点是关于工伤保险先行支付具体实施细则缺失的问题。

袁某某认为，乌鲁木齐市社会保险管理局具有审核先行支付工伤保险待

① 袁某某与乌鲁木齐市社会保险管理局劳动和社会保障要求履行行政给付一审，新疆维吾尔自治区乌鲁木齐市水磨沟区人民法院（2019）新0105行初262号行政判决书。

② 袁某某与乌鲁木齐市社会保险管理局劳动和社会保障要求履行行政给付一审，新疆维吾尔自治区乌鲁木齐市水磨沟区人民法院（2019）新0105行初262号行政判决书。

遇的政府职能，《社会保险法》作为国家基本法律，其规定的权利义务，各级地方政府职能部门都应当依法执行，而不能以地方未出台相应政策为由拒绝履行；同时，工伤保险待遇先行支付制度，是保障工伤职工权益的重要举措，各级地方社会保险经办机构都有执行该制度的义务。此外，用人单位未依法缴纳工伤保险，作为工伤保险费征缴的主管部门，社保局也未尽到监督检查的义务，应当承担相应法律责任①。

而乌鲁木齐市社会保险管理局认为，袁某某的工伤保险先行支付没有依据和标准，工伤保险先行支付制度至今未出台相应的实施细则……作为基金的管理者和待遇的给付者，只能依法履行职责，不可以在没有依据或者无法操作的情况下做出任何给付行为……待法律法规政策明确，可追溯适用工伤现行赔付的规定和条件并符合所有条件时，同意按照规定支付②。同时，乌鲁木齐市社会保险管理局还认为，根据人社部发〔2012〕11号《人力资源和社会保障部关于印发工伤保险经办规程的通知》精神，省级社会保险经办机构也并未出台关于先行支付的审核材料的规定③。

（三）法律适用：是否符合先行支付的条件？

在“袁某某案”中，双方另外的一个争议点是袁某某是否属于“用人单位拒不支付工伤保险待遇”的情形，即是否满足先行工伤保险先行支付的条件。

袁某某认为，其依法经仲裁、诉讼后仍不能获得工伤保险待遇，法院也出具了终结执行的文书，这些材料足以证明“用人单位拒不支付工伤保险待遇”，乌鲁木齐市社会保险管理局应依法先行支付其相应的工伤保险

---

① 袁某某与乌鲁木齐市社会保险管理局劳动和社会保障要求履行行政给付一审，新疆维吾尔自治区乌鲁木齐市水磨沟区人民法院（2019）新0105行初262号行政判决书。

② 袁某某与乌鲁木齐市社会保险管理局劳动和社会保障要求履行行政给付一审，新疆维吾尔自治区乌鲁木齐市水磨沟区人民法院（2019）新0105行初262号行政判决书。

③ 乌鲁木齐市社会保险管理局与袁某某劳动和社会保障行政确认二审，新疆维吾尔自治区乌鲁木齐市中级人民法院（2014）乌中行终字第37号行政判决书。

待遇[①]。

而乌鲁木齐市社会保险管理局认为，袁某某不符合先行支付的条件，原因主要包括未提交责任人不能支付工伤保险待遇的凭证、先行支付的账务无法处理、先行支付后无法追偿，以及出于对基金安全的考量这几点。首先，袁某某受工伤时的用工单位乌鲁木齐三师建业劳务有限公司，在国家企业信息公示网上显示注销，依据规定，袁某某可以向法院申请变更执行主体，向公司的三位股东申请强制执行，而袁某某在过去的几次诉讼庭审中均未提供用人单位拒绝支付的证据，也没有提供向法院申请执行股东的证据[②]。袁某某仅仅依据2011年乌鲁木齐市中级人民法院判决作出的终审判决后4个月即终结执行，即主张先行支付工伤保险待遇没有事实与法律依据[③]。同时，距终结执行已经过去8年，但袁某某的用工单位属于持续经营状态，直到2020年的9月17日才被注销，这8年原告再未向该单位主张过赔付，也再未申请过重新启动强制执行，而越过应当承担赔付责任的用人单位向社会保险经办机构要求先行支付[④]。如果袁某某得到先行支付，意味着用人单位和公司的股东完全逃避了应当履行的义务，工伤保险基金流失，损害了已履行缴纳工伤保险义务的参保单位和依法享受工伤保险待遇的参保者的利益[⑤]。同时，各级审计机关对工伤保险基金支付的合法合规性审计非常严格，作为工伤保险基金的管理部门，无权随意支付待遇[⑥]。此外，……先行支付后将无法追回，形成呆坏账，人社部目前尚未出台此类财务

① 袁某某与乌鲁木齐市社会保险管理局劳动和社会保障要求履行行政给付一审，新疆维吾尔自治区乌鲁木齐市水磨沟区人民法院（2019）新0105行初262号行政判决书。

② 袁某某与乌鲁木齐市社会保险管理局劳动和社会保障要求履行行政给付一审，新疆维吾尔自治区乌鲁木齐市水磨沟区人民法院（2019）新0105行初262号行政判决书。

③ 袁某某与乌鲁木齐市社会保险管理局劳动和社会保障要求履行行政给付一审，新疆维吾尔自治区乌鲁木齐市水磨沟区人民法院（2019）新0105行初262号行政判决书。

④ 袁某某与乌鲁木齐市社会保险管理局劳动和社会保障要求履行行政给付一审，新疆维吾尔自治区乌鲁木齐市水磨沟区人民法院（2019）新0105行初262号行政判决书。

⑤ 袁某某与乌鲁木齐市社会保险管理局劳动和社会保障要求履行行政给付一审，新疆维吾尔自治区乌鲁木齐市水磨沟区人民法院（2019）新0105行初262号行政判决书。

⑥ 袁某某与乌鲁木齐市社会保险管理局劳动和社会保障要求履行行政给付一审，新疆维吾尔自治区乌鲁木齐市水磨沟区人民法院（2019）新0105行初262号行政判决书。

的核销相关办法，将导致工伤保险基金亏损[①]。

三、工伤保险先行支付制度存在的问题

袁某某与乌鲁木齐市社保局的行政诉讼循环浪费了大量的行政和司法资源，既不利于劳动者权益的保障，也与工伤保险先行支付制度的立法精神背道而驰。通过分析该案双方的争议焦点可以发现，工伤保险先行支付制度的立意无疑是良好的，但社会保险经办机构在实施过程中未全面贯彻该制度的立法精神，也确实存在缺乏明确详细的规范指引，以及先行支付后没有足够的强制措施追偿和承受着工伤保险基金平稳运行的压力等问题，导致该制度在具体落实时面临重重困境。

（一）社保机构对制度的认识不到位，缺乏实施动力

工伤保险先行支付制度曾一度是《社会保险法》中的亮点，但社会保险经办机构对于该制度认识比较片面，甚至质疑该制度的合理性，如认为“社保经办机构无义务垫付”“会鼓励不缴纳社保的行为”等[②]。在意识上缺乏认同感，在实施的过程中自然也就丧失了实施制度的动力与行动。正如在“袁某某案”中，乌鲁木齐市社会保险管理局认为：“如果袁某某得到先行支付，……工伤保险基金流失，……工伤保险基金是参保人员的活命钱……无权随意支付待遇。”[③]

同时，工伤保险先行支付也为社会保险管理机构带来许多额外的工作负担和行政成本。落实该制度意味着需要承担新的调查、审核、追缴等工作，

---

① 袁某某与乌鲁木齐市社会保险管理局劳动和社会保障要求履行行政给付一审，新疆维吾尔自治区乌鲁木齐市水磨沟区人民法院（2019）新0105行初262号行政判决书。

② 北京义联劳动法援助与研究中心：《工伤保险先行支付制度实施三周年调研报告》，访问网址：http://www.yilianlabor.cn/yanjiu/2014/1505.html，访问日期：2021年7月23日。

③ 袁某某与乌鲁木齐市社会保险管理局劳动和社会保障要求履行行政给付一审，新疆维吾尔自治区乌鲁木齐市水磨沟区人民法院（2019）新0105行初262号行政判决书。

这些都增加了人力、物力和财力的投入。有鉴于此，社会保险经办机构秉持“多一事不如少一事”的理念，对工伤保险先行支付也持消极的落实态度。

（二）具体实施细则缺位，先行支付条件不明确

工伤保险先行支付的法律依据主要是《社会保险法》和《先行支付暂行办法》，以及部分地区颁布的规范性文件。例如，《淄博市人力资源和社会保障局关于进一步加强社会保险先行支付工作有关问题的通知》（淄人社字〔2014〕37号）、《郑州市政府关于印发郑州市社会保险基金先行支付实施意见的通知》（郑政办〔2015〕48号）、《关于辽宁朝阳市工伤保险基金先行支付有关问题的通知》（朝人社〔2017〕233号）、《南宁市人力资源和社会保障局关于社会保险基金先行支付有关问题的通知》（南人社规〔2017〕7号）等地方规范性文件。

然而，所有上述文件都仅对工伤保险先行支付制度的情形、审核、追偿等内容作出框架性规定，而未对具体先行支付的条件、项目和数额，先行支付后的追偿方案、财务审计、基金风险控制等内容作出进一步规定。在这种情形下，部分社会保险经办机构选择消极不作为。正如“袁某某案”中，乌鲁木齐市社会保险管理局的抗辩理由之一就是实施细则缺位。同时，工伤保险先行支付制度的配套措施缺失也确实妨碍了其进一步落实，正如部分社会保险经办机构拒绝先行支付申请的理由是“电脑系统不支持”[①]“系统中无先行支付模块，无法操作”[②]“无法办理”[③]等。

---

① 罗晓飞诉北京市门头沟区社会保险事业管理中心其他一案，北京市门头沟区人民法院（2016）京0109行初101号行政判决书；王丽军、赵帅、李学兰诉被告临汾市工伤保险管理鉴定服务中心先行给付工伤保险待遇纠纷一案，山西省临汾市尧都区人民法院（2018）晋1002行初7号行政判决书。

② 李荣、高翔宇等与新疆生产建设兵团第八师社会保险管理局劳动和社会保障行政管理一审，新疆维吾尔自治区石河子市人民法院（2015）石行初字第23号行政判决书；赵秋英、宋爱姐等与晋州市社会保险事业管理局劳动和社会保障行政管理行政判决书案，河北省石家庄市中级人民法院（2016）冀01行终447号行政判决书；任克文、张玉芳等与平遥县工伤保险管理服务中心一审，山西省介休市人民法院（2020）晋0781行初55号行政判决书。

③ 任克文、张玉芳劳动和社会保障行政管理（劳动、社会保障）二审，山西省晋中市中级人民法院（2019）晋07行终145号行政判决书。

此外，虽然《先行支付暂行办法》第6条对“用人单位拒不支付”的情形进行了列举，但仍然存在争议和模糊之处。正如“袁某某案”中对《先行支付暂行办法》第6条第2款第3项“依法经仲裁、诉讼后仍不能获得工伤保险待遇，法院出具中止执行文书的”情形的解释，袁某某与乌鲁木齐市社会保险管理局存在较大的争议。前者认为法院出具的终止执行的裁判文书就达到了工伤保险先行支付的条件，而后者认为需要穷尽所有的手段，如还需要向用人单位的股东主张赔偿等。因而，由于法律层面未对工伤保险先行支付条件进行进一步明确，实践中对该制度的理解和操作存在较大出入，直接影响了其落实效果。

（三）基金运行风险较高，先行支付后追偿困难

工伤保险先行支付的对象是未依法缴纳工伤保险且用人单位拒绝支付工伤保险赔偿的工伤劳动者，无疑对于工伤保险基金是“亏本”的。在工伤保险基金处于结余少甚至赤字的地区，对已参保的工伤保险待遇支付就已经面临支付压力，再对未参保的先行支付更是雪上加霜。

同时，《社会保险法》虽然赋予社会保险经办机构先行支付后的追偿权，但追偿手段缺乏强制性，追偿较为困难。通常情况下，在社会保险经办机构向用人单位追偿前，部分工伤劳动者已经通过仲裁、法院诉讼等途径向其追讨过，并经强制执行程序执行无果的情况下，才向社会保险经办机构申请先行支付。显然，社会保险经办机构再次向用人单位追偿通常难以达到理想效果。

四、落实工伤保险基金先行支付制度的路径

劳动者依法享有社会保障待遇的权利，社会保险管理部门负有监督用人单位为职工依法缴纳社会保险的职责。劳动者不能因为国家机关的失职和用人单位的违法而不能享受基本的社会保障待遇。从该角度来看，工伤保险先行支付制度无疑是保障劳动者的宪法性基本权利的“兜底性”措施。而袁某

某与乌鲁木齐市社保局之间的持久“诉讼战”也暴露了该制度在实施过程中的诸多问题，需要在立法、执法经办、司法救济等层面进行完善，从而实现其应有的社会保障和促进社会公平的立法目的。

（一）工伤保险先行支付制度的立法完善

实践中对工伤保险先行支付的适用仍存在较大分歧，应在立法层面上对其作出更具体的规定，特别是在追溯时效和适用条件这两个方面。

第一，应当明确适用工伤保险先行支付的追溯时效。对于2011年7月1日之前发生工伤的劳动者是否适用工伤保险先行支付制度，必须有一个明确的规定，并尽可能地保障更广范围的工伤劳动者的权益。笔者建议，《先行支付暂行办法》第18条可以修改为：“本办法自2011年7月1日起实施。本办法施行前已受到事故伤害或者患职业病并被依法认定为工伤的职工，在本法实施后经过仲裁诉讼机构确认赔偿金额但仍然无法从用人单位获得赔偿的，按照本办法的规定执行。”

第二，在先行支付的条件上，对于《先行支付暂行办法》第6条第2款第3项中“法院出具中止执行文书”的规定，笔者认为，应修改为“法院已经出具结案文书的”。《中央政法委、最高人民法院关于规范集中清理执行积案结案标准的通知》（法发〔2009〕15号）明确规定了案件执行程序阶段性终结的情形。同时，2015年1月1日起施行的最高人民法院《关于执行案件立案、结案若干问题的意见》（法发〔2014〕26号）将已终结本次执行程序作为常规结案方式。以及，实践中也存在因法院未查询到用人单位可供执行的财产向当事人释明撤销执行程序的情形。因而，当事人“依法经仲裁、诉讼后仍不能获得工伤保险待遇”的并不一定能得到法院的“中止文书”，也可能是“执行终结文书”，甚至是撤诉或者其他情形。无论是何种原因，只要工伤劳动者未通过强制执行程序获得工伤保险待遇，最后法院无论出具什么类型的文书，都应当符合“用人单位拒不支付”的情形。此外，对于正在诉讼程序中的工伤劳动者的也应当先行支付。工伤保险赔偿的诉讼程序历时非常漫长，平均耗时16个月[①]。工伤保险先行支付制度是为了保障工伤劳动者能获得及时救治，故笔者建议将正在诉讼程序中的工伤劳动者也纳入先行支付的范围。目前，云南省人民政府关于印发云南省实施《工伤保险条例》办法的通知（云政发〔2011〕255号）第13条就明确了，即使工伤认定仍处于行政复议或行政诉讼过程中，也应当先行支付。

第三，社会保险经办机构不得要求工伤劳动者穷尽所有救济程序。从《先行支付暂行办法》第6条规定来看，并未要求工伤劳动者穷尽所有救济途径，或者符合所有的情形；在用人单位不支付的诸多情形中，工伤劳动者只要符合一种即可。若工伤劳动者有证据证明用人单位作出拒绝支付的意思表示，或者用人单位在社会保险部门责令后仍不支付的，则应当推定为“用人单位拒不支付”。

（二）社会保险经办部门应当提高认识，依法行政

工伤保险先行支付制度实施的出发点，是保障劳动者的健康和促进社会公平。社保经办机构只有充分认识到以人为本的重要性，理解该制度对于挽救工伤劳动者的健康和家庭的重大社会意义，才能真正落实该制度。

同时，鉴于法律法规的修订和完善还需要一定的过程。社保经办部门作为事业组织，应当依照法律、法规、规章的规定履行社会管理职能，维护法制的统一；在履行职责过程中，适用法律时应当依法行政，优先选用效力高的法律规范。在更高层级管理机构未明确出台具体实施意见与办法的前提下，地方实施机构可暂以人民法院判决、裁定为基础，制定当地工伤保险基金先行支付的经办实施流程，解决已经发生的问题和规避出现的风险。在实践过程中，对确因配套的措施未明确难以操作的，也应当依据法律规定向上级单位或有权机关请示报告，寻求解决问题的渠道，而不能以“配套措施不到位”怠于履行职责。

---

① 《农民工工伤认定遇三障碍　认定程序长维权成本高》，载《中国青年报》2009年8月6日。

（三）降低基金运行风险，建立追偿的联动机制

截至2020年底，全国已经基本上实现了省级统筹，但仍有部分省份在保险基金上未采用统收统支的方式，而是采取建立省级调剂金模式，仅在参保范围、参保对象、工伤保险费率、缴费标准、工伤认定和劳动能力鉴定办法、工伤保险待遇支付标准、经办流程和信息系统方面实现统一①。工伤保险基金的全面统筹有利于提高基金的、使用效率和抗风险能力，保持工伤保险的公平性、可持续性。目前，全国仅4个直辖市及河北、山西、广东、贵州、青海、西藏自治区、新疆生产建设兵团实现了全省的统收统支。鉴于全国工伤保险基金的盈余逐年递增，各省级地区的工伤保险基金的盈余差异较大。其他地区的工伤保险基金还需要进一步实现省级统筹，为工伤保险先行支付制度的落实提供安全性保障。

同时，应当通过跨部门协调联动机制进行追偿。社会保险经办机构与工商行政管理部门、公安、法院建立对接或者合作机制，实现被执行人信息共享，即时防止用人单位在追偿期间恶意注销工商登记。鉴于追偿工作的长期性和持续性，社保机构还可以聘请或者通过政府购买服务安排专职人员（律师）负责追偿工作，从而减轻社会保险经办机构工作人员的工作压力。

此外，还可以建立社会保险诚信系统，确立“黑名单”制度，对不依法缴纳工伤保险或者恶意拒不支付工伤待遇的用人单位及负责人加大处罚。针对有能力支付而不支付的单位和个人，将失信信息报给征信办等部门，形成社会制约机制，遏制恶意逃避赔偿行为。2018年，人力资源社会保障部关于《社会保险经办管理服务条例（征求意见稿）》中第32条第5款已经将该种行为纳入严重失信“黑名单”。此外，福建省厦门市已经在开展诚信记录管理，《厦门市养老、工伤、失业保险待遇申领相对人诚信记录管理办法》的通知（厦人社规〔2020〕4号）中对“用人单位及其法定代表人或第三人有能力偿

① 陈刚主编：《中国工伤保险发展报告（2004—2020年）》，中国劳动社会保障出版社2021年版，第169—170页。

还而拒不偿还、超过1万元的”进行诚信记录管理。因而，可以借鉴这些经验，建立失信惩戒制度。

除了征信体系之外，还可以考虑加大处罚，甚至是刑事处罚。日本、德国、澳大利亚对于不依法为职工缴纳工伤保险的，都施加了较高的罚款；而在美国加利福尼亚州，拒绝给付工伤职工福利待遇的为重罪欺诈罪①。在德国未依法为劳动者缴纳社会保险的也触犯刑律②。因而，对于违法的用人单位及其负责人可以加重处罚。

（四）加强普法宣传，畅通救济渠道

工伤保险先行支付制度虽然已经实施十周年，但正如“袁某某案”所示，工伤劳动者在依据该制度主张权利的过程中还存在诸多问题。笔者建议，可以通过宣传培训、法律援助、集体性权利维护活动等方式，帮助劳动者了解工伤保险先行支付制度，在其合法权益受到侵犯时，通过行政复议、行政诉讼等各种方式寻求救济。尤其是工伤劳动者与社保经办部门因先行支付而产生争议时，需要在行政诉讼中准确地表达诉讼请求。正如“袁某某案”中，劳动者与社保经办部门关于先行支付的行政诉讼案件中，法院通常会审查劳动者是否符合先行支付的条件，从而确定社保机构不予先行支付的行政行为是否合法，若违法，则会撤销该行政行为，并要求社保机构重新审查劳动者的先行支付申请。

因而，劳动者在提起行政诉讼时，通常第一项请求是确认社保机构不予先行支付回复的行为违法，而第二项请求则是要求社保机构履行相应的审查职责或者重新作出行政行为。人民法院不宜直接对社会保险待遇支付的项目和数额进行审核，是社会保险管理机构的行政管理职权，由其具体裁量。但是，若在赔偿数额已经由法院确定或者不存在争议的情形下，则需要由法院直接判决社保机构核定先行支付的数额，从而破解“袁某某案”中的行政诉讼循环。

---

① California Department of Industrial Relations, Workers' Compensation in California: A guidebook for Injured Workers, Sixth Edition April 2016.

② 向春华：《在比较与借鉴中发展工伤保险制度》，载《中国社会保障》2010年第4期，访问网址：http://blog.sina.com.cn/s/blog_5f17b9680100jb0z.html，访问日期：2021年8月2日。

名义股东对实际出资人承担的责任范围认定

汤峻崎*

摘　要：在有限责任公司实际出资人与名义股东的关系中，双方均明知名义股东代实际出资人持股之身份，名义股东既非股权转让的主体，也非股权的权利所有者，其对实际出资人承担责任的范围应以双方间的代持协议约定为限，不承担返还股权转让款等股权转让相关责任。本案在比较辨析实际出资人显名登记与股权转让变更登记区别的基础上，适用“委托代理说”将股权代持纳入传统民法代理制度分析框架，明确名义股东承担的责任范围界限，对准确把握股权代持制度精神、设立目的和功能作用具有一定的借鉴价值。

关键词：股权代持；股权转让；名义股东；实际出资人

一、基本案情

2012年8月23日，李某与韩某、黎某签订《股权代持协议书》一份，约定黎某将其所持有芜湖某公司100万股股权转让给李某，李某自愿委托韩某作为其对芜湖某公司100万股出资的名义持有人，并代为行使相关股东权利。同日，韩某与黎某签订《股权转让协议》，约定黎某将其持有的芜湖某公司100万股转让给韩某，李某与韩某亦签订《股权转让协议》，约定韩某将其持有的芜湖某公司100万股股权转让给李某。同年8月24日，各方签订《关于股权转、受让并代持的特别说明》一份，约定韩某作为李某受让黎某所持有的芜湖某

*　汤峻崎，安徽省芜湖经济技术开发区人民法院民事审判庭法官助理，法律硕士。

公司100万股股权的代持人，应于特别说明各方签署后的50天内前往登记注册地的工商行政管理部门办理股东变更登记手续，使李某成为工商登记的具名股东；李某应于各方所签文件生效及受让黎某股权办理变更登记后2天内，将股权对价款600万元交付给韩某，由其转付至黎某。

2012年8月25日，芜湖某公司出具承诺书一份，承诺书注明：芜湖某公司在认可前述转让股份真实性的前提下认为该笔股权转让属于公司内部股东向外部股东的转让，公司需要召开股东会确认，时间较长，因此在芜湖某公司办理完股东韩某向外部股东李某转让100万股的工商变更手续之前，不再受理股东韩某该100万股股份的任何对内、外的股权转让变更要求及担保和抵押。8月30日，芜湖某公司提交股东变更登记申请后，经审批变更后的营业执照内确认黎某与韩某的股权转让已完成。9月3日，韩某收到李某给付的股权转让款600万元后转付给黎某。

2018年11月16日，李某向芜湖某公司发函询问办理受让股权变更登记事宜，芜湖某公司回函注明：因芜湖某公司发出通知时未收到任何股东关于此事的相关议案，无法形成决议予以确认，李某所受让的股权仍不具备办理工商变更登记的条件，李某遂以韩某、黎某为被告提起诉讼。审理过程中，韩某将诉讼事由通报芜湖某公司，并向公司提出股权转让申请，后芜湖某公司形成第二十九次股东会决议，同意股东韩某对外转让100万股给李某，依据公司章程规定对公司章程进行修正，修改后的公司章程注明：李某成为享有芜湖某公司100万股的股东。

二、法院审理

法院审理后认为，本案的争议焦点为李某作为实际出资人，其要求解除协议并主张韩某、黎某返还股权转让款的诉请能否得到支持。

关于解除协议的诉请。根据案涉协议约定，股权转让的合同相对人为李某和黎某。因芜湖某公司的公司章程对股东对外转让股权作了相关程序性要求和限制，李某、黎某与韩某达成了先由韩某代为持有黎某向李某转让的股权的合意，故李某与韩某之间成立股权代持关系。现李某要求解除案涉协议，对此法院认为，芜湖某公司在当事人各方签订协议后的第二天即向李某出具了承诺书，明确告知李某公司召开确认案涉股权转让的股东会所需时间较长的事实，并承诺在李某成为公司具名股东之前，不再受理代持人韩某就案涉股权的对内、对外转让、变更要求及担保和抵押，故李某在受让案涉股权时，对短期内无法办理相应工商变更登记手续的事实系明知，李某亦未举证证明其未能成为显名股东导致其行使股东权利受到实质障碍抑或股东权益遭受损失，且协议未就若李某未能及时成为显名股东，其有权解除协议作出相关约定，故案涉协议中的股权转让部分不应解除。对于协议的股权代持部分，李某诉请解除，代持人韩某未提出异议，且芜湖某公司已作出同意案涉股权转让的股东会决议，股权变更登记手续的办理具备了相应条件，故对李某要求解除协议中股权代持部分的诉请，法院予以支持。

关于返还股权转让款的诉请。如前所述，李某主张解除其与黎某达成的股权转让合意依据不足，韩某作为代持人亦不负有返还转让款的责任，故对李某的该项诉请，法院不予支持。

三、案件评析

股权代持作为市场交易主体的意思自治行为，并非一个相对成熟的法律概念，而是对以代持股权方式进行股权投资的现象统称。在英美法中，股权代持与信托制度密切相关，代持股权的名义股东为信托人，登记在公司的股东名册，而股权所产生收益的受益人为实际出资人，名义股东为实际出资人的利益而行使股东权利、承担股东责任。在大陆法系，股权代持采取股东资格内外关系区别对待的通说，对外，名义股东实际具有股东身份，对内尊重当事人之间的真实意思表示，由实际出资人享有和承担股权上的权利义务[①]。我国在《最高人民法院关于适用〈中华人民共和国公司法〉若干问题

① 王旭光：《有限责任公司股权纠纷司法实务精解》，中国法制出版社2013年版，第106页。

的规定（三）》（以下简称《公司法解释（三）》）中对股权代持予以了规定，综合国内立法和域外规定对股权代持的制度描述，结合本案具体案情，本文所探讨的股权代持是指有限责任公司的实际出资人与名义出资人订立合同，约定由实际出资人出资并享有投资权益，以名义出资人为名义股东的一种持股安排。

股权代持作为实际出资人与名义股东对持股关系的内部约定，将出资、表决、收益等股东权利与股东载体相分离，呈现出与真实权利人不完全一致的权利外观，因其并非公司治理的正常状态，实务中具有一定的法律风险。联系本案，原告李某作为实际出资人因未能显名登记与作为名义股东的被告韩某发生争议，被告韩某应否承担返还股权转让款的责任，取决于实际出资人显名登记是否属于股权转让变更登记。实务判例中观点不一，有两种意见。

第一种意见认为，实际出资人显名登记所需提供的材料、办理流程与一般股权变更登记无异，且需严格遵守股权转让的规定，因而属于股权转让变更登记。

第二种意见认为，虽从股权代持关系外部来看，实际出资人显名登记类似于股权转让，但实际出资人未显名登记前，其实际权利人的地位不受影响，与股权转让变更登记的法律效果不同，不应认定为股权转让变更登记。

笔者赞同第二种意见，实际出资人显名登记是实际权利人与外观权利人复归同一人，实现名实相符，其表现形式虽与股权转让变更登记相同，但并不产生名义股东向实际出资人转让股权的法律效果，名义股东承担的责任范围应以其与实际出资人签订的股权代持协议约定为限，不承担股权转让相关责任，具体理由如下。

（一）文本剖析：股权代持法律性质的理论解读

现代公司治理建立在公司所有权与控制权分离的基础上，伯利与米恩斯教授为此提出“几乎没有控制权的财富所有权和几乎没有所有权的财富控制权，似乎是公司制度发展的必然结果，而股权代持是这种结果的实现工具之一”的观点[①]。根据我国《公司法》的相关规定，有限责任公司股东的出资与股份有限公司股东所持股权比例是其享有股东权利并承担相应责任的法律依据，并在此基础上形成了股东身份与股权的对应关系，而股权代持打破了这种对应关系，使得出资人与股东的身份发生分离，股权所有人与行使人也发生分离的可能[②]。最高人民法院2019年发布的《全国法院民商事审判工作会议纪要》（以下简称《九民纪要》）对股权代持下实际出资人显名条件作出明确解释，反映出我国对股权代持适用的是商事审判中的外观主义原则。在受外观主义原则规制的前提下，如何清晰界定股权代持的法律性质，是明确判断股权代持中的股权权益归属、有效处理股权代持相关法律问题的关键。

关于股权代持的法律性质，现有学术研究主要有三种观点。其一，委托代理说，以大陆法系国家日本为代表[③]。委托代理说认为在股权代持中，隐名股东（实际出资人）是委托人，名义股东是代理人，前者委托后者，以后者的名义进行股权投资，代理投资的法律效果归属于前者。其二，信托关系说，以英美法系为代表[④]。信托关系说认为在股权代持中，隐名股东是委托人、受益人，名义股东是受托人，隐名股东将特定的财产委托给受托人，受托人以此财产对公司出资将其转化为股权。其三，无名合同说，以我国台湾地区为代表[⑤]。无名合同说认为股权代持是隐名股东与名义股东签订代持股协议，约定由隐名股东出资，名义股东出名，将股权登记在名义股东名下，而由隐名股东享有股权收益、行使股东权利的一系列契约安排。分析前述学说可以得出，如将股权代持认定为代理关系，则会陷入股东资格的认定困境，若以名义股东为真实股东，则名义股东可以直接以自身名义行使股东权利，不存在隐名股东向其授予权利的事实；若以隐名股东为真实股东，由于其未被记载

---

① ［美］阿道夫·A.伯利、加德纳·C.米恩斯：《现代公司与私有财产》，甘华鸣等译，商务印书馆2005年版，第79页。

② 荣明潇：《股权代持行为效力的司法认定》，载《法律适用》2019年第2期，第60页。

③ 王芳：《隐名投资人股东资格认定问题研究》，载《河北法学》2012年第1期，第105页。

④ 刘迎霜：《股权代持协议的性质与法律效力》，载《法学家》2021年第3期，第133页。

⑤ 冉克平：《论借名实施法律行为的效果》，载《法学》2014年第2期，第21页。

于股东名册或工商登记，也未受公司其他股东认可，其股东资格的认定存在法律赋予上的障碍。如将股权代持认定为信托关系，则在信托关系存续期间，作为受托人的名义股东在任何情况下都是公司的真实股东，隐名股东仅对代持股权享有信托受益权，不利于保障隐名股东的权益。而如将股权代持认定为无名合同关系，则未将公司和其他股东对股权代持关系知情、默示甚至明示同意的情形纳入考量，忽略了实践中股权代持关系的复杂性。

由于股权代持将股权权益归属与股东身份资格相分离的特性，实务中引发出诸如实际出资人法律地位的界定、股权代持协议的效力认定、实际出资人未能显名登记时各方权责分配等一系列问题，其中尤以实际出资人请求显名登记类纠纷最为常见，本案纠纷即属此类。有鉴于此，明晰实际出资人显名登记与股权转让变更登记的差异，是合理认定股权代持法律性质、明确实际出资人与名义股东双方权责范围的核心要点。

（二）立法分析：实际出资人显名登记与股权转让变更登记的比较论证

《公司法解释（三）》对代持协议效力及第三人信赖利益保护确立了统一的裁判标准，肯定了股权代持的合法性。深究股权代持关系的整体架构，学界一般认为涉及三重法律关系。一是实际出资人与名义股东之间的法律关系，二是实际出资人与公司其他股东及公司之间的法律关系，三是实际出资人与外部债权人之间的关系[①]。由于实际出资人在不同层面呈现出不同的法律地位，实际出资人显名登记在不同层面的法律效果也不同。对公司、公司其他股东以及外部债权人而言，实际出资人的显名登记与对外转让股权无异，而在实际出资人与名义股东的代持关系中，实际出资人的显名登记虽需名义股东在代持协议约定的显名条件成就时，与实际出资人办理股权变更登记，但该项变更登记并非股权转让变更登记，二者法律效果并不相同，区别有四：

---

① 王毓莹：《股权代持的权利架构——股权归属与处分效力的追问》，载《比较法研究》2020年第3期，第18页。

一是股权代持期间，实际出资人并不变更登记为股东，如其请求在代持期间显名登记的，会因违反代持协议之约定而得不到支持；而在股权转让情形下，即使双方约定了某个固定时间进行股权变更登记，出让人在变更登记前继续持有股权并不是基于代持，而是双方合同约定的履行期限尚未到来[①]。二是实际出资人未显名登记前，其实际权利人的地位不受影响；而股权转让情形下，除合同有明确约定外，变更股东登记是出让人的主要合同义务，受让人未办理变更登记前，不能享有股东权利。三是股权代持关系中，名义股东的主要合同义务是代持股之行为，对于以行为为履行标的的合同，已经履行的部分不可行恢复原状之请求[②]；而股权转让中，当事人行使合同解除权，对已经履行的部分可以请求恢复原状，出让人与受让人互负返还义务。四是股权转让合同作为税务法规明确规定的产权转移之一，需要缴纳个人所得税和印花税，一般按照“财产转让所得”缴纳个人所得税（税率20%），印花税则按照合同载明的股权转让金额的0.05%计算缴纳；而股权代持下的变更登记，实际出资人在受让股权时已通过支付股权转让款实现了股权出资，如将显名登记等同股权转让，则无异于让实际出资人就同一股权再次交易，于理不符，亦缺乏事实和法律依据。

综上所述，实际出资人显名登记的表现形式虽与股权转让变更登记相同，但并不是名义股东向实际出资人转让股权，股权转让的实质系买卖合同，出卖人（股权出让人）为享有出让物所有权（股权）之人，而名义股东仅系代实际出资人持股之身份，并非权利所有者，权利转让无从谈起，不应承担股权转让的相关责任。

（三）案情阐析：明确股权代持关系中名义股东的责任范围

司法审判的职能不仅在于修复受损的商事秩序，更在于引导商事主体正确行

---

① 胡晓静、崔志伟：《有限责任公司隐名出资法律问题研究——对〈公司法解释（三）的解读〉》，载《当代法学》2012年第4期，第34页。

② 葛伟军：《有限责任公司股权代持的法律性质——兼评我国〈公司法司法解释三〉第24条》，载《法律科学》2016年第5期，第182页。

为，构建更加良好的市场交易环境。司法裁判者通过联系客观实践，运用法理分析赋予纸面法律条文以鲜活的生命，进而判断事实、解决纠纷。回归本案，争议的关键在于实际出资人未能显名时，名义股东承担的责任范围应如何界定。

《公司法解释（三）》第24条将实际出资人的权利主张设置了两项条件：一是实际出资人与名义股东订立的代持协议，二是需经公司其他股东过半数同意。《九民纪要》第28条对前述第二项条件作了进一步解释，即实际出资人要替代名义股东成为公司显名股东，需要公司过半数的其他股东知道其实际出资的事实、对其实际行使股东权利未提出异议，并由公司签发出资证明书、记载于股东名册和公司章程、在公司登记机关办理登记。本案中，韩某作为股权代持人，其与实际出资人李某的权利义务主要体现于代持协议，双方权利义务应以代持协议约定为限。虽协议约定韩某需在各方签署协议后50日内前往公司登记机关办理股东变更登记手续，使李某成为显名股东，但结合芜湖某公司出具的承诺书、回函书及后续的股东会决议，李某不能成为显名股东系因案涉股权转让为芜湖某公司内部股东向外部股东的转让，芜湖某公司需要召开股东会确认，时间较长，在未收到股东议案形成决议前，李某的股东变更登记无法办理，因此李某不能成为芜湖某公司具名股东的过错不在于韩某，且韩某收到李某股权转让款后及时转付至股权转让方黎某，对股权转让款并未实际占有，故韩某不应承担返还李某股权转让款的责任。

对于李某解除代持协议的主张，承前所述，无论是信托关系说、无名合同说还是委托代理说，都或多或少存在难以依照现有法律框架对股权代持进行妥善周延解释的问题，但从股权代持的行为特征角度，委托代理说是认定股权代持关系较为合适的选择。股权代持符合行为人以被代理人名义实施法律行为的特征，属于代理关系中的意定代理，按照意定代理领域的分离理论，实际出资人与名义股东之间的内部关系可分为授权关系和基础关系（基于委托契约、信托契约等）[①]。当双方基础关系为委托契约时，我国《民法典》中的任意解除权即可适用。本案中，实际出资人李某主张解除与名义股东韩某间的股权代持关

① 丁广宇：《股权代持纠纷的有关法律问题》，载《人民司法》2019年第17期，第23页。

系，双方签署的代持协议系委托契约性质，根据我国《民法典》的相关规定，委托人或者受托人可以随时解除委托合同，且韩某确未按照合同约定期限办理显名登记，李某据此有权解除案涉协议中的股权代持部分。

细查本案的纠纷缘由，实际出资人诉请原因是其未能及时显名登记成为显名股东，而其未能及时显名登记系因公司未召开股东会得到过半数股东同意。根据我国《公司法》的规定，股权变动依当事人意思表示一致即可完成，采纯粹意思主义模式，但基于有限责任公司人合性的考虑，结合《关于适用〈中华人民共和国公司法〉若干问题的规定（四）》第21条规定，其他股东可在同等条件下向转让股东就股权主张优先购买权，而这与实际出资人显名登记的程序性条件密切关联。当其他股东过半数未同意或主张优先购买权时，此时股权转让合同因嗣后出现履行不能而无法继续履行，受让人应将已取得的股权返还给转让方，转让双方（包括代持人）间的法律关系回归到合同法项下。联系本案，如案涉股权转让未获芜湖某公司过半数股东同意或公司股东主张同等条件下的优先购买权，实际出资人（受让人）可依据案涉协议，按照合同法理主张合同相对方承担违约责任，以实现自身权利的有效救济。

（四）参照适用本案例时还应注意的问题

由于《公司法解释（三）》对实际出资人的法律地位、实际出资人与名义股东的法律关系等问题未予明确规定，使得司法实践中对代持协议的效力认定、代持双方权责范围界定等问题处理缺乏明晰的法律依据。综合理论界现有研究，股权代持的法律性质采用委托代理说是当下较为合适的选择。股权代持法律关系下的实际出资人显名问题，涉及民法典、公司法、信托法等法律领域，理论问题复杂兼之实务情形多样，司法实际裁判中还应联系具体案件事实具体分析，以平衡法律权威与个案正义的关系。

社区矫正“个别化教育”的现状检视与路径完善

——基于三个典型案例的分析

张　磊*

摘　要：教育矫正是社区矫正工作的核心和灵魂，也是影响矫正成效的关键因素。因人而异实施个别化教育，有利于消除导致社区矫正对象再犯罪的因素，帮助重塑健康人格。以某市三个典型矫正个案为例，发现个别化教育仍任重道远。目前存在重监管轻教育，管理方式机械化；重集体教育轻个别教育，教育形式单一化；重政治教育轻心理教育，教育内容简单化等问题。应当从树立“以人为本”理念，确立矫正对象的主体地位；创新教育矫正手段，丰富教育内容并推动社会力量共同参与等方面完善个别化教育工作。

关键词：社区矫正；个别化教育；人格教育；以人为本

社区矫正制度与教育刑理论天然暗合，通过教育等措施矫正犯罪人的不良行为习惯和犯罪心理，恢复其正常人格，从根本上消除再犯可能性，使之回归普通公民的生活。当前，我国社区矫正理念逐渐发展为以人身危险性矫正和个别处遇为主的教育矫正范式[①]。《社区矫正法》第1条便开宗明义地指出

---

* 张磊，安徽师范大学教育科学学院博士研究生，安徽师范大学法学院讲师，安徽师范大学司法案例研究中心研究员，研究方向为刑事执行法学、教育政策与法学。

① 刘双阳：《从教育矫正到损害修复：社区矫正教育矫治模式的重塑》，载《信阳师范学院学报》（哲学社会科学版）2020年第2期，第44页。我国《社区矫正法》第36条规定：“社区矫正机构根据需要，对社区矫正对象进行法治、道德等教育，增强其法治观念，提高其道德素质和悔罪意识。对社区矫正对象的教育应当根据其个体特征、日常表现等实际情况，充分考虑其工作和生活情况，因人施教。”

社区矫正的根本任务是“提高教育矫正质量，促进社区矫正对象顺利融入社会，预防和减少犯罪”。教育矫正是社区矫正工作的核心和灵魂，也是影响矫正成效的关键因素。教育对象的个体差异性决定了社区矫正工作应当采取个别化原则，根据矫正对象的具体情况实施个性化教育，消除导致其再犯罪的因素，重塑其正确认知，培养其健康人格。本文以某市三个典型矫正个案为例，分析他们的基本情况，回顾个别化教育矫正的实践内容与矫正效果，评析个别化教育措施的成功与不足之处，并探索教育矫正的完善路径。

一、矫正个案的基本情况

综合考虑年龄、性别、婚姻状况及是否收监等不同情况，笔者选取了某市三个社区矫正典型案例（见表7），通过案卷梳理、深度访谈、座谈会等方式进行个案分析，以此管窥当前社区矫正教育实践的做法与效果。

表7　某市3个矫正个案的基本情况

序号	矫正对象	性别	年龄	婚姻状况	罪名	矫正类型	矫正时间	解矫/收监/正在执行
1	W	女	34岁	已婚	诈骗罪	缓刑	4年	解矫
2	Q	男	35岁	离婚	寻衅滋事罪	缓刑	2年	1年后收监
3	H	女	19岁	未婚	非法拘禁罪	缓刑	1年	正在执行

（一）个案1：社区矫正对象W的基本情况

社区矫正对象W案发前为某民营医院办公室工作人员，因参与该医院骗取医保基金一案，构成诈骗罪，被判处有期徒刑3年，宣告缓刑4年。在生活和工作经历方面，1999年W考入东北地区某卫校，毕业后在当地工作。2005年因婚姻迁入目前所在城市，在案发医院从事过护士和医保系统录入等工作。在认罪态度方面，W在入矫前经过了一年的看守所关押，对于能够重新在社会中生活非常珍惜。工作人员对她的评价是，对社区矫正没有抵触心理，认罪态度端正。面临的主要问题一是心理压力过大。有严重的非理性思维，一度有轻生想法，但未实际实施。二是夫妻感情危机。双方处于冷战状态，有离婚想法。三是亲朋好友难以给予支持。W从东北嫁到目前所在南方城市，身处他乡，父母、兄弟姐妹及其他亲朋好友均不在身边。

（二）个案2：社区矫正对象Q的基本情况

社区矫正对象Q案发前为个体工商户，因醉酒后在某娱乐会所与他人争抢厕所引发打架斗殴，构成寻衅滋事罪，被判处有期徒刑1年6个月，宣告缓刑2年。在生活和工作经历方面，作为家中的独生子，Q一直被娇惯溺爱，高中时入伍，退役后从事个体经营。婚后育有一女，后因性格专横跋扈，妻子无法忍受，与之离婚。在认罪态度方面，Q始终认为是对方插队上厕所才引发纠纷，自己没错，因而不认为自己构成犯罪。面临的主要问题一是孩子健康问题。孩子跟随前妻生活，但因受父母感情影响，出现轻度自闭。二是交友问题。Q的朋友圈大都是社会闲散人员和刑满释放人员。

（三）个案3：社区矫正对象H的基本情况

社区矫正对象H案发前为某职业高中学生（案发时未满18周岁），因与他人共同非法拘禁未成年人，构成非法拘禁罪，被判处有期徒刑1年，宣告缓刑1年。在成长经历方面，中小学阶段有被霸凌的经历，学习成绩较差。父母感情不和，经常吵架，导致H不愿意回家，高中之后常常夜不归宿。在认罪态度方面，H表面认罪态度较好，愿意改正错误，但与工作人员和社区矫正志愿者比较疏远。面临的主要问题一是夜不归宿问题。经常与闲散青少年一起玩耍，晚上不回家或者宿舍。二是心理问题。由于之前有过被霸凌经历而产生心理创伤。三是交友问题。H的周围多有不良行为习惯的少年，常常聚在一起玩耍。

二、个别化教育矫正实践的内容、效果及存在的问题

（一）个别化教育矫正实践的内容

矫正机构特别重视初次入矫教育，与矫正对象及其家属或监护人进行深入交谈，了解矫正对象的认罪态度、精神状态、工作学习经历和家庭关系，对矫正对象进行首次法治和道德教育。在建立初步信任关系的基础上，根据三名矫正对象的不同情况，矫正机构分别成立矫正小组，设计矫正方案，开展个别化教育矫正，实施常态化支持。主要从以下四个方面开展工作。

首先，联系家庭，有针对性地进行思想教育。个案1：针对W夫妻感情危机问题，重点对W的丈夫进行引导。通过细致地进行法律解释，让他明白录入虚假医疗信息行为的法律定性，开导其接受现状，并理解W的不易，劝导他们充满信心向前看。在多次家访、反复沟通后，取得了W丈夫的支持，吸收其为帮教小组的重要成员。个案2：针对Q女儿的自闭问题，对Q夫妇进行思想教育，让他们明白解铃还须系铃人，孩子的病因父母关系不和产生，为了孩子的健康成长，双方应彼此理解、共同营造和谐的家庭氛围。多次交流后，Q愿意改变自己急躁跋扈的脾气，妻子表示愿意给Q改正机会。此后夫妻关系有所缓和，但Q的坏脾气仍反复发作，未取得更好效果。个案3：针对H的夜不归宿问题，专门做了H父母的思想工作，制订吸引孩子回家计划。建议H母亲改变挑剔丈夫并对其恶语相向的态度，营造温暖和谐的家庭氛围。另外建议H的父母亲改变对孩子批评和否定的说话语气，给孩子信心、力量和关爱，吸引孩子回家。夫妇二人正在努力尝试中。

其次，思想疏导外加心理治疗，缓解心理压力。个案1：针对W因犯罪产生的强烈沮丧情绪和自暴自弃倾向，社区矫正机构除了安排工作人员进行个别谈话和思想疏导外，还聘请心理咨询师对其进行心理测评，通过心理健康辅导和心理危机干预，在极大程度上转变了W的负面情绪，增加了其对生活的信心。个案2：对Q进行了入矫时的统一心理测试，发现Q心理正常，此

后未对Q进一步跟踪疏导，但建议其与妻子和孩子一起做家庭治疗，协助解决Q孩子的心理问题。但由于Q对心理治疗有抵触，未能实施家庭治疗。个案3：针对H曾被霸凌而产生心理创伤的问题，特别关注其心理健康教育。由于H犯罪时尚属于未成年人，吸收了熟悉未成年人身心特点的心理咨询师加入矫正小组，开展心理测评，进行心理疏导，发现H有较为严重的心理创伤，需要制订康复计划；吸收高校教师作为社区矫正志愿者，一对一跟踪帮扶。

再次，加强法治道德教育，增强认罪悔罪意识。针对矫正对象法律意识普遍薄弱问题，通过集中授课、线上APP学习、开展座谈会及赴监狱进行震撼教育等方式开展法治教育活动，增强他们的认罪悔罪意识，培养他们树立学法、尊法、守法、用法的法治意识。另外，加强中华传统美德教育，弘扬社会主义核心价值观，通过道德专题讲座、国学教育及女性座谈会等活动促使他们敦伦尽分，成为具有正能量的公民。

最后，组织参加公益活动，增强社会责任感。矫正机构根据矫正对象的个人情况，分别组织他们参加敬老院送温暖、环境治理、为偏远山区儿童献爱心等公益活动，并及时对他们服务社会的爱心予以肯定。通过公益活动增强他们的社会责任感及重新融入社会的信心。

（二）个别化教育实践的效果与存在的问题

从个别化教育实践的效果来看，三个矫正个案的效果各有不同。个案1中的W经过持续四年的常态化支持，家庭关系越来越融洽，已成功顺利解矫。其利用所学医疗知识成为一家养老机构的负责人，愿意用爱心奉献社会，但提及犯罪过往仍心有余悸。个案2中的Q脾气仍旧反复无常，夫妻关系时好时坏，孩子的自闭症状依然比较严重。其一直与社会闲散人员保持来往。在矫正1年之后，因与闲散人员聚餐后醉酒驾驶，构成危险驾驶罪，被收监执行。个案3中H已入矫3个多月，与心理咨询师和矫正志愿者初步建立沟通关系，但还不深入，心理问题还没有明显改善。在夜不归宿问题上，其接受矫正机构的建议，愿意于寒暑假期间回家睡半周。

客观而言，个别化教育实践在探索中已经积累了一些成熟的经验，比如初次入矫谈话工作非常扎实，一般能够较好地了解矫正对象的个人情况并建立初步信任关系；侧重于疏导家庭成员，与家属或监护人的沟通比较顺畅，能够经过努力实现家庭支持。但从预防重新犯罪和重返社会的角度来看，三个矫正对象均存在不同程度的问题。如前所述，W虽然顺利解矫，但始终难以走出犯罪阴影；Q的个人习性非常严重，以至于矫正效果不明显，最终重新犯罪收监；H的心理问题仍非常严重，且不良交友问题没有解决。因此，个别化教育仍任重道远。

目前教育矫正工作存在的主要问题有三方面：

一是重监管轻教育，管理方式机械化。受由来已久的报应刑观念影响，大多数社区矫正工作者将社区矫正视为在社区内执行刑罚，因而将监狱矫正罪犯的理念运用到社区矫正工作中。例如，对请假申请审批严格，即使出于合理原因一般也不予批准。个案1中W的父母在东北老家，母亲生重病多次欲回家探望，但都未获批准。直到2019年11月《沪苏浙皖社区服刑人员外出管理办法（试行）》出台之后请假审批才较为人性化、合理化，W顺利获批返乡探亲。另外，对矫正对象进行军事化训练或者对违反纪律的矫正对象罚站等都是受重监管理念影响的管理方式。

二是重集体教育轻个别教育，教育形式单一化。目前，法治和道德教育主要采取集中教育方式。集中教育有利于统一认识标准，建立共同认识，可以在一定程度上解决矫正对象在法律和道德上的共同性或普遍性问题。但是，这种大班授课的方式，多是教师一言堂或者组织简单讨论，很容易忽略矫正对象的个体差异。比如上面个案2中的Q，个人习性较重，受不良交友影响明显，但对其个别化教育和专业化矫正不够，导致其法治意识和自我控制能力未得到真正提升，最终因酒驾撤销缓刑。此外，公益活动的目的是结合矫正对象的个人特点实施力所能及的公益服务，以此激发矫正对象的社会责任感，同时修复社会关系。但由于矫正工作人员自身对公益活动的认知不足，多作为一项任务完成，导致其积极作用未完全发挥出来。

三是重政治教育轻心理教育，教育内容简单化。工作人员普遍认识到心理教育很重要，但由于心理教育具有专业性，没有心理咨询常设岗位，导致在具体工作中仍以形势政策等思想政治教育为主。心理教育仅占较少的比重，且没有对具有严重心理问题的矫正对象实行一对一跟踪式帮扶。例如，个案3中的H伴有严重心理创伤，矫正机构聘请心理咨询师对其进行过两次心理辅导，均有一定效果。但是，由于心理咨询师不固定，导致无法进行深入、持续、有效的心理疏导。此外，心理测试仅依靠少数格式化量表或机器评估，形式相对简单，通过心理咨询师使用个人技术进行的专业评估不足。目前，除上海、深圳等一些发达地区外，心理测评在各地并不普及，大部分矫正对象只在入矫和解矫时进行心理测试，心理测试的作用十分有限。另外，国人普遍认为精神病患者才去看心理医生，因而大都对心理咨询持排斥态度。矫正对象一般也不会主动申请心理咨询。由此，导致心理咨询明珠暗投，未能真正发挥作用。

三、个别化教育矫正需要考虑的因素

个别化教育矫正需要结合社区矫正对象的实际情况，综合考虑性别、年龄、成长经历、教育背景、认罪态度、行为习惯、心理状态、具体需求等多重因素，其中最重要的因素有三点。

一是矫正对象的犯罪成因。根据刑事实证学派的观点，犯罪犹如社会之生病，犯罪人为社会之病人，改善犯罪人的行为需要对症下药。故而，首先需要弄清楚犯罪人的犯罪原因。目前社区矫正对象的犯罪类型呈现多元化，以非暴力犯罪为主，侵财、交通类犯罪居多[①]，另外还有一些轻微的暴力犯罪等。在上述三个个案中，都存在犯罪人是非观念不强、受不良环境影响明显及法治意识淡薄等问题。具体而言，W凡事听从领导安排，对自己参与骗保行为的法律性质认识不清，盲从瞎干。Q的朋友圈均是社会闲散人员，打架斗殴是家常便饭，没有对法律的敬畏之心。H周围也有很多不良少年，吃喝

---

① 张磊等：《女性社区矫正对象回归社会的困境与出路》，载《犯罪与改造研究》2021年第10期，第53页。

玩乐，游戏人生。在犯罪成因中，不良生活和工作环境是重要因素之一。差异交往理论[①]认为，犯罪行为是行为人在与他人的交往互动中学习得到的。上述三人均存在于犯罪诱因较高的环境中，或者有不良人际交往，因此，要注意对矫正对象行为的引导和控制，远离不良环境和人群。

二是矫正对象的心理状态。犯罪行为是犯罪心理的外部表征，要严惩犯罪，更要拯救行为人的心灵。质言之，要矫正犯罪人，首先需要矫正犯罪人的不良心理状态。在个案3中，H自小学起就有被霸凌的经历，心灵遭受重大创伤。但其父母经常吵架，无暇顾及H的心理感受，导致H心理异常。进入职业高中后，H一方面因为害怕再次受伤害而讨好学校里强势的同学，另一方面也与强势的同学一起欺负比自己更弱小的同学。本次犯罪就是应另外两名未成年女孩的邀请，一起殴打和拘禁被害女生。在个案1中，W心理压力巨大，并有轻生念头。因此，教育矫正工作应重点关注矫正对象的心理问题。

三是矫正对象的认罪态度。矫正对象的认罪态度往往跟其性格特点、文化程度和法治意识密切相关。以个案2为例，Q自小被宠溺，性格乖张，虽然只有高中学历，但自认为聪明能干，事事占理，妄自尊大，对于法律不屑一顾。因此，在寻衅滋事一案中，他始终认为是对方有错在先，自己是正当防卫。在个案1中，W虽然表面认罪态度较好，但她在解矫后接受笔者访谈时表示，自己是倒霉被连累才构成犯罪的。由此可见，其认罪是出于无奈，并非真正的认罪悔改。认罪悔罪是矫正成功的关键因素，应当加强对矫正对象的法治教育。

四、个别化教育矫正的完善路径

社区矫正对象的教育矫正工作应当基于刑罚的本质并遵循教育的一般规

---

① 差异交往理论由美国犯罪学家埃德温·萨瑟兰（Edwin Hardin Sutherland）在其著作《犯罪学原理》中提出，认为犯罪或者越轨行为和其他社会行为的学习过程是相同的。一个人之所以越轨或犯罪，是因为在行为人所接触的亲密群体中，支持犯罪行为的观点远远超过了支持遵纪守法的观点。

律，进行系统设计，并做到精细化执行。具体包括以下几个方面。

（一）树立“以人为本”理念，确立矫正对象的主体地位

以李斯特为代表的教育刑理论认为刑罚的本质不是惩罚而是教育，主张通过教育使犯罪人改恶从善，重新融入社会。其立论起点是“以人为本”的理念，遵循个别化原则，尽最大可能地改善犯罪人的人格，消除犯罪因素。“以人为本”理念也是马克思主义社会发展观的根本原则之一[①]。马克思主义理论认为，“人”是社会发展的出发点，指出“我们的出发点是从事实际活动的人”[②]，只有以具体的、现实的人作为前提，才能把握一切社会生活的本质。“以人为本”意味着在具体活动中应当以具体的人为中心并以其发展为目的，发挥其主体作用，促进其全面发展。

正如现代教育理念提倡学校教育要“以学生为本”，强调学生的主体作用一样，在社区矫正工作中，社区矫正的对象是在社会中学习的学生，教育矫正应以矫正对象为本，立足于激发矫正对象内在的积极性，实现其由恶向善的转化。因此，对于社区矫正教育工作而言，只有树立“以人为本”的理念，尊重矫正对象的个体差异，审视其人生经历与交往特点，分析其犯罪原因与性格特征，关注社区矫正如何给其带来成长和改善，设计有针对性的矫正方案并落地实施，才能实现刑罚改造犯罪人并预防犯罪的目的。

那么，在教育矫正工作中推行“以人为本”理念与社区矫正的惩罚性，即对矫正对象的监督管理之间是否存在冲突呢？应该说，监督管理与教育帮扶是社区矫正的一体两翼，需要“管中有教，寓教于管，管教结合”[③]。“管”体现了刑罚的惩罚性和严肃性，“教”体现了刑罚的人性化和教育性。但归根结底，是以“管”为保障，以“教”为根本。监督管理为教育帮扶提供服务

① 王锐生：《“以人为本”：马克思社会发展观的一个根本原则》，载《哲学研究》2004年第2期，第3页。

② 马克思、恩格斯：《德意志意识形态》，载《马克思恩格斯文集》第一卷，人民出版社2009年版，第525页。

③ 栗志杰：《教育帮扶：社区矫正的“治本”之举》，载《人民法治》2020年第2期，第23页。

和保障，以此取得教育效果的最大化，实现行刑的轻缓化和社会化。因此，两者之间并不存在根本冲突。树立“以人为本”理念，确立矫正对象的主体地位，有助于矫正工作双方在思维方式上实现从被动矫正到自我矫正的转变。矫正机构以激发矫正对象参与教育矫正的能动性为方向，避免重监管轻教育、重集体教育轻个别教育的传统做法，创新工作模式，重视教育内容的选择和教育形式的设计，开展针对性教育和互动教育。矫正对象在参与个别化教育活动的过程中，感受到被尊重、理解和关爱，愿意以积极的态度实现从“要我改变”到“我要改变”，从“走过场”到“真心学”的转变。上述个案1中的W就属于从被动接受矫正到主动寻求改变的事例。

（二）创新教育矫正手段，丰富教育内容

尽管在前述三个个案中，工作人员多次通过个别谈话等方式纠正矫正对象错误的认知，疏导思想压力，但由于工作人员数量少，专业水平有限，所以，仍然以集中教育和“泛政治化”的思想教育为主。深入访谈后发现，这些方法对矫正对象的心理影响有限。因此，社区矫正作为矫正对象终身学习的契机，创新教育矫正手段，丰富教育内容刻不容缓。

1.打造线上线下综合学习模式。“互联网+教育”发展是当前教育发展的大趋势[①]。鉴于当前社区矫正受新冠疫情影响、教学场地有限、频繁集中教育影响工作和生活、高水平师资不足等因素[②]，应当根据实际情况，灵活运用线上课程与线下培训，探索线下集中教学与线上自主学习相结合的个性化教育体系。具体而言，一是建立全国统一的线上学习平台，重视高质量在线课程的开发。当前各地正在使用的APP在线学习平台，在技术上还不够成熟，学

---

① 教育部《关于政协第十三届全国委员会第四次会议第4271号（教育类437号）提案答复的函》明确，“教育部高度重视教育信息化工作，全面加强教育信息化的顶层设计和统筹规划，积极推进‘互联网+教育’发展，促进信息技术与教育教学深度融合，完善线上线下教育融合机制，发展更加公平更有质量的教育”。信息化时代下，社区矫正的教育工作可以参考学校教育的方式，探索线上线下相融合的教育机制。

② 白海娟：《论教育矫正的困境与出路》，载《西部学刊》2020年6月上半月刊，第102页。

习资源不够丰富，教育水平有待提高。建议在国家层面，邀请社区矫正领域的高水平实务专家、高校及科研机构的研究人员，开发一批高质量线上课程供矫正对象学习。根据不同的犯罪类型和矫正时间的不同分别设计培养计划，累计学分。参照大学的选课模式，分为必修课与选修课，道德、法律、时事和心理学等基础内容为必须课，作为解矫的必要条件之一；艺术、国学、历史、技能提升等课程为选修课，由矫正对象按照自己的兴趣爱好自主选择，提升文化素养和工作技能。二是优化线下集中教育模式，提升教学水平。线下集中教学主要针对矫正对象有共同教育需求的警示教育、法律法规的最新解读以及需要有较强互动性的课程，应当避免一言堂式的教学方式，以互动式讨论、项目合作完成和主题体验活动为主。例如，针对法律意识淡薄、认罪悔罪态度较差的矫正对象，需要多进行线下教育。应当尽可能邀请具有丰富理论和实践经验的专业人员开展集中教育，提升集中教育的质量。

2.采取圆桌会议、座谈会或小组讨论等方式，解决矫正对象的个别问题或者小范围共性问题。例如，针对上述个案3中H的家庭问题，可以召开家庭教育圆桌会议，邀请H的家长、心理咨询专家和老师等人员参加。通过分析孩子的成长经历与犯罪成因，让父母意识到，父母对孩子的问题负有不可推卸的责任。要改变孩子，先从改变父母自身的思维方式和行为习惯开始。父母与孩子一起成长，做孩子的导师，引导孩子，而不是训斥、责骂和担心。

3.设计菜单式公益活动项目，提升矫正对象奉献社会的积极性。公益活动有助于矫正对象建立正确的人生观和价值观，并从内在净化其心灵。矫正对象的实际情况和能力特长各有不同，所提供的公益服务也应因人而异。可以利用社会资源及矫正对象的个人资源，丰富公益活动的形式，设计公益活动菜单，包括社区环境维护、公益服务、敬老助残、捐款捐物、义务献血、就业援助、公共设施义务维修等项目，灵活设计、自主选择，以此满足不同矫正对象的公益服务需求。

（三）推动社会力量共同参与教育矫正

社区矫正制度的应有之义就是依靠社会力量拓展刑罚执行的社会参与

性[①]。个别化教育矫正是一项系统工程，仅靠单一主体或单一学科是无法完成的，需要以社区矫正机构为中心，协调和整合各方力量，用专业的方法帮助矫正对象完善人格，回归社会。

1.加快社会组织成长，加大社会工作者专业参与力度

在一些国家，社会工作者是社区矫正工作的全日制专业人员，用专业的社会工作理念和技巧恢复矫正对象的社会功能，对于教育矫正的顺利推进起着不可替代的作用。截至2017年底，我国从事社区矫正的社会工作者达到54180人[②]，但是相较于全国每年新接收的50多万名社区矫正对象而言[③]，社会工作者的数量、参与力度及服务能力还远远不够。在上述三个个案中，虽然均有社会工作者的参与，但他们承担了大量的日常行政性管理工作，缺乏对认知疗法、优势视角理论、家庭疗法、系统脱敏法等社会工作专业方法的掌握和使用。这些专业方法对矫正对象的行为认知、情绪控制、远离犯罪环境和人群以及自信心建立等方面均有实质性的帮助作用。实际工作中，社会工作者通过社会组织与矫正机构建立工作关系。在上海、北京等地，社会组织和社会工作者发挥了重要作用。鉴于当前社会组织的行政化明显问题，应当加快社会组织的成长和加大社会工作者作为职业力量的参与力度，参与个别化教育矫正工作，在专业关系建立、资料收集、问题诊断、矫正计划制订与实施以及在评估与进一步跟进等方面发挥其专业作用[④]。

2.增强心理辅导力量，提升心理矫正实效

如前所述，矫正对象大都对心理咨询有排斥，但心理帮扶工作还有巨大的发展空间。从实际情况来看，有心理疾病的矫正对象只占少数，然而大部

---

① 郭建安、郑霞泽：《社区矫正通论》，法律出版社2004年版，第9页。

② 司法部社区矫正管理局编：《2012—2017全国社区矫正工作统计分析报告》，法律出版社2018年版，第15页。

③ 代睿：《司法部：全国每年接收社区矫正对象50多万人　矫正期间再犯罪率低于0.2%》，https://baijiahao.baidu.com/s?id=1711755572243694245&wfr=spider&for=pc，访问日期：2022年7月25日。

④ 张昱、蔡屹：《更生时代：社区矫正社会工作案例研究》，华东理工大学出版社2017年版，第41—45页。

分矫正对象在思维认知、情绪控制、人际交往能力等方面都需要提升。因此，可以从四个方面着手，解决在实际工作中偏离心理矫正初衷的做法。一是更换名称。在工作过程中，将“心理咨询”这一名称改为“心理辅导”或“心理健康辅导”，让更多的矫正对象愿意走近心理咨询，提升个人的认知和行为控制能力。二是加强心理辅导队伍建设，建立心理辅导人员数据库。心理辅导人员的来源包括具备心理咨询师资格的司法行政干警、通过购买服务从社会聘请的心理咨询师，也可以招募具有心理学专业知识的高校师生志愿者。购买心理治疗沙盘及相关心理测评软件，编制心理知识手册，建立矫正对象心理档案和社会关系改善材料，加强对矫正对象心理危机的识别和处理。三是在每一个社区矫正中心设立心理辅导办公室，提供日常心理辅导。四是对有不良情绪和严重心理问题的矫正对象，建立一对一持续跟踪辅导机制，进行有针对性的心理疏导和治疗。

3.增加社区矫正志愿者力量，建立志愿者激励机制

由于我国开展社区矫正的时间较短，公众对社区矫正的认识程度不够，因而社会力量的参与度不高。加大社会力量的参与，可以从四方面做起。一是扩大社区矫正宣传，增加社会认同程度。引导公众对刑罚轻缓化、行刑社会化和社区矫正制度的认知和认同[①]，减少对社区矫正的偏见和对传统监禁刑的依赖。同时，向社会公众传达参与社区矫正、奉献爱心的意义，共同建设美好和谐社会。二是吸纳矫正对象的家庭成员或监护人作为帮教成员。家庭对一个人的影响贯穿一生。在个别化教育过程中，家庭成员的态度和立场往往能够起到重要作用。在前述三个个案中，家庭成员重视和配合的，则矫正效果较好；家庭成员排斥或冷漠的，则矫正效果不佳。三是广泛动员具有专业知识或社会影响力的爱心人士参与社区矫正。招募具备法律、心理、教育、社会工作等知识和技能的专业人员作为社区矫正志愿者；与妇联、共青团等有关团体、社会组织及企事业单位签订帮教协议，进行教育帮扶；邀请道德

① 郑永君、张大维：《刑罚观与社区矫正的公众认同——基于湖北省调查数据的分析》，载《青少年犯罪问题》2016年第1期，第98页。

模范、企业家、学者等先进人物以及取得良好发展的刑满释放人员进行教育宣讲，参与社区矫正，共同提升教育矫正工作的实效。四是建立社区矫正志愿者激励机制。为社区矫正志愿者提供必需的物质条件和保障，并对优秀志愿者进行表彰等奖励，建立社区矫正志愿服务持续发展机制。

行为主义视野中的一事不再理原则

——以“窦某某隐匿会计凭证案”为例

张万红[*]

摘　要：行为刑法以犯罪行为作为刑罚适用根据，无行为即无刑罚。一事不再理原则，要求同一犯罪行为不受两次刑事审判，二者的关注核心都是“行为”。在窦某某隐匿会计凭证案中，“隐匿”行为与“拒不交出”行为在事实层面上是同一行为，结合行为刑法的内涵与精神，依据一事不再理原则的含义及适用条件，对该犯罪行为进行两次刑事追诉，违反一事不再理原则。

关键词：行为主义；刑法客观主义；一事不再理原则；刑民交叉；禁止重复评价

一事不再理原则是刑事诉讼法中的一项铁则。但在当前一些案件中，尤其是刑民交叉的案件中，就一事不再理原则的适用存在比较大的争议。如，“陕西新长江实业投资有限公司（以下简称‘甲公司’）与陕西德赛信息技术有限公司（以下简称‘乙公司’）及梁晓雁、李一博、白璐借款保证合同纠纷”[①]一案中，2010年11月甲公司与乙公司签订合作合同，开发共计120亩土

*　张万红，北京师范大学法学院硕士研究生，研究方向为刑法学。

①　陕西新长江实业投资有限公司与陕西德赛信息技术有限公司及梁晓雁、李一博、白璐借款保证合同纠纷案，陕西省高级人民法院（2017）陕民再3号民事裁定书。

地的广场项目。甲公司基于合同内容先后向乙公司支付1000万元、借款1000万元。2013年初，涉案部分土地被其他企业开发，乙公司实际控制人隐匿。2014年7月，甲公司向法院提起民事诉讼，请求乙公司返还两笔1000万元，借款中的此笔1000万元，2015年3月胜诉且判决生效。2015年11月，甲公司对两笔1000万元借款，以乙公司实际控制人涉嫌合同诈骗罪向公安机关提起刑事控告。公安机关以《公安机关办理经济犯罪案件的若干规定》（公通字〔2005〕101号）①第12条②的规定，以此笔1000万元已有生效的民事判决为由不予立案，只对首笔1000万元立案。其中便涉及在刑民交叉案件中，已经追究过民事责任，再追究刑事责任是否违反一事不再理原则的问题。

本文的目的是以“窦某某隐匿会计凭证案”为例，从行为的角度来探讨一事不再理原则的适用。

一、基本案情及问题提出

（一）基本案情

窦某某作为某公司股东，隐匿了该公司的会计凭证，并实施了职务侵占、挪用资金等犯罪行为，法院认定窦某某犯职务侵占罪，判处有期徒刑3年7个月；犯隐匿会计凭证、会计账簿罪，判处有期徒刑6个月，并处罚金人民5万元；犯挪用资金罪，判处有期徒刑1年1个月，决定执行有期徒刑4年8个月，并处罚金人民币5万元。该刑事判决生效后，窦某某仍未上交其隐匿的会计凭证，公司其他股东以股东知情权纠纷为由提起民事诉讼，要求窦某某提交相关会计凭证等财务资料。该民事案件判决窦某某败诉，后其仍然拒不交出该

① 该规定现已失效，已被修订。

② 《公安机关办理经济犯罪案件的若干规定》第12条规定：需要立案侦查的案件与人民法院受理或作出生效判决、裁定的民事案件，属于同一法律事实，如符合下列条件之一的，公安机关应当立案侦查：（一）人民法院决定将案件移送公安机关或者撤销该判决、裁定的；（二）人民检察院依法通知公安机关立案的。

会计凭证[①]。

（二）争议问题

本案在办理过程中的争议焦点在于：如果其余股东有权在刑事判决生效后另行提起民事诉讼，当民事判决生效后，针对窦某某拒不交出涉案会计凭证这一行为，能否再以拒不执行判决、裁定罪对其进行刑事追诉？

针对上述争议，存在以下两种分歧观点：

肯定论者认为，当民事判决生效后，窦某某抗拒法院执行，拒不交出涉案会计凭证这一行为，侵犯的是另一个新的法益，即人民法院裁判的权威，并且其拒不交出的行为致使民事判决无法执行，情节严重，构成拒不执行判决、裁定罪，当然能够对其进行刑事追究，不违反一事不再理原则。否定论者则坚持认为，侵犯法益的前提是要有行为，而“隐匿”行为与“拒不交出”行为在事实层面上是同一个行为，没有侵犯新的法益。对该行为进行两次追诉，从刑法的角度来说是重复评价，从刑事诉讼法的角度来说则是违反一事不再理原则，因此不能以拒不执行判决、裁定罪对窦某某拒不交出涉案会计凭证的行为进行刑事追究。

本文支持否定论者的观点。刑罚适用根据是行为，无行为即无刑罚。本案中被告人窦某某从始至终只实施了一个行为，对该行为进行两次刑事追诉，既违反一事不再理原则，也违背罪责刑相适应原则的内涵与精神。

二、法理评析

（一）一事不再理原则的含义及其适用条件

一事不再理原则作为一项重要的诉讼原则，两大法系中的许多国家将其确立为民事诉讼和刑事诉讼的基本原则。我国民事诉讼法领域也已经确立“一

---

① 本案例来源于安徽省检察院和安徽师范大学共同主办、安徽师范大学诉讼法研究所承办，北京盈科（芜湖）律师事务所刑辩中心协办的刑民交叉疑难案件研讨会。

事不再理原则”。虽然《刑事诉讼法》暂未明确规定该原则，但在司法解释中已经有所体现。例如，《最高人民法院关于适用〈中华人民共和国刑事诉讼法〉的解释》第219条规定：“人民法院对提起公诉的案件审查后，应当按照下列情形分别处理：……（六）依照本解释第二百九十六条规定裁定准许撤诉的案件，没有新的影响定罪量刑的事实、证据，重新起诉的，应当退回人民检察院……”以及第320条规定：“对自诉案件，人民法院应当在十五日以内审查完毕。经审查，符合受理条件的，应当决定立案，并书面通知自诉人或者代为告诉人。具有下列情形之一的，应当说服自诉人撤回起诉；自诉人不撤回起诉的，裁定不予受理：……（六）除因证据不足而撤诉的以外，自诉人撤诉后，就同一事实又告诉的……”

虽然《刑事诉讼法》目前并未明确规定这一原则，但是在理论上，该原则毫无疑问是公认的基本原则。而且，我国签署了联合国《公民权利和政治权利国际公约》，其中第14条第7项规定了“一事不再理原则”。我国在国际社会中也接受了“一事不再理原则”，即与一些国家签订了刑事司法协助条约，明确规定了“一事不再理原则”。《引渡法》中也有对“一事不再理”原则具体化的相关规定[①]。此外，我国刑法理论上有“禁止重复评价原则”。从某种意义上说，一事不再理就是禁止重复评价，二者的根本区别是禁止重复评价只能发生在同一诉讼中[②]。综上，讨论该原则在我国具体案件中的适用是十分有必要的。

刑事诉讼法中的一事不再理原则的定义目前在学界存在争议，主要有狭义说和广义说之分。狭义说认为一事不再理原则仅指判决的既判力，包括：1.实体裁判，即对因同一事实，已经受到法院生效的有罪判决（包括科刑判决和免予刑事处罚判决）、无罪判决的人，不得再因这些事实重新受到追诉，即同一犯罪行为不受两次审判[③]。2.形式裁判（或程序裁判），是指法院就诉讼

① 张旭：《关于“一事不再理”原则的再思考》，载《法学评论》2003年第4期，第33页。
② 陈兴良：《禁止重复评价研究》，载《现代法学》1994年第6期，第10页。
③ 宋英辉、李哲：《一事不再理原则研究》，载《中国法学》2004年第5期，第132页。

程序方面的事项所作的裁判结论，如免诉裁判、不受理裁判、管辖错误之裁判等[①]。广义说则认为一事不再理原则应当包括判决的既判力和诉讼系属的效力两个层面的含义，诉讼系属的效力指的是任何人不得就已起诉之同一被告人的同一事实案件，于诉讼系属中再行起诉[②]。狭义说缩小了一事不再理原则的内涵，广义说更为全面，因此本文采广义说。

依据一事不再理原则的基本含义，其适用条件是前诉与后诉须为同一案件。“同一案件”，指的是被告人与犯罪事实均相同的案件，即包括两个要素：一是被告人需同一，即必须是实施同一犯罪行为的同一被告人。需要注意的是，首先，在共同犯罪案件中该原则的效力只及于已被起诉或判决的被告人，而不涉及其他共犯；其次，在错案中不妨碍就同一犯罪事实再对真正的犯罪人追诉。二是犯罪事实需同一。该同一事实指的是事实层面上的同一行为[③]。同样需要注意的是，首先，该原则的效力仅适用于被告人已被起诉或判决的同一犯罪事实，不及于被告人的其他犯罪事实；其次，该原则适用于同一事实而非同一罪名，即被告人因同一事实被以某种罪名起诉或判决后，检察机关不得就同一事实以另外的罪名再次起诉[④]。

（二）“隐匿”与“拒不交出”是同一行为

行为主义是现代刑法的基本原则。根据该原则，刑事责任的基础是表现在外部的犯罪人的行为及其实害[⑤]。该主义关注的核心是行为人的“行为”，无行为即无刑罚。作为行为主义对立派的行为人主义，也称“刑法主观主义”，认为刑事责任的基础是犯罪人的危险性格即反复实施犯罪行为的危险性[⑥]。该主义重视“行为人”。刑法学家们依据二者的不同，将刑法区分为行为刑法和

① 陈瑞华：《刑事诉讼中的重复追诉问题》，载《政法论坛》2002年第5期，第116页。
② 谢佑平、万毅：《一事不再理原则重述》，载《中国刑事法杂志》2001年第3期，第75页。
③ 张荣旭：《一事不再理原则的适用前提》，载《人民检察》2007年第19期，第63页。
④ 谢佑平、万毅：《一事不再理原则重述》，载《中国刑事法杂志》2001年第3期，第75页。
⑤ 张明楷：《新刑法与客观主义》，载《法学研究》1997年第6期，第93页。
⑥ 张明楷：《新刑法与客观主义》，载《法学研究》1997年第6期，第93页。

行为人刑法[①]。当代刑法为行为刑法，“人们理解的行为刑法概念，是一种法定的规则。根据这个规则，刑事可罚性是与在行为构成方面加以限定的单一行为（或者可能情况下的多个行为）相联系的，同时，惩罚仅仅表现为对单个行为的反应，而不是表现为对行为人整体生活导向的反应，更不是表现为对一种行为人所期待的未来危险的反应”[②]。简言之，行为刑法，是指以作为犯罪构成要件的客观行为及其后果为处罚对象的刑法。与之相对应的行为人刑法，指以行为人的人身危险性作为刑罚适用根据的刑法。“刑事可罚性的条件是由行为刑法确定的，法律后果则更多的是由行为人刑法确定的”[③]，也即刑罚的条件在于行为，而刑罚的内容，如种类、强度和期限，取决于行为人[④]。目前各国通例是以行为刑法为原则，行为人刑法为例外[⑤]。

隐匿、故意销毁会计资料罪，是指隐匿依法应当保存的会计凭证、会计账簿、财务会计报告，情节严重的行为。本罪的客观方面表现为隐匿依法应当保存的会计凭证、会计账簿、财务会计报告，情节严重的行为[⑥]。隐匿，是指故意隐藏的行为，在有关行政主管部门依法实施会计监督时，将应当提供出来接受检查的会计凭证、会计账簿、会计财务报告隐藏起来拒不提供，或者对应当提供社会监督的会计凭证、会计账簿、会计财务报告隐藏起来拒不提供[⑦]。根据《最高人民检察院、公安部关于公安机关管辖的刑事案件立案追

---

① 杨春洗主编：《北京大学法学百科全书：刑法学·犯罪学·监狱法学》，北京大学出版社2003年版，第921页。

② ［德］克劳斯·罗克辛：《德国刑法学总论》（第1卷），王世洲译，法律出版社2005年版，第105—106页。

③ ［德］克劳斯·罗克辛：《德国刑法学总论》（第1卷），王世洲译，法律出版社2005年版，第107页。

④ 车浩：《“扒窃”入刑：贴身禁忌与行为人刑法》，载《中国法学》2013年第1期，第124页。

⑤ 高铭暄、王作富、曹子丹编著：《中华法学大辞典：刑法学卷》，中国检察出版社1996年版，第675页。

⑥ 周峰主编：《新编刑法罪名精释》（第2卷），中国法制出版社2019年版，第562页。

⑦ 张军主编：《刑法分则及配套规定新释新解（上）》（第九版），人民法院出版社2016年版，第485页。

诉标准的规定（二）》（公通字〔2010〕23号）第8条[①]的规定，“拒不交出”行为属于“隐匿”行为的一种情形。此外，在司法实践中，如“林垦、金敏隐匿会计凭证、会计账簿、财务会计报告，非法持有枪支、弹药”一案，法院认为隐匿行为应当以拒不提供会计账册以逃避有关监督检查部门依法实施的监督检查作为是否构成犯罪的判断标准[②]。由此可知，“隐匿”是“拒不交出”的上位概念，“隐匿”即“拒不交出”，二者在事实层面上是同一行为。

本案当中所涉另一罪名拒不执行判决、裁定罪，是指对人民法院已经发生法律效力的判决、裁定有能力执行而拒不执行，情节严重的行为。本罪在客观方面必须具备三个要件[③]：1.有能力执行。2.拒不执行，包括以暴力抗拒执行和以非法秘密转移被执行财产的方法，拒不执行法律文书指令交付的财物。3.情节严重。根据《全国人民代表大会常务委员会关于〈中华人民共和国刑法〉第三百一十三条的解释》以及《最高人民法院关于审理拒不执行判决、裁定刑事案件适用法律若干问题的解释》（法释〔2020〕21号）第2条的规定[④]可知，“拒

① 《刑法》第162条第1款规定：隐匿或者故意销毁依法应当保存的会计凭证、会计账簿、财务会计报告，涉嫌下列情形之一的，应予立案追诉：（一）隐匿、故意销毁的会计凭证、会计账簿、财务会计报告涉及金额在五十万元以上的；（二）依法应当向司法机关、行政机关、有关主管部门等提供而隐匿、故意销毁或者拒不交出会计凭证、会计账簿、财务会计报告的；（三）其他情节严重的情形。

② 1206号“林垦、金敏隐匿会计凭证、会计账簿、财务会计报告，非法持有枪支、弹药案”，《刑事审判参考》2018年总第111集。

③ 周峰主编：《新编刑法罪名精释》（第2卷），中国法制出版社2019年版，第1844—1845页。

④ 该条规定，负有执行义务的人有能力执行而实施下列行为之一的，应当认定为全国人民代表大会常务委员会关于刑法第313条的解释中规定的“其他有能力执行而拒不执行，情节严重的情形”：（一）具有拒绝报告或者虚假报告财产情况、违反人民法院限制高消费及有关消费令等拒不执行行为，经采取罚款或者拘留等强制措施后仍拒不执行的；（二）伪造、毁灭有关被执行人履行能力的重要证据，以暴力、威胁、贿买方法阻止他人作证或者指使、贿买、胁迫他人作伪证，妨碍人民法院查明被执行人财产情况，致使判决、裁定无法执行的；（三）拒不交付法律文书指定交付的财物、票证或者拒不迁出房屋、退出土地，致使判决、裁定无法执行的；（四）与他人串通，通过虚假诉讼、虚假仲裁、虚假和解等方式妨害执行，致使判决、裁定无法执行的；（五）以暴力、威胁方法阻碍执行人员进入执行现场或者聚众哄闹、冲击执行现场，致使执行工作无法进行的；（六）对执行人员进行侮辱、围攻、扣押、殴打，致使执行工作无法进行的；（七）毁损、抢夺执行案件材料、执行公务车辆和其他执行器械、执行人员服装以及执行公务证件，致使执行工作无法进行的；（八）拒不执行法院判决、裁定，致使债权人遭受重大损失的。

不交付”是本罪处罚的核心行为。最高人民法院于2015年2月14日公布了五起打击拒不执行涉民生案件典型案例，其中“王以军涉嫌拒不执行判决、裁定案”的典型意义为：“被执行人王以军在完全具备履行能力的情况下，拒不执行法院生效裁判，拒绝交出法院查封的财产，执行法院对其两次司法拘留仍对抗执行，属于拒不执行人民法院判决裁定的行为‘情节严重’……”综上，行为人拒不执行的表现行为之一为“拒不交出”。

从有关隐匿会计凭证罪和拒不执行判决、裁定罪的相关法律规定和司法实践中可得出，两罪所处罚的“拒不交出”行为，是同一行为，该行为指的是同一事实行为。而在一事不再理原则中，其所要避免两次追诉的行为正是事实行为。

（三）对同一行为两次追诉违反一事不再理原则

从一事不再理原则的适用条件出发，显而易见，在“窦某某隐匿会计凭证案”中，如果以拒不执行判决、裁定罪对窦某某进行刑事追诉，违反一事不再理原则。

首先，本案两次刑事追诉被告人同一。不论是隐匿会计凭证罪还是拒不执行判决、裁定罪，被告人都是窦某某。其次，两次刑事追诉犯罪事实同一。本案中，被告人窦某某将公司的会计凭证、会计账簿带离公司，并进行隐匿，在司法机关要求窦某某提供会计凭证、会计账簿时，窦某某拒绝提供，审判时仍表示拒绝提供会计凭证、会计账簿，其行为符合隐匿会计凭证、会计资料账簿罪的构成要件，应以隐匿会计凭证、会计账簿罪论处。因此处罚的是其“隐匿”或者说“拒不交出”会计凭证的行为。在以“隐匿会计凭证罪”对窦某某定罪处罚后，股东对窦某某隐匿的会计凭证、会计账簿未被追缴且窦某某亦未退还，另行提起民事诉讼，主张窦某某予以返还，民事判决窦某某交还会计凭证与会计账簿。若以此判决对窦某某拒不交出涉案会计凭证这一行为以“拒不执行判决、裁定罪”定罪论处，则处罚的仍然是其“拒不交出”会计凭证的行为。第一次刑事追诉与第二次刑事追诉实际上是对其“拒不交出”这一行为，审判和处罚两次。

综上，不能再次以拒不执行判决、裁定罪对窦某某拒不交出涉案会计凭证的行为进行刑事追究，否则将违反一事不再理原则。

此外，前文所述“陕西新长江实业投资有限公司与陕西德赛信息技术有限公司及梁晓雁、李一博、白璐借款保证合同纠纷”一案，其争议焦点主要为：民刑判决共存是否违反一事不再理原则。原2005年的《公安机关办理经济犯罪案件的若干规定》对该问题持肯定态度，但依据2017年修订的《公安机关办理经济犯罪案件的若干规定》第20条第1款①的规定便可知，民刑判决共存不违反一事不再理原则。将该条规定与《刑事诉讼法》《最高人民法院关于在审理经济纠纷案件中涉及经济犯罪嫌疑若干问题的规定》(法释〔2020〕17号）第10条、第11条、第12条,《最高人民法院、最高人民检察院、公安部关于办理非法集资刑事案件适用法律若干问题的意见》(公通字〔2014〕16号）第7条等相关规定相结合，以刑事附带民事诉讼制度或者民刑并行原则、先刑后民原则处理类似案件即可。该案与窦某某隐匿会计凭证案在表现形式上均属于刑民交叉案件，但在争议焦点的实质问题上，前者实际讨论的是一事不再理原则在追究不同部门法下的责任可能存在冲突时如何适用的问题，而后者关注的是在刑事法领域内对犯罪行为的两次追究是否违反一事不再理原则的问题。

三、结论观点

行为刑法强调“无行为即无刑罚”，没有行为则不会侵犯新的法益，如果脱离刑罚处罚的根据，单从法律事实层面上追究行为人的刑事责任，不符合

---

① 《公安机关办理经济犯罪案件的若干规定》第20条第1款规定，涉嫌经济犯罪的案件与人民法院正在审理或者作出生效裁判文书的民事案件，属于同一法律事实或者有牵连关系，符合下列条件之一的，应当立案：(一）人民法院在审理民事案件或者执行过程中，发现有经济犯罪嫌疑，裁定不予受理、驳回起诉、中止诉讼、判决驳回诉讼请求或者中止执行生效裁判文书，并将有关材料移送公安机关的；(二）人民检察院依法通知公安机关立案的；(三）公安机关认为有证据证明有犯罪事实，需要追究刑事责任，经省级以上公安机关负责人批准的。

罪责刑相适应原则的内涵与精神。一事不再理原则含义之一要求对同一行为不得两次追诉，“同一行为”指的是事实层面上的行为。在一定意义上，行为刑法的核心是行为，一事不再理原则的核心也是行为，二者在本质上有着相同的价值追求。因此，不论是刑民交叉的疑难案件还是一般的刑事案件，要脱离现象看本质，从行为的角度出发。抓住重点，关注核心，才能够正确适用法律解决案件，实现让人民群众在每一个司法案件中感受到公平正义。

在职法官参与他人公司经营管理并收受公司财物行为如何定性？

——以李某涉嫌受贿案为例

许士友*

摘　要：法官在任职期间收受他人财物的行为，往往具有复杂性，不能一概认定为受贿。在李某参与他人公司经营管理并收受公司财物一案，如果其利用身份便利或影响帮助公司经营并收受款物，则侵犯了国家工作人员职务行为的不可收买性，构成受贿；如果其只是利用自己的专业知识帮助公司经营，则不属于受贿，其行为属于违反党的廉洁纪律。认定国家工作人员收受财物行为构成受贿罪应当考虑三方面因素，包括主客观相统一原则，行为人主体身份的变化及行为人行为所侵犯的客体。

关键词：在职法官；参与公司经营管理；受贿；违反廉洁纪律

一、基本案情

李某，男，1962年12月出生，中共党员。2002年2月至2014年1月，任北京市某区法院民二庭助理审判员；2014年1月，提前退休。2009年至2010年间，该区法院先后受理了4起中国建设银行某区支行与北京甲房地产开发有限公司（以下简称甲公司）金融借款合同纠纷案。上述案件皆由李某独任审判。后经审理，该区法院判决甲公司偿还银行借款3000万元，并查封了甲公司位

---

* 许士友，北京市密云区纪委案件审理室主任，研究方向为刑法学。

于该区果园街1号的9层楼房。在此过程中，甲公司实际控制人杨某某认识了李某，便委托李某帮助其解除被法院查封的部分房产，同时于2010年12月转账200万元给李某“活动关系”用。李某收到该款后，用于给其子李小某购买楼房1套，花费170万元，剩余30万元用于办理公司事务。2011年1月，经李某协调，该区法院解除了上述被查封楼房的5—9层。

2011年5月，杨某某邀请李某参与甲公司的经营管理，李某坦然接受，并于2014年1月办理了提前退休手续。在此期间，李某利用多年积累的法律专业知识和经验，先后成功办理了甲公司的房产销售、催收账款、清偿债务等事宜。甲公司分别于2012年12月、2014年6月、2016年8月给予李某价值200万元房产1套、60万元汽车1辆、300万元房产1套[①]。

二、意见分歧

案件审判过程中，关于李某先后收受杨某某现金200万元、2套房产、1辆汽车的行为如何定性，产生了分歧。

第一种意见认为：本案中李某收受杨某某的所有现金、房产和汽车的行为均应认定为受贿，金额为760万元。

第二种意见认为：李某于2010年12月收受杨某某现金200万元后用于买房的170万元，以及于2012年12月收受杨某某的1套房产，应认定为受贿，金额为370万元。2014年1月以后其收受杨某某房产和汽车合计360万元的行为，应认定为违反廉洁纪律，予以收缴。

第三种意见认为：李某于2010年12月收受杨某某现金200万元后用于买房的170万元，应认定为受贿。李某于2012年12月和2014年1月以后，收受杨某某房产和汽车合计560万元的行为，应认定为违反廉洁纪律，予以收缴。

① 北京市平谷区人民法院（2021）京0117刑初218号刑事判决书。

三、案件评析

笔者赞成第三种意见。理由如下：

（一）认定某一行为构成犯罪必须坚持主客观相统一原则

2010年12月，杨某某给予李某200万元的目的是让其办理公司事务时“活动关系”用，但李某收到该款后，只将30万元用于办理公司事务，剩余170万元直接用于给其子李小某购买了楼房1套。后在李某的协调下，该区法院于2011年1月解除了杨某某公司被查封楼房的5—9层。在此过程中，李某主观上具有收受并占有杨某某钱款的故意，客观上也为杨某某谋取了利益，其行为完全符合受贿罪的犯罪构成。至于李某于2014年1月退休以后，收受杨某某房产和汽车合计360万元的行为，从客观上看，李某确实利用了其曾经担任过法官的职务影响力，为杨某某公司办理了房产销售、催收账款、清偿债务等事宜，但这些行为实际上是李某参与甲公司经营管理的行为，符合杨某某和李某二人的约定。鉴于在此期间，杨某某没有支付李某工资，其给予李某360万元房产和汽车的行为是李某的劳务所得，这一点杨某某和李某都供认不讳，因此，李某于2014年1月以后为杨某某公司办理房产销售、催收账款、清偿债务等事宜，并获取劳务所得，可定性为严重违反了党的廉洁纪律。

（二）认定受贿罪必须考虑行为人主体身份的变化

依据《刑法》规定，受贿罪的主体是“国家工作人员”，可以分为两大类：一是真正的国家工作人员，即国家机关中从事公务的人员，具体包括在各级国家权力机关、行政机关、司法机关和军事机关中从事公务的人员。二是拟制的国家工作人员，即“以国家工作人员论”的人员，具体包括国有公司、企业、事业单位、人民团体中从事公务的人员；国家机关、国有公司、企业、事业单位委派到非国有公司、企业、事业单位、社会团体从事公务的人员；其他依照法律从事公务的人员。本案中，随着李某主体身份的变化，对其收受他人款物的性质评价也应随之变化。在2011年5月李某受杨某某邀请参与甲公司的经营管理之前，其为北京市某区法院民二庭助理审判员，是司法机关工作人员，属于典型的“国家工作人员”。其利用职务便利为他人谋取利益并收受他人钱款的行为，毫无疑问应认定为受贿犯罪。2011年5月至2014年1月，李某虽仍为该法院民二庭助理审判员，但由于已接受杨某某邀请参与了甲公司的经营管理，此时李某收受甲公司钱款的行为，就不能一概认定为受贿犯罪，要结合其为甲公司服务的工作方式和工作内容进行剖析。至于2014年1月李某退休后，为甲公司服务并收受甲公司钱款的行为，就是纯粹的个人营利行为。但如果跟其之前的法官职务相关，或者李某在职时利用职务便利帮助杨某某并与其有过退休后收受款物的约定或合意，则属于受贿。

（三）认定受贿罪必须考虑行为人行为所侵犯的客体

按照目前国内一些知名学者的观点，受贿罪的客体是国家工作人员职务行为的不可收买性。2010年12月，李某身为在职法官，在收受杨某某钱款后，利用法官身份帮助解除了杨某某公司被查封的房产，这一行为明显侵犯了法律所保护的国家工作人员职务行为的不可收买性。至于2011年5月至2014年1月期间，虽然李某已接受杨某某邀请参与了甲公司的经营管理，但由于其仍为该法院民二庭助理审判员，具有国家工作人员身份，如果其利用身份便利或影响帮助甲公司做事并收受款物，则侵犯了国家工作人员职务行为的不可收买性，构成受贿，如果其只是利用自己的专业知识帮助甲公司办事，则不属于受贿，其收受的款物可视为薪酬。但毕竟此行为发生在其担任法官职务期间，违反了党的廉洁纪律，属于“违反有关规定从事营利活动”的情形，同时，也违反了《法官法》关于“违反有关规定从事或者参与营利性活动，在企业或者其他营利性组织中兼任职务”的禁止性规定。

综上，李某在职时于2010年12月收受杨某某现金200万元后用170万元给自己儿子买房的行为，应认定为受贿。至于李某于2012年12月和2014年1月以后，收受杨某某合计560万元房产和汽车的行为，由于跟其职务行为无关或者没有职务可利用，未侵犯国家工作人员职务行为的不可收买性，故不构成受贿。其中，李某在2011年5月至2014年1月期间实施的参与甲公司经营并收受款物的行为，可认定为严重违反廉洁纪律，应给予党纪政务处分，并收缴其违纪所得。

域外判例评析

以美国联邦贸易委员会诉安利案看多层次直销行政监管模式

谢雨桥*

摘 要： 目前我国允许获得直销牌照的企业以单层次直销作为其商业模式，多层次直销模式仍属违法。这种严格限制直销的管控模式不仅没有为促进市场竞争的多层次直销留下发展空间，也未能有效遏制金字塔式传销。安利案的裁决为我国的直销监管走出困境提供了借鉴。直销与传销概念之区别应当从实质意义上进行判断，即便尚不能将多层次直销合法化，也应在区别多层次直销与传销的基础上，给予两者不同程度的处罚，不应等同视之，一律作为传销处理。在直销与传销行政监管制度上，目前单向的行政机关决定模式并没有给予企业抗辩整改的机会，可以借鉴美国行政法官裁决之模式，提高行政决定的准确性，并通过命令整改的方式，在纠正企业违法行为的同时保护企业之生命力。

关键词： 直销；传销；安利案；行政监管；联邦贸易局

一、问题的提出

2006年，雅芳经商务部批准获得了我国内地第一张直销经营许可证，此后我国直销行业的发展一直受到严格的限制[①]。基于我国《直销管理条例》与《禁止传销条例》的规定，我国仅允许单层级直销在行政监管下运营，禁止多

---

* 谢雨桥，北京大学法学院法律硕士，研究方向为刑法学。

① 目前，经商务部批准持经营许可证的直销企业仅有89家。数据来源http://zxjg.samr.gov.cn/samrmrkout/front/dsBusiness，访问日期：2022年7月16日。

层次直销（multi-level marketing）。对直销业如此严格的限制之初衷或许是防止直销企业利用多层直销的外衣开展传销活动，但是此种做法的效果不尽如人意。一些获牌直销企业仍然利用其合法获得的牌照开展传销活动[①]。在现行法下如何区分具有刑事违法性的传销与仅具有行政违法性的直销？在不考虑现行法的前提下，在应然层面对多层直销法律采取何种态度才有利于市场竞争？如何把握对直销行业的监管程度与方式？对上述问题的回答，是直销行业能够有序、健康发展的基础。

美国作为商业直销的发源地，在直销行业管理方面形成了以联邦贸易委员会（Federal Trade Commission，FTC）为中心的行政监管制度，在直销监管、传销打击方面积累了较多的经验。在FTC提起指控的诸多案件中，安利案是美国直销监管领域具有重要意义的案例。目前学界对域外直销业案例及相关裁决背后体现出的监管理念少有研究。本文将对安利案的裁决要点进行介绍，对FTC的直销行政监管体制做出剖析，并介绍美国是如何在严厉打击金字塔传销的同时，保护合法的多层次销售的。期望能为我国进一步完善直销行业行政监管提供借鉴。

二、联邦贸易委员会诉安利案的背景及裁决要点

安利公司创立于1959年，主要经营清洁以及个人护理产品，并以上门服务的方式进行推销与配送。通过招募承销商、鼓励每个承销商发展新的承销商的方式，安利建立起承销商与其团队的利益关联关系，最终建构起其销售系统。虽身处寡头垄断的市场环境之中，但上述商业模式让安利迅速打开洗化市场，在市场上享有相当的占有率与较高的品牌忠诚度[②]。1975年，联邦贸

① “89家直销企业中，有12家企业或其经销商因非法传销而被起诉判刑。”参见高珈佳：《直销企业调查：22家带病获牌，12家企业经销商涉传销被诉获刑》，载搜狐网https://www.sohu.com/a/285436526_161795，访问日期：2022年7月16日。

② FTC v. *Amway Corp.*（1979），93 FTC at 677.

易委员会指控安利公司的商业模式违反《联邦贸易委员会法》第5条[①]，认为其商业行为构成不正当竞争。下文将对安利的多层次直销模式进行介绍，并对指控内容及复审委员会裁决要点进行梳理。

（一）安利的多层次直销商业模式

安利公司为承销商供应货物，并为承销商发放奖金。至裁决时，安利在全美大约有1500个直接承销商（即直接从安利公司批发购货的承销商）。直接承销商可以进行零售销售（即直接将产品卖给消费者），同时可以发展承销商并将货物卖给他们（A层）。A层承销商可将购得货物分两部分销售：一部分销售给消费者（一般按安利的指导价进行销售），另一部分销售给他发展的B层承销商（必须按安利的固定价格进行销售）。同理，B层承销商依旧可以通过两个渠道销售产品，并以此模式向下发展，直至无法发展新的承销商为止。上述等级制度中的人员组成并不固定，每个普通承销商的业务量达到一定程度时都可成为直接承销商。在其晋升时，可以带走其所发展的所有承销商及所有下线[②]。这种团队计酬模式与传统零售模式的不同之处在于，承销商除了赚取批发价与零售价之间的差价外，还可以按月获得绩效奖金（performance bonus）[③]。

绩效奖金是一个基于销售量计算的奖金制度。这个制度的计算基础是point value（基于批发成本而设计）和retail value（基于建议零售价而设计）。安利的每件商品都被公司赋予了相应point value和retail value。承销商购入的用于向下线分销的产品总量被转化为point value，购入用于向消费者零售的那一部分产品被换算成retail value。两项数值相加得出一个总数，然后根据安利

---

① Federal Trade Commission Act, Incorporating U.S. SAFE WEB Act amendments of 2006 § 45. Unfair methods of competition unlawful; prevention by Commission (Sec. 5)(a)(1): Unfair methods of competition in or affecting commerce, and unfair or deceptive acts or practices in or affecting commerce, are hereby declared unlawful.

② FTC v. *Amway Corp.* (1979), 93 FTC at 714.

③ FTC v. *Amway Corp.* (1979), 93 FTC at 637–638.

的转化表，不同数额对应不同等级的绩效奖金。比如，如果本月的point value与retail value相加大于等于7500点，那么安利或上线就会发放购入产品总额25%的绩效奖金。为了防止存货堆积、避免上线只向下线销售而不向消费者销售，安利规定了两项获得绩效奖金的前提：（1）承销商所销售的产品数量必须达到其该月购买产品数量的70%以上（以下简称70%规则，70 percent rule）；（2）承销商至少要向十个不同的消费者各完成一单零售（以下简称10个消费者规则，10 customer rule）。

（二）指控以及裁决要点

在听证会中，联邦贸易委员会对安利提出五项指控：（1）安利实施转售价格的固定；（2）安利公司限制承销商的购货来源与转售对象，构成纵向的竞争限制；（3）安利公司限制承销商对产品进行宣传以及减价出售，属于通过固定价格对竞争进行限制；（4）安利从多层销售系统中招募新承销商，通过承销商数量的几何基数增长以获取暴利，故构成金字塔式传销；（5）安利对获得承销商资格带来的盈利能力以及招募到新承销商可能性作了夸大。最终，委员会在复议时认为，安利的直销模式不属于金字塔式传销。固定专卖价格属于不合理的商业限制，但是其他纵向限制是直销模式运营所必需的合理限制，并非《联邦贸易委员会法》第5条所规定的不正当竞争行为或欺诈行为。以下仅对与直销监管相关的部分作出评述。

1. 安利的商业模式是否属于金字塔式传销

委员会的第四项指控认为安利的销售模式构成金字塔式传销。行政法官初审及复议决定否认了此项指控。复议决定通过援引科斯克（Koscot）案阐释了金字塔式传销的本质特征，即参加者通过向企业支付金钱以获得：（1）销售产品的权利，（2）因吸纳其他参与者进入该项目而获得奖金的权利，且奖金与将产品销售给终端消费者无关[①]。并非所有的多层次直销模式都是金字塔式传销，对于多层次直销模式是否变异为金字塔式传销需要进行个案分析，

---

① In re Koscot Interplanetary, Inc., 86 F.T.C. 1106, 1180（1975）.

即具体分析个案中的多层次直销模式是如何实际运作的[①]。

有些金字塔式传销声称其销售产品，但产品往往只是金字塔式传销活动的掩饰。两种表现可用以判定产品是否系掩盖传销的工具：一是堆积的库存量；二是零售的欠缺[②]。在金字塔式传销下，企业实际上并不关心产品是否能销售给终端消费者，只关心是否能招募到新承销商以获得更多的入门费。最终，那些支付了一大笔入门费并寄希望于通过再招募回本与获利的底层承销商会大失所望，因为他们难以招募到足够的下线，而入门费也不会再退回[③]。

如果仅仅从形式上观察安利的直销模式，安利符合传销的形式特征，即若想要成为承销商，加入者需要缴纳入门费，且上线能够通过发展新的承销商获得绩效奖金。行政法官的洞见在于，没有仅凭形式上的特征便武断认定安利的销售模式为金字塔式传销，而是综合了安利多层销售中的具体规则及特征，对其商业模式进行了实质判断。

首先，行政法官认为成为安利承销商所需交纳的15.6美元不属于金字塔式传销中的入门费。证据表明该15.6美元被用于购买安利的销售指南，且当承销商退出安利时，这笔费用会被返还。此外，若承销商A发展的下线并无销售能力，那么A无法仅仅因为发展了下线获利。仅当其下线向消费者卖出了产品，或者将产品卖给了下线发展的承销商时，A才有可能基于发展下线获利（即前文中提及的绩效奖金）。因此，安利多层次直销系统的维持并非依赖承销商加入时交纳的15.6美金或仅依赖无销售量的人员加入。

其次，为了防止承销商利用购进超量的产品或强制销售产品给下级承销

---

① FTC v. *BurnLounge*, *Inc.*, 753 F. 3d 878（9th Cir. 2014）.

② Prepared Statement of Debra A. Valentine, on "*Pyramid Schemes*", Presented at International Monetary Fund's Seminar on Current Legal Issues Affecting Central Banks（May 13, 1998）.

③ In re Koscot Interplanetary, Inc., 86 F.T.C. 1106, 1180（1975）, aff'd mem., sub nom. Turner v. FTC 580 F.2d 701（D.C. Cir. 1978）. See also In re Ger-Ro-Mar, 84 F.T.C. 95（1974）, aff'd in part, rev'd in part sub nom. Ger-Ro-Mar v. F.T.C., 518 F.2d 33（2d Cir. 1975）; In re Holiday Magic, Inc., 84 F.T.C. 748（1974）.

商以提高绩效奖金收益，安利制定了“回购规则”（buy-back rule）、“70%规则”，以及“10个消费者规则”[①]。“70%规则”及“10个消费者规则”的含义已在前文论及。“回购规则”是指对下级承销商滞销的库存产品、欲退出的下级承销商尚未售出的产品，上级承销商有义务回购这些产品。上述规则的存在与有效执行说明了安利的多层次直销模式并非旨在通过收取入门费获利并以销售产品为掩盖的金字塔式传销[②]。

2.安利商业模式中的禁止与限制措施是否属于不正当竞争

针对安利的第一项指控认为安利实施了一系列措施以实现对价格的固定。行政法官认为安利的价格固定规定是本身违法的（per se unlawful）。复议决定在对此表示肯定的基础上，分别分析了安利对批发价格和零售价格进行固定之违法性问题。首先，安利通过明示合同固定上级承销商向下级承销商销售的批发价。复议认为该类固定批发价格的明示合同本身是违法的。其次，根据1963年发布的《安利销售计划指导规则》（The Rules of Conduct of the Amway Sales Plan），安利要求承销商按照规定的价格向消费者销售产品，向其他承销商出售产品时不可提供未经公司授权的折扣，以此来固定产品转售价格。可以看到，上述要求本身就削弱了价格竞争，对消费者来说是不利的。虽然安利称1965年零售价格的固定规则已经被废止了，但初审行政法官认为，没有证据证明安利曾清楚地告诉其承销商：他们有权设定零售价。此外，复议决定还指出安利的下述方式都是其推行零售价格固定政策的表现：（1）动用承销商的力量来监督价格，防止降价。安利明确地告诉直接承销商（Direct Distributors，即级别最高的承销商）要防止狗咬狗的行为（dog eat dog），并建议上级承销商找打折的下级承销商谈话。（2）此外消费者保护规则也发挥着固定价格的作用。消费者保护规则是指，一旦某承销商向一名消费者零售了一份产品，那么30天内其他承销商不能向该消费者出售产品。行政法官认

---

① Prepared Statement of Debra A. Valentine, on "*Pyramid Schemes*", Presented at International Monetary Fund's Seminar on Current Legal Issues Affecting Central Banks（May 13, 1998）.

② FTC v. *Amway Corp.*（1979）, 93 FTC at 715.

为消费者保护规则的目的是维持违法的固定价格政策，即这样的规定会防止其他承销商为争夺顾客而不顾公司固定价格的规定而打折出售。初审行政法官及复审裁决均认为，上述规则减少了承销商之间的竞争，而所有会减少价格竞争的实践都触及了公司自由系统的核心，必须被禁止。（3）“10个消费者规则”的功能异化。该规则本是为了防止承销商只发展下线而不进行零售活动，是安利并非金字塔式传销的重要证据。但是，该规则也间接发挥了控制零售价格的作用，因为它要求承销商每月上报售出产品的零售价格，从而起到监督零售价格的作用。（4）利用“回购规则”固定价格。该项规则在防止存货堆积的同时，通过上线的回购防止承销商在即将退出时以折扣价售出存货。（5）限制承销商用折扣价格为安利产品做广告。对那些利用折扣价格来推销安利产品的承销商，安利会立即予以警告。比如一位来自佛罗里达的承销商曾准备了带有安利商标的一些促销资料，在这些资料中重点比较了安利与其他同类竞争商品的价格。之后，安利的法务助理向他说明了安利的立场：价格比较是严格被禁止的，安利的承销商不应当运用该宣传方式。行政法官认为，法律保护真实的宣传带来的价格竞争[①]。根据Prestonettes公司诉Coty公司的判决：“商标给予了所有权人禁止他人使用该商标的权利，但是所有权人应当在保护所有权人良好信誉、对抗用其他产品假冒该所有权人产品的范围内行使权利。”[②]禁止以折扣价格为内容的宣传，其目的是固定价格，因此也必须被禁止。复议决定同意行政法官的观点，同时认为对价格宣传的限制是安利实施零售价格固定的证据之一。

在初审裁决中，行政法官否认了第二、三项指控。第二项指控称，被告分配承销商的顾客以及产品供应来源的限制规则是违法的。该项指控主要涉及安利市场销售计划中的两项规则：（1）零售店规则：禁止承销商将安利的产品通过零售商店销售。（2）交叉销售组规则：交叉销售组规则要求承销商

---

① FTC v. Amway Corp.（1979），93 FTC at 689.

② See *Sunbeam Corp. v. Payless Drug Stores*, 113 F. Supp. 31, 44（N.D. Cal. 1953）, citing *Prestonettes, Inc. v. Coty*, 264 U., 359, 368（1924）.

只能从直接发展他的上级承销商处购货，并只能向他直接发展的下级承销商批发售货，不能向其他承销商发展的下线售货。第三项指控称，安利限制承销商的宣传和广告活动的规定违法。该限制规定，只有直接承销商（Director Distributor）才能通过电台、电视、报纸等途径用安利提供的资料进行广告宣传。

指控方认为上述限制规则不应被逐个分析，因为它们作为一个整体共同发挥了限制竞争的作用。初审裁决援引了Snap-On-Tools Corp. v. FTC（实耐宝公司诉美国联邦贸易委员会案）的说理，认为并无证据表明这些条款作为一个整体共同发挥消灭、限制竞争之作用，以损害消费者利益①。如前文所述，行政法官认为第一项指控中的价格固定是违法的。如果第二、三项指控中的限制措施是实现价格固定的辅助措施，那么上述限制措施也应当被认为是违法的。换言之，若这些措施是实现价格固定目的的一部分，由于“价格固定”目的是违法的，那么为了达到这个目的所实施的措施自然也是违法的。但是现有证据并不能证明这一点。反而，现有证据能证明的只是：第一项指控中的价格固定会对第二、三项指控中的纵向限制措施的实施产生辅助作用。因此对第二、三项指控中的纵向限制措施应当独立于价格固定进行判断。因此安利的每一项纵向限制都必须单独分析，以决定它们是否存在为法律所禁止的目的或影响。此观点在复议中得到了确认。复议决定还认为，价格固定难以仅凭这两项规则得以实现。

初审行政法官认为第二、三项指控中的规则确实是纵向的，但是第二项指控中分配承销商的顾客、产品供应来源、禁止在零售店销售这类纵向控制，并不是那种确定会被地推定为不合理且违法的协议或实践。一项协议若确定地被推定为不合理且违法，那是因为它们对市场竞争会产生有害影响，且该协议缺少任何可能弥补上述有害影响的优点。在United States v. Arnold Schwinn & Co.（美国诉阿诺德施文公司案）中，法院驳回了纵向限制是本身违法（per

① Snap-On-Tools Corp. v. FTC 321 F.825 830（7th Cir. 1963）.

se rule）的观点[1]。因此，纵向限制规则是否违法必须在个案中具体分析。在Sylvania（美国大陆电视台诉西尔瓦尼亚公司案）中，商人们需要遵守一个小型生产商所实施的位置限制（Location Restrictions）。法院认为一些分配产品的纵向限制使生产商获得一定的市场效率，从而增强了品牌间的竞争，由此判定该案中的限制措施并不违法[2]。行政法官认为，对纵向限制是否合法的审查，应当基于其产生的经济影响，而非根据形式特征进行判断。在本案中，安利的纵向限制规则并没有对经济产生不良影响，因此上述规则不是本身违法的。复议决定表示，交叉销售组规则是安利对承销商进行培训、有效分销以及计算回馈奖金的合理辅助手段，零售店规则有助于直销系统的维持，并能够激励承销商为消费者提供更好的服务。考虑到上述两项规则并不必然导致价格固定且设计这些规则具有合理理由，复议决定认为第二项指控不成立。

第三项指控认为限制宣传的规定违法。安利限制宣传的主要内容包括任何安利的承销商都不能制作或使用非公司分发的宣传资料，且只有直接承销商能通过电台、电视或报纸等手段进行宣传，其他承销商只能通过上门服务或者邮件的方式进行宣传。行政法官在裁决中强调此处对宣传的限制规定不同于第一项指控中对宣传的限制。第一项指控中对宣传的限制是指禁止承销商通过打折的方式促销安利产品，本质是固定价格。而此处的限制则是不涉及价格的宣传限制。行政法官认为此为合理的限制，因为安利作为商标持有人有权以合适的方式规范与其商标有关的广告或宣传资料，以防止商标被滥用。复议决定对行政法官完全同意宣传限制的观点持保留态度。复审决定认为，第三项指控中所指的宣传限制有关价格固定的面向，即承销商无法在宣传资料中列出他自己设定的零售价格。因为承销商只能用安利公司分发的宣传资料，而这些资料中又没有让承销商附上自己零售价的余地，因此他们不能对产品价格进行宣传，由此安利达到了固定价格的效果。因此，复议决定认为宣传限制带来的固定价格之影响是违法的。

---

① United States v. Arnold，Schwinn Co.，388 U.S. 365（1967）.

② Continental T. V，Inc. v. GTE Sylvania，Inc. 537 F.2d 980（9th Cir.1976），aff'd，433 U.S. 36（1977）.

此外，复议决定认为，现有的交叉销售组规则、零售店规则以及其对宣传的限制（除了关联到固定价格的部分）为安利进入市场提供了入口，否则其难以进入被寡头垄断的洗化市场。安利对承销商的上述限制措施没有超过其为了在寡头市场发展直销所必需的范围。考虑到上述规则是直销模式存续的基础，加之安利的市场份额较小，因此上述规则的性质是为维持多层次销售模式存续的合理限制。

3.安利的商业模式是否夸大了承销商的获利及招募新成员之可能性

FTC指控被告欺骗（misrepresentation）了有加入安利意愿的人们，告诉他们招募新承销商很容易且能获得大量收入，此外被告没有透露安利承销商的高流动率，也没有透露成为承销商需要一大笔费用。上述虚假陈述属于信息的不完全披露，违反了《联邦贸易委员会法》第5条。

行政法官认为现有事实表明，安利并不存在违法的虚假陈述。因为在安利的市场销售计划手册中，公司告诉了承销商，他们需要通过努力才可能获得利润，并告诉新加入的承销商，他们处在生意的最低层。安利对那些愿意为成功付出努力的人来说是一个机会，但是对那些想要不劳而获的人来说，安利并不适合他们。虽然安利会用理想、目标等感性的词语来激励参会承销商，但同时公司也要求承销商努力工作实现理想。安利建议承销商用包含具体金钱数额的例子来解释多层次直销模式。在该例中，安利假设承销商的零售数额是每个月200美元。行政法官认为，虽然一般安利承销商的零售额远低于该标准，但是根据宣传资料，在举该例时，安利提醒了听众，这不是任何承销商一般都能达到的零售额。此外，根据一位前任安利承销商的证言，他在听到这个例子的时候，知道每个月零售200美元只是一个目标，而非平均零售额。此外，安利在宣传资料中强调了零售的必要性，并警告承销商们，绝不要给新加入者一种他们只要发展新承销商就能够获利的印象。因此，行政法官认为安利的招募模式并没有欺诈可能加入的人们。复议决定认为在一般的宣传上及招募新成员难度方面，安利不存在虚假陈述。但是200美元零售额的例子会误导潜在承销商，让他们倾向于认为月零售200美元是平均水平。联邦贸易委员会援引National Dynamics（国家动力公司案）的结论，即对潜在承销商进行盈利能力宣传时应当以一般盈利能力的承销商为例，而不应使用极少数获得高额业绩的个例[①]。安利在例子中使用的200美元的销售体量超过了真实一般销售体量的500%。因此，安利夸大了承销商的获利能力，在该项宣传上存在虚假陈述。

在信息的不完全披露方面，行政法官认为现有证据表明安利披露了作为其承销商所需的费用。此外，行政法官认为，直销行业中企业的销售员通常都具有高流动率，而安利的流动率其实低于一般直销企业的流动率，此外，安利也警告了其承销商，他们招募的新承销商有可能会离开。因此行政法官认为安利不存在信息的不完全披露。复议意见同意初步裁决的观点。

根据全案的证据，联邦贸易委员会对各项指控是否成立进行论证后，做出了最终命令：除了对安利处以罚款之外，还对安利的诸多营业事项做出了具体限制，例如，要求安利不得要求承销商以固定价格卖出商品、不得与承销商签订固定价格的协议、不得追踪承销商的销售价格等。上述行政命令具体且具有可操作性，在纠正违法行为的同时也指明了企业的整改方向[②]。此外，本案最为长远的影响在于将合法的多层次直销与金字塔式传销进行了区分，为以多层次直销为商业模式的企业之合法运转提供了行为规范。

三、FTC诉安利案对我国直销行业监管的启示

（一）采取实质判断区分多层次直销与金字塔式传销

安利案在对多层次直销与金字塔式传销进行区分时，结合了安利企业内

① National Dynamics Corp., 82 F. G 488 (1973), aff'd in part and rev'd in part, 492 F.2d 1333 (2d Cir.), cert. denied 419 U.S. 993 (1974) at 564.

② 类似的行政命令也存在于其他行政机关的裁决中，比如联邦环保总署所做出的“行政裁决将根据制裁程度的不同，采取非正式或审讯式的听证。听证由行政法官主持，听证的结果将导致行政命令的产生。根据它们的条件，行政命令可以全面而准确。他们可以要求违法者服从所有可适用的规则，在限定期限内采取补救性的清理行为，定期提供进展报告，并课以罚款。这样的处罚是相当实质性的”。参见白维贤、金立法、薛刚凌：《中美行政执行制度比较》，载《行政法学研究》2001年第1期，第83页。

部的规则，比如“回购规则”“70%规则”，以及“10个消费者规则”。对这些规则的关注表明，复审委员会和行政法官在区别多层次直销与金字塔式传销时，并非仅从形式上进行判断，而是结合企业的规则及这些规则对经济的影响进行实质判断。对企业内部规则的关注不仅为联邦贸易委员会提出指控、做出裁决提供依据，也有助于激励公司在内部为多层次直销建构规则，有意识地避开金字塔式传销的泥沼，防止企业在发展中异化。一旦出现相关的指控，企业也可以根据自身建立的销售规则提出抗辩，以免被认定为金字塔式传销。

目前，我国仅在《最高人民法院、最高人民检察院、公安部关于办理组织领导传销活动刑事案件适用法律若干问题的意见》第5条中规定了多层次直销与金字塔式传销的区分标准：“以销售商品为目的、以销售业绩为计酬依据的单纯的‘团队计酬’式传销活动，不作为犯罪处理。形式上采取‘团队计酬’方式，但实质上属于‘以发展人员的数量作为计酬或者返利依据’的传销活动，应当依照刑法第二百二十四条之一的规定，以组织、领导传销活动罪定罪处罚。”该司法解释性文件所阐述的多层次直销与违法的金字塔式传销的区分标准在实质上与安利案是一致的，即多层次直销应当是以销售商品为目的的，而金字塔式传销则是以拉人头、收取入门费为本质的。即便多层次直销未来在我国不能合法化，也应以此司法解释为思考起点，在行政法规和刑事法律中明确“以团队计酬为特征”的多层次直销与具有刑事违法性之传销间的区别，并在区别的过程中强调实质判断，防止错将仅需受行政处罚的多层次直销当作传销犯罪处理。

（二）区别对待多层次直销与金字塔式传销

多层次直销在减少店铺宣传成本的同时，以人际关系为媒介，在拓宽商品销售渠道的同时，能给消费者带来便利与价格优惠，还能解决大量人员的就业问题。因此，在妥善监管之下，多层次直销能够发挥正面价值、推动社会经济发展。安利案的价值在于，为以销售商品为目的的多层次直销正名，使其在美成为合法的经营模式，并对合法的多层次直销和违法的金字塔式传销进行了区分。受到该案影响，日本以及我国台湾地区等地均对多层次直销与金字塔式传销进行了界分。例如，我国台湾地区的《公平交易法》及《多层次传销管理办法》对两者作了实质性区分，给予多层次直销生存的空间[①]。

我国的行政法规目前尚未对多层次销售与金字塔式传销进行实质性区分。2005年国务院出台的《直销管理条例》将直销限制在取得直销许可的单层次直销层面，而没有取得直销牌照的直销活动一律作为传销处理。同年出台的《禁止传销条例》第7条将“团队计酬”与“拉人头”“收取入门费”并列作为具有行政违法性的传销对待。此外，《禁止传销条例》第24条的处罚规则没有根据传销行为的违法程度不同，规定不同的处罚方式，而仅盖然性地规定由工商行政管理部门没收非法财物、违法所得，并处罚款，构成犯罪的追究刑事责任。

鉴于我国目前传销、直销的概念区分不清晰、处罚的判断标准具有形式化特征。如前所述，即便多层次直销在中国尚不能合法化，也应将其与“拉人头”式的传销区分对待。两者的界分应当从是否以向消费者销售产品为目的、是否主要以销售量作为员工报酬计算的根据、是否存在囤货行为、承销商是否有退出自由进行实质判断。在具体认定时，不能仅以是否持牌的形式特征进行判断。如果仅以是否经过行政许可为准，持牌企业违法可能性会增大。未来在推进直销立法的过程中[②]，应当积极提议重新从直销、传销的实质意义上对其概念进行定义，将多层次直销与金字塔式传销区分开来，不以是否拿牌，或仅以行为特征作为唯一判断标准。

（三）将禁止传销与维护公平竞争相联系

安利案判决所阐明的问题并不局限于金字塔式传销本身，同时涉及价格固定和限制竞争，并将前者与后者相联系。该案中的指控依据是《联邦贸易

---

① 林天财主编：《直销法律学》，五南图书出版股份有限公司2015年版，第10—11页。

② 李雪娇：《直销立法迫在眉睫——专访中国市场学会直销专家委员会主任艾家凯》，载《经济》2019年第9期，第100—101页。

委员会法》，是美国竞争法的重要组成部分。该法第5条明确提出："本条宣称，贸易中不公平竞争方法或者影响贸易的不公平竞争方法、影响贸易的或在贸易中存在的不公平或欺诈行为、实践，不合法。"①

复议委员会将保护竞争的宗旨与多层次直销联系到一起，在判断被指控方是否存在不正当竞争的行为同时，也在证成多层次直销的正当性。例如，复议委员会认为交叉销售组规则和零售店规则可以用来证明案例存在价格固定、限制竞争的行为，但也承认上述规则同时也是多层次直销得以运转的基础。这种做法是将直销置于竞争法的视野下进行监管。我国台湾地区在立法上也采取了类似的规定方式，将对直销的规定纳入到"公平交易法"中。

我国目前规制直销或传销的主要行政法规是《直销管理条例》和《禁止传销条例》。两者均强调了对于欺诈行为的规制，且均具有保护消费者权益、维护社会公共利益、社会主义市场经济秩序法益的目的。但是我国的禁止传销与直销的规制缺乏与《反不正当竞争法》和《反垄断法》的对接。在对金字塔式传销进行禁止与处罚、对直销企业进行规制时，应当从上述两部法律中寻找依据，分析企业哪些行为构成不正当竞争，从而提高处罚与规制的准确性，避免形成这样一种滥用，即仅仅以侵犯抽象的公共利益或市场经济秩序法益作为理由对企业进行处罚。

（四）在监管模式方面引入控辩裁决机制

联邦贸易委员会在对安利进行监管处理时，不是直接单向地调查、定性然后予以处罚，而是在内部引入了控辩审三方构造，充分保证了涉案企业的抗辩权。首先，由联邦贸易委员会进行第一轮筛查，由内设分局提起指控。其次，行政法官在调查事实、主持听证会后做出初步决定，这可以视为第二轮筛查。最后，联邦贸易委员会作出复审决定，相当于第三轮筛查。在这一

---

① Federal Trade Commission Act, Incorporating U.S. SAFE WEB Act amendments of 2006 § 45. Unfair methods of competition unlawful; prevention by Commission (Sec. 5)(a)(1): Unfair methods of competition in or affecting commerce, and unfair or deceptive acts or practices in or affecting commerce, are hereby declared unlawful.

过程中，指控能够得到充分的讨论，以提高最终命令的正确性。

筛查过程中举行的对抗式的听证会，给予了企业充分抗辩的机会。被控企业还可以在筛查过程中与联邦贸易委员会达成和解协议，这意味着政府并非处于绝对的居高临下的管理地位，企业与政府的地位相对协同对等。这种理念有助于审慎判断企业的违法性，给予企业足够的整改机会，保护产权。尊重与倾听带来的不仅是监管的合理化，同时维护了合法直销企业在市场上的生存空间。

我国对直销、传销的行政规制主要由市场监督管理部门进行。对于违规的直销企业惯常的方式是根据《市场监督管理行政处罚程序暂行规定》作出行政处罚。在行政相对人被告知被处以行政处罚之前，由办案机关进行调查，送交调查终结报告至审核机关，审核机关审核案件的定性、法律依据、程序、处理等，然后向办案机关发出书面意见。书面意见的类型包括同意处理意见、纠正错误、补充调查。在审核结果反馈给办案机关以后，办案机关再将行政处罚意见交由负责人决定是否批准。这种行政审核制的处罚方式相对较为封闭，对于当事人的听证权保障不足，带有较为严重的职权主义色彩。在一些专项行动中，行政机关会约谈涉嫌违规的企业。在约谈模式下企业有与行政机关协商的余地，但监管整体上尚未呈现出协议化的运作模式。因此，我国对直销、传销的规制模式，本质上仍属于单向信息输入的行政机关决定模式。

有鉴于此，可以考虑在一些重大的行政处罚事件中，引入裁决机制：将审核机构的审核步骤移到负责人告知当事人拟作出行政处罚决定之后，并将审核的方式和听证会融合，由双方对事实进行陈述、进行举证质证，由审核人员独立做出判断，若有一方不满，可要求负责人进行复审。同时为了保证审核人员的中立性、客观性，在立法上应明确赋予审核人员独立决定权。

（五）改进行政处罚方式

在安利案中，经过复议后所产生的最终命令均为停止性命令。复议委员会列明了要求安利停止实施的违法行为，并要求安利将该命令的复印件在30天内分发给所有承销商，并在60天内向委员会提交关于命令履行情况的报告[①]。在对存在多层次直销行为的企业进行规制时，我国常用到的行政处罚方式则有：责令整改、责令停产停业、吊销许可证或营业执照、罚款。

从处罚的严厉程度观察，责令停产停业、吊销许可证或营业执照意味着该企业将不再具备继续经营、营业的资格条件，必须进行注销。罚款是对企业过往行为的一种惩罚，通过经济损失让企业感受到违法之痛。但是罚款能发挥的效果有限。以罚款为主的处罚方式对于生产经营规模小、资金实力薄弱的企业来说是沉重的负担，但对资产雄厚的大企业又起不到惩罚与预防的效果。罚款由于具有上述副作用，因此不应当让其成为行政机构的主要选择，换言之即便适用罚款，它也应以辅助惩罚的身份出现。责令整改与美国采取的停止性命令类似，要求相关企业对之前存在违法违规的商业经营行为或模式进行整治，使之在合规后可以继续经营、生产，且不会对该企业的日后营业产生过多负面影响。未来，在多层次直销尚未合法化的前提下，执法机关应当根据个案情况综合使用上述处罚方式，并可借鉴停止性命令的经验，具化责令整改的内容，比如在行政处罚书中写明哪些行为应当停止，哪些行为应当改正，在多长的期间内达到什么样的效果，并做好后续整改检查监督工作。

四、结语

直销商业模式在我国长期严格的管控下，仅单层次直销模式具有合法性，直销业整体上仍处于起步阶段。我国立法者及行政机关应认识到多层次直销模式这一价值中立的商业模式对市场竞争的积极作用，从实质意义上理解直销与金字塔式传销之区别，并加强竞争法与打击传销、直销合规之间的联系。在此基础上，进一步完善行政机关监管的程序。目前对于传销和直销基础概念的界定以及治理机制的完善是当务之急，在此基础上才能进一步研究如何发挥直销行业的行业自治、如何有效治理直销企业利用互联网发展等相关问题。

---

① FTC v. *Amway Corp.*（1979），93 FTC at 738.

厄瓜多尔“自然的权利”诉讼第一案

——比尔卡班巴河诉洛哈省政府

刘立明*

一、基本案情

2008年，厄瓜多尔共和国洛哈省政府通过南方公路公司实施了“比尔卡班巴－奎纳拉”公路扩建项目。施工前，洛哈省政府没有对该项目组织环境影响评价，也没有获得环境部的施工许可证。

在拓宽公路的过程中，承建公司在比尔卡班巴河岸堆积大量石头和挖掘物，并将废弃物直接倒入河中，对比尔卡班巴河流域的环境造成严重损害，尤其是对河流和河床而言。由于施工问题，比尔卡班巴河的自然生态遭到破坏，导致2009年雨季到来后，河水中的垃圾、石头、沙子、碎石、树木产生横向位移和沉积，淤积的河道致使河水上涨、河岸溃堤，周围居民的房产受到洪水侵袭，包括本案原告理查德和诺里的房产。

鉴于因扩建“比尔卡班巴－奎纳拉”公路发生的环境损害，本案原告理查德和诺里代表比尔卡班巴河，以洛哈省政府侵犯比尔卡班巴河在宪法上的“自然的权利”为由，提起诉讼。诉讼请求：1.洛哈省政府立即停止将垃圾和施工废料倾倒在比尔卡班巴河；2.恢复比尔卡班巴河的天然河道；3.清除倾倒在比尔卡班巴河中的石头、泥沙、碎石和草木。

---

* 刘立明，安徽师范大学法学院讲师、法学博士，研究方向为法哲学。

二、裁判要旨

由于厄瓜多尔没有环境法官，根据厄瓜多尔宪法，该诉讼可以由民事、刑事或其他法官审理。本案一审被随机分配给洛哈省第三民事法院。该法院以本案不满足消极合法性（passive legitimacy）为由，驳回原告理查德和诺里对于比尔卡班巴河“自然的权利”的实体请求。判决中，法院仅限于解决程序问题，对比尔卡班巴河的“自然的权利”主张刻意回避，没有承认和保护“自然的权利”。①

由于一审法院没有承认“自然的权利”，原告理查德和诺里决定上诉。二审将案件随机分配给洛哈省法院刑事庭（the Criminal Division）。2011年3月30日，刑事庭二审裁定比尔卡班巴河的“自然的权利”受到了侵犯。

刑事庭认为，以缺乏证据为由拒绝有利于“自然的权利”的保护行动是不可接受的。法官提出关于“自然的权利”遭到损害时的证明责任分配规则：即在有可能推定环境损害是由环境污染和破坏所造成的情况下，所述环境损害的事实由最可能引起损害发生并且声称所述损害不存在的一方来证明。即关于“自然的权利”受到侵害的案件适用举证责任的倒置原则。原告理查德和诺里不必证明比尔卡班巴河本身受到了损害，而洛哈省政府则有义务提供证据证明公路拓宽工程对比尔卡班巴河的生态环境是无害的。

最后，刑事庭依据《厄瓜多尔共和国宪法》中的“自然的权利”条款，认为洛哈省政府侵犯了“自然的权利”。要求：1.洛哈省政府在五天之内实施环境部的整改建议，否则审委会将裁定停止施工；2.环境部的洛哈省区域负责人和洛哈省监察专员负责对判决实施情况的监督，并定期向法庭报告判决履行情况；3.洛哈省政府必须对因公路扩建项目施工前未取得环境部的许可

---

① Constructing the Rights of Nature: Constitutional Reform, Mobilization, and Environmental Protection in Ecuador.

证而擅自施工的行为，在当地报纸上公开道歉。①

三、法律依据

2008年《厄瓜多尔共和国宪法》第二编第七章第71条至第74条规定了“自然的权利”。根据这些条款的规定，自然有生存的权利，有保持和再生其生命周期、结构、功能和进化过程的权利。在环境遭到破坏的情况下，自然有得到恢复的权利，这项权利独立于因环境损害而受到侵犯的个人的损害赔偿请求权。

除赋予自然以实体性权利外，《厄瓜多尔共和国宪法》还规定了涉及保护“自然的权利”的程序性权利。该宪法规定：不分种族、民族，任何个人和组织都有请求公共权力机关尊重和保护自然的权利。当自然的权利受到侵犯时，任何个人、组织都可以根据宪法上的自然的权利规定向行政机关或司法机关提出保护“自然的权利”的诉求。

关于“自然的权利”的法律适用方面，《厄瓜多尔共和国宪法》的规定较为笼统和抽象。该宪法第71条第2款规定：为恰当地实施和解释这些“自然的权利”，应当遵守宪法中规定的原则。②

四、法理问题

现代社会一般把环境视为公共利益，主张环境是由自然资源构成的实体，是科学研究和处理的对象。但在本案中，作为自然体的比尔卡班巴河，这个在传统哲学和法学理论中被视为法律关系客体的存在却翻转为法律关系的主体，这既是对以人类中心主义伦理学为主导的自然—社会关系认知的挑

① Defending nature: Challenges and obstacles in defending the rights of nature Case Study of the Vilcabamba River.

② CONSTITUTION OF THE REPUBLIC OF ECUADOR, https://pdba.georgetown.edu/Constitutions/Ecuador/english08.html.

战，也是对既有法律关系、法律渊源和权利理论的刷新。为法学理论研究提出了涉及权利主体、权利类型、权利冲突等一系列有趣的问题。比如，自然体成为权利主体的法理依据是什么？如何理解作为法律上拟制的权利主体的自然？它与法律拟制的法人主体有什么不同？作为一种新兴的权利类型，“自然的权利”与为人类利益而对自然的使用和开发之间的冲突该如何解决？“自然的权利”与人权之间的矛盾该如何协调？作为宪法上的基本权利，“自然的权利”在具体的司法案件中应当如何被解释和适用？上述关于“自然的权利”的法理问题是法学研究应予回应的基本课题。

日本“黑雪事件”中的违法性认识问题

曹翊群*

一、基本信息

国别/地区：日本
案例类别：刑事案例
案例名称：电影《黑雪》传播猥亵物品案
裁判时间：1969年9月17日
审判法院：东京高等裁判所第七刑事法庭
案例编号：昭和42（う）1926
争议问题：如何判断不可避免的违法性认识错误？

二、案件事实

1965年，作为日本战后进步派知识分子的著名导演武智铁二，拍摄了反美题材电影《黑雪》。电影在反映民族主义的同时，也出现了大量性爱镜头。《黑雪》于当年6月4日过审，7日电影伦理审查委员会委员长高桥诚一郎在第二次试映会上认为影片内容有触犯电影伦理规定之嫌，决定于8日组织临时委员会对成片再做修整，并于会上提出删减14个镜头的意见，电影最终正式上映。16日警视厅将放映的胶片视作猥亵物品的证物，对武智家宅及日活电影

---

* 曹翊群，安徽师范大学法学院硕士研究生，研究方向为刑法学。

公司进行了搜查，收缴了日活电影公司的电影拷贝。该年末日本警视厅以“触犯刑法第一七五条（传播猥亵物品罪）”为由，对《黑雪》导演武智铁二及发行该片的日活电影公司责任人村上觉提起刑事诉讼，自此发生了轰动一时的“黑雪事件”。

三、裁判概要

一审法院认为《黑雪》不属于猥亵物，行为人不构成犯罪。一审法院认为判断电影作品是否属于猥亵物，应当考察是否具有猥亵性。关于猥亵性的判断不能独立地从某一个片段入手，而应当将所有影像作为一体不可分的对象来考察，因为只有各片段集合在一起才能形成有意义的电影作品。日本宪法保障作品表达艺术性、思想性的学术自由。本案中的电影主旨是表达民族主义，即使片段中出现性爱镜头，也是服务于作品的艺术性，而非表达猥亵性。如果将该作品定性为刑法上的猥亵物，将侵犯宪法保障的思想、学术自由，故该行为不构成刑法第175条规定之罪。

二审法院同样认为不构成犯罪，但在出罪理由上不同于一审法院。二审法院认为判断电影是否具有猥亵性，还应当考虑社会相当性，需要关注社会大众的性的羞耻心。本案综合来看，电影《黑雪》具有一定的猥亵性，认定为刑法意义上的猥亵物是可以接受的。

二审认定出罪的理由在于该电影通过了电影伦理审查委员会的审查，相关责任人相信电影的上映是法律允许的，有相当的理由阻却传播猥亵物品罪的罪责。日本宪法保护作品的自由，但是对于社会一般观念而言，对作品无限制的放任不管，也是不被允许的。日本的电影伦理审查委员会依据国家制定的审查规则对送审电影进行审查，目的在于防止电影内容降低观众的伦理水平。不过，通过审查的电影并不必然否定刑法上的猥亵性，这样的电影也可以被作为司法审查的对象，也有可能导致处罚的结果。在电影伦理审查委员会运作的十六年间，虽然审查制度被批评有损作品的自由，但通过审查的电影在今天之前不存在被提起公诉的事实，电影伦理审查委员会的存在意义和实际成果受到了社会一般人给予的很高评价。国家政府同样信赖电影伦理审查委员会的社会权威，全国行业联合会发布的《营业运营合理化基准规则》第10条认为“联合会通过电影伦理审查委员会的审查限制电影的上映”。因此，本案中的电影虽然存在二次审查，但最终的结果是通过了审查获准上映，本案被告人完全无法认识到通过审查的电影具有刑法上的猥亵性，而是认为其在法律上是被允许的，具有相当的理由。如果该行为被定罪，是将电影伦理审查委员会的错误由行为人来承担，也势必损耗电影伦理审查委员会的权威性。因此，本案被告人不承担刑法第175条规定之罪的罪责。

四、案例评析

在日本，定罪中“违法性认识不要说”一直是理论与立法的观点，日本刑法第38条第3款直接规定“即便是不知法律，也不能据此认为没有犯罪的意思。但是，根据情状，可以减轻其刑罚”。立法上仅将违法性认识错误作为量刑事由，不影响定罪，判例也一直遵循“违法性认识不要说”的观点。但随着“黑雪事件”等案件发生，判例立场产生了动摇，违法性认识存在一些特殊情况下能够影响定罪。

虽然违法性认识的体系地位存在“责任说”与“故意说”的分歧，但是无论持何种立场的学者都承认“在不能意识到行为的违法性的场合，针对所作出的该当构成要件且违法的行为不能进行非难，也就不能追究责任”。换言之，当行为人存在违法性认识错误时，行为人的不法行为不构成犯罪。关于违法性认识错误为什么能够出罪，德国学者罗克辛的回答是“当一个人不可能获得对不法的认识时，规范的命令无法对他发生作用，在这个具体情况中，他就是‘在规范上不可交谈的’，他缺乏那种在行为中不管规范的可交谈性而存在的罪责”①。但若只要存在违法性认识错误即可出罪的话，公民的守法意识将成为负担，且刑法将无法处罚确信犯，这与大众的正义观念相悖。因

---

① ［德］克罗斯·罗克辛：《德国刑法学总论》（第1卷），王世洲译，法律出版社2005年版，第621页。

此，学界提出只有不可避免的违法性认识错误（或不具有违法性认识的可能性）才是出罪事由。

本案的判决也证明了学界的立场。山口厚教授认为该判决说明了“在相信自己的行为是被法律所允许的，且欠缺违法性认识而言具有相当理由的时候，就不能肯定故意，犯罪的成立被阻却”①。井田良教授也认为“通过伦理审查委员会的审查是一种值得信赖的情报源，行为人据此就不认为属于该当猥亵画面而放映猥亵影片的情形，也就否定了犯罪的成立”②。两位学者均提到了只有出现相当理由（或值得信赖的情报源）才能认定行为人的违法性认识错误是不可避免的，进而出罪。因此，对于司法实践而言，有意义的问题在于：判断不可避免的违法性认识错误的过程中，何种情形能认定为相当理由。

学界认可的相当理由一般包括三种情况，即权威信赖、规范信赖和行为信赖。第一种是权威信赖，本案中的情形属于权威信赖，虽然伦理审查委员会并不属于国家行政机关，但是其审查电影的权力是由国家有权机关授予，在行业内具有一定的权威。行为人即便认识到自己传播的电影内容可能具有一定的社会危害性，但是当经过有权机关审查并通过后，行为人具有足够的理由认为自己的行为是被法律所许可的。松原芳博教授在《刑法总论重要问题》一书中认为“国家机关一方面采取允许实施该行为的态度，另一方面又将该行为作为犯罪来处理，属于将国家的失误转嫁给国民”。除了国家有权机关外，德国刑法认为法律权威人士做出的不合理甚至错误的解答也能让行为人产生不可避免的违法性认识错误。罗克辛教授甚至认为律师的解答也会影响没有经过法学教育的普通公民对行为违法性的判断。第二种是规范信赖，是指行为人产生不可避免的违法性认识错误的原因是行为规范本身存在问题。美国《模范刑法典》中认为不可避免的违法性认识错误的产生只能是行为人有合理信赖，包括成文法规、法院的决定、意见或判决，行政命令和规定该种犯罪的法律解释；意大利宪法法院明确表示法律规范本身“内容绝对”模

① ［日］山口厚：《刑法学》，付立庆译，中国人民大学出版社2018年版，第261页。

② ［日］井田良：《刑法总论的理论构造》，秦一禾译，中国政法大学出版社2021年版，第200页。

糊或者有关当局对法律规定没有明确而一贯的解释时，行为人是无法了解法的真实内容的。第三种是行为信赖，行为信赖说是指行为人因确信自身行为不具有实质违法性，而产生的违法性认识错误。彭新林教授在《珍贵、濒危野生动物的法教义学分析——以深圳鹦鹉案为视角》一文中认为如果违法性认识错误是由于对行为的社会危害性缺乏认识造成的，可以排除故意的成立。但行为信赖受到了学界批评，张明楷教授在《刑法学》一书中认为如果只是行为人认为自身行为不具有社会危害性就能阻却责任的话，会形成确信犯无法定罪的困境，所以只有一般人都无法认识到此行为的社会危害性时才能阻却责任。

青年法学园地

短视频的著作权侵权案例分析

——以全国首例算法推荐案《延禧攻略》案为例

于　爽　万思琪*

摘　要：近年来，网络著作权保护问题日益受到人们的广泛关注。许多短视频平台放纵用户上传侵权视频的现象十分严重。以全国首例算法推荐案——《延禧攻略》案为例，发现在司法实践中有关短视频平台侵权责任的认定未形成统一标准。要解决短视频侵权现象，在认定原则上应当注意“避风港原则”和“红旗原则”的平衡适用问题；在法律建议上，应当在用户维权意识、平台处理规则以及实质性审查机制方面予以加强。

关键词：短视频；网络平台；著作权；侵权责任

引　言

随着计算机网络在大数据时代的不断深入应用，购物平台、社交媒体等呈现多元化发展，以抖音、快手、微视等为代表的短视频软件应运而生，不断充斥于人们的日常生活之中，占据着人们日常生活中的碎片时间。在如今的新媒体时代，作为一种集在线聊天、网络交友、直播互动等多项功能于一体的新型智能工具，短视频平台收获了众多年轻人的喜爱与支持。近年

* 于爽，青岛大学法学院研究生、律师，研究方向为民法学。万思琪，青岛大学法学院研究生，中日韩法学研究中心研究员，研究方向为刑事政策。

来，短视频平台用户的规模和数量不断增长，根据中国互联网络信息中心（CNNIC）发布的第48次《中国互联网络发展状况统计报告》显示，截至2021年6月，中国网络视频（含短视频）用户规模达9.44亿，较2020年12月增长1707万，占网民整体的93.4%，其中，短视频用户规模达8.88亿，较2020年12月增长1440万，占网民整体的87.8%①。本文以全国首例算法推荐案——《延禧攻略》案为例，探究"避风港原则"和"红旗原则"的平衡适用问题及短视频平台应承担的法律责任，并就如何改善短视频侵权问题提出几点法律建议。

一、全国首例算法推荐案——《延禧攻略》著作权侵权案梗概

原告北京爱奇艺科技有限公司（以下简称爱奇艺公司）是"爱奇艺"在线视频平台的网络运营商，其独占享有电视剧《延禧攻略》在全球范围内的信息网络传播权。该剧的制作成本和广告费用极高，爱奇艺公司为此支付了巨额费用。该剧在爱奇艺平台上线独播，不仅播放量高达150亿次之上，而且产生了巨大的热播效应。北京字节跳动科技有限公司（2022年5月7日已更名为"北京抖音信息服务有限公司"，以下简称抖音公司）未经爱奇艺公司的授权，擅自在其运营的今日头条APP上，将用户上传的《延禧攻略》侵权视频向公众传播并进行推荐。由于今日头条对于该类侵权视频不断向用户推荐，导致侵权视频的播放量极高，受众群体极广，其中单条最高播放量超过110万次。

爱奇艺公司认为抖音公司侵害了爱奇艺公司对于《延禧攻略》的信息网络传播权，因此，对于上述侵权行为，抖音公司主观上具有侵权恶意，属于"应知"或"明知"，而且抖音公司并未尽到平台的合理注意义务，主观上恶意极大。

---

① 中国互联网信息中心CNNIC发布第48次《中国互联网络发展状况统计报告》，http://www.cnnic.cn/gywm/xwzx/rdxw/20172017_7084/202109/t20210923_71551.htm。

抖音公司从以下三方面作出答辩：第一，短视频是用户自愿上传，抖音公司仅提供了信息存储空间的服务，并未参与侵权。同时抖音公司与涉案用户之间从未签署过体现合作意愿的协议，也从未要求涉案用户上传涉案短视频，而抖音公司与用户签订的线上用户协议不涉及延剧这一具体剧目，不能据此认定平台和用户具有主观意思联络并构成共同侵权；抖音公司并未针对涉案短视频设置广告，未获取直接经济利益，也不可能因涉案短视频而与涉案用户进行“利益分享”。因此，抖音公司没有与涉案用户共同提供作品的主观意思联络，不属于“分工合作”，不构成直接侵权。第二，抖音公司已经尽到了平台的合理注意义务，其并不知道平台上存在侵权视频，并且对于视频是否侵权，以及属于何种形式的侵权并不了解，因此不存在主观过错，不应当对侵权行为承担责任。第三，爱奇艺公司无任何证据证明其因涉案行为遭受了实际损失，其主张的高额赔偿无事实依据，且其提出的计算其损失的方案是不合理的，不应予以支持。

本案涉及的主要争议焦点：一是今日头条公司是否有能力对侵权视频进行识别和筛查；二是对于短视频平台明知或应知的判定；三是关于短视频平台合理措施的认定以及平台的注意义务的认定。下面先就短视频侵权行为类型和侵权事实的认定原则加以阐述，然后就上述争议问题进行评析。

二、短视频著作权的侵权类型及短视频平台侵权事实认定原则

（一）短视频著作权的侵权类型分析

像《延禧攻略》这样的短视频作为一种时下热门的新兴视频形式，其内容以短小精悍为主，能够在短时间的和移动的状态随时进行观看。这种视频时长一般在三十分钟以内，在各种新媒体网站上播放，由于该类视频播放时间较短，所以一般既可以单独成片，也可以制作成系列栏目，由此就产生了众多专注于做短视频的电视剧或电影博主。该类博主往往通过制作快捷、碎片化的短视频来赚取高点击量和热度，由此获利。在短视频带来巨大市场和

商业机会的同时，侵权现象也随之产生。

短视频侵权问题主要分为用户侵权和平台侵权两种情形。以用户为主体的侵权行为主要有以下几种类型：一是“搬运”或“切条”类。该类型是指未经原创许可，擅自将正版平台内容的视频搬运到自己账号或者将原创视频拆解成几段视频，而后简单拼接成不同的短视频来进行传播。该种行为类型有共同的特点，即在用户剪辑视频时，未进行任何二次创作而是采取了简单的“复制、粘贴”原创视频的行为。观察目前国内的短视频市场，我们可以发现非常多的短视频都出现了这种直接剪切正版视频片段来上传视频的问题，这种方式的侵权行为会导致权利人的维权困难。侵权成本过低而维权成本又过高，权利人的合法权益就难以得到维护。二是剧情解说类。该类型是指电视剧或电影博主未经原创许可，擅自利用、剪辑原创视频，并配有个人解说内容。该类型虽有博主个人的陈述，但其创作内容对原创视频具有较强的依附性，并没有体现出明显的独创性，因此也属于侵权行为。该类侵权视频，由于完全依附于正版剧情，并没有体现出创造性同时也没有达到审美的新高度，与正版作品不存在可识别性的差异，因此属于侵权行为。三是“二创式”侵权。该类型是指未经原创许可，对原创视频以轻微剪辑、加工等方式发布视频，典型的如在视频中插入马赛克、改变视频画面比例等方式来对原创视频进行二次创作。

以平台为主体而产生的侵权主要有以下几种类型：一是平台自身未经著作权人许可，为谋取利益上传短视频构成的侵权，现实中此种情况的侵权行为较为少见。二是平台与第三方机构或服务商合作，共同发布侵权视频或者为用户上传侵权视频提供帮助。三是平台利用流量扶持、加V认证、算法推荐等手段，通过这种方式借此诱导用户来上传侵权视频，提高侵权视频的传播速度。

在众多侵害信息网络传播权纠纷中，用户个人上传、制作侵权视频的行为并不是造成时下短视频侵权泛滥的症结所在，而是以平台为主的侵权行为造成了当下的短视频侵权乱象。短视频平台鼓励、推荐用户去上传侵权视频，更有甚者则是发布比赛征集，促动用户实施侵权行为，因此，平台的责任非但不容忽视而且应当是重点打击的对象。

（二）短视频平台侵权事实的认定原则

1.避风港原则

“避风港原则”又称之为“通知—删除原则”，即当用户在短视频平台上实施侵害信息网络传播权的行为，作为正版视频的著作权人有权通知短视频平台采取删除、屏蔽、断开链接等必要措施。在收到权利人的通知以后，短视频平台应当及时采取必要措施防止损害的扩大，如若短视频平台未及时采取措施，则会承担连带侵权责任。该规则实际上是免责条款，短视频平台只要在接到投诉以后，及时采取有效措施删除了视频即视为履行了平台义务，但这样对平台来说“避风港原则”就成为其有利的抗辩武器。对于抖音、快手等热门平台，根据其官方的用户服务协议和用户守则显示，其有能力提前对上传视频进行侵权筛查。抖音平台在微信公众号“抖音安全中心”公布的《2020年抖音安全年度报告》显示，抖音安全中心在2020年共处罚违规账号1717.1万个，事先拦截违规视频内容超过2.64亿条，其中机器审核拦截超过9125万条，人工审核拦截1.73亿条[①]。由此可知，抖音等短视频平台是完全有能力对视频进行预先筛查，可以在视频上传之前将侵权视频拒之门外。但是在诉讼中，此类短视频平台常以权利人未进行有效通知来进行抗辩，因此，“避风港原则”尚需改进两个方面：一是权利人需进行有效通知；二是短视频平台需及时履行义务。

对于“通知问题”，法律并未对有效通知进行明确界定，抖音等平台在官方网站中公布了投诉邮箱，权利人可以发送投诉函至抖音的官方邮箱中。但实际上，在《延禧攻略》案中权利人发送的投诉邮件每一封都如石沉大海，抖音官方没有任何反馈也并没有表示收到邮件的回执。爱奇艺公司向抖音公司邮箱发送了27封邮件，标题均为“《延禧攻略》预警函”，但抖音公司辩称因预警函收件方众多，并非针对其平台，故未进行回复或沟通，这也是该类

---

① 《2020年抖音安全年度报告》，https://mp.weixin.qq.com/s/n7Xz3ExOlbhM9VcXRK3hlw。

短视频平台抗辩权利人没有进行有效通知的常规操作。笔者认为，既然抖音等平台将自己的投诉邮箱公布在官方网站上，面向全网用户，当权利人发送邮件以后，该邮件的数据电文进入短视频平台的邮箱系统时，就应视该通知为有效通知。

对于短视频平台的"删除"行为，根据《最高人民法院关于审理侵害信息网络传播权民事纠纷案件适用法律若干问题的规定》第14条的规定，人民法院认定网络服务提供者采取的删除、屏蔽、断开链接等必要措施是否及时，应当根据权利人提交通知的形式，通知的准确程度，采取措施的难易程度，网络服务的性质，所涉作品、表演、录音录像制品的类型、知名度、数量等因素综合判断[①]。该条并未对短视频平台的及时处理作出明确规定，但笔者认为应当对短视频平台附有更高的要求，对于处理侵权视频的时间应当附有限制，并不代表短视频平台只要删除了侵权视频都视为履行了平台义务。原则上来说，只要短视频平台收到了投诉函，确认属于侵权视频后就应当及时采取合理措施删除视频，故应当对短视频平台提出更高的要求。

2.红旗原则

"红旗原则"是指如果用户侵犯原作品信息网络传播权的事实已经显而易见，像是红旗一样飘扬，网络服务提供商就不能视而不见，或者以不知道侵权的借口来推卸责任，此种情况下，网络服务提供商如果不进行删除、屏蔽、断开链接等必要措施的话，即使权利人没有发出过通知，也应该认定网络服务提供商知道第三方侵权。该原则是在1988年美国版权法修正案中被第一次正式提出，我国出台的《信息网络传播权保护条例》也对这个原则作了具体规定。对于著作权人的保护方面，"红旗原则"的保护范围更为广泛，也即如果众多用户的侵权行为已经足够明显，那么短视频平台就不能找借口来推卸责任，比如主张自己不知侵权事实的发生[②]。在此种情况下，由于侵权事实已

---

① 《最高人民法院关于审理侵害信息网络传播权民事纠纷案件适用法律若干问题的规定》第14条。

② 何矿:《"避风港原则"和"红旗原则"法律问题的评析》，广东外语外贸大学，2016年硕士论文。

经昭然若揭，即便权利人没有发出权利预警，平台如果不及时采取删除、屏蔽、断开链接等必要措施的话，也应当认定短视频平台知道第三方侵权，并且对第三方的侵权行为提供帮助，属于帮助侵权，那么短视频平台就应当承担相应的侵权责任。《延禧攻略》案中，爱奇艺公司共保全1314条侵犯权利作品《延禧攻略》信息网络传播权的“切条”短视频，可见抖音公司的侵权行为已经并非偶发、小规模的侵权现象。《民法典》的侵权责任编第1197条明确规定：“网络服务提供者知道或者应当知道网络用户利用其网络服务侵害他人民事权益，未采取必要措施的，与该网络用户承担连带责任。”[①]这是对“红旗原则”的正确适用，对于是否满足了“红旗原则”的条件，最重要的一点是需要判断网络服务提供商是否“应知”侵犯知识产权行为的存在，对此《信息网络传播权保护条例》作出了相关的规定。对于是否“应知”，审理《延禧攻略》案的法院认为，延剧在43天内总播放量高达150亿次且绝大部分侵权视频传播期间，正值延剧的热播期，因此，在爱奇艺公司持续预警、告知的情况下，抖音公司已经不可能仍处于毫不知晓或无从了解的状态。同时，对于像抖音、快手等短视频平台，如若对相关作品进行了在首页进行推荐或者提供广告宣传等服务，平台应对此附有更高的注意义务，同时在用户上传视频的时候，还要重点审核相关作品是否为侵权作品，如若侵权，平台应及时采取必要措施拒绝上传侵权视频或者在侵权视频上传以后及时删除侵权视频，并对用户进行禁言、封号等处理。讨论短视频平台对于该平台上的侵权行为是否属于“明知”，不仅要考虑该平台的注意义务，同时应当将该平台的审查义务摆在更为重要的位置。

针对短视频侵权现象频发的问题，“避风港原则”和“红旗原则”一直是司法实践中认定短视频平台侵权的重要依据，但是两种原则都存在相应的缺陷。对于“避风港原则”来说，当平台出现侵权内容时，只需要在别人举报侵权之后，立马删除相关内容，就能免除侵权责任。那么就存在一个时间间隔问题，被人举报之后，再去删除，而一般人也能容许网站后台处理这些事

---

① 《民法典》第1197条。

件需要一定的时间，于是侵权内容在网络传播的时间更长了。对于一些热点文章或者音、视频作品来说，刚发布的那段时间是黄金时间，却也被盗版迅速传播分流，等热度过去再去维权让盗版下架，便失去了意义，这无疑会对原创造成无法弥补的伤害。那么“避风港原则”是否应当废止呢？答案当然是否定的。因为这样对短视频平台也是不公平的，如果任何的侵权作品都需要平台来承担责任，那么平台也无法承担如此巨大的压力。但如果平台规定上传视频需要经过严格审核，则用户上传作品的积极性会被打消，最终平台会难以运营下去。由此产生的“红旗原则”就是对“避风港原则”的例外适用，这一原则强调短视频平台的主动性，避免短视频平台对侵权现象的消极应对。我们在适用这两项原则的时候，要合理的把控二者的关系，符合比例原则，任何试图利用这两种原则来规避侵权责任而谋取商业利益的行为，都将被追究法律责任。

三、《延禧攻略》著作权侵权事件的定性问题和相关评价

（一）关于今日头条APP的信息流推荐技术

在抖音公司运营的今日头条APP“使用攻略”中明确表示，所谓推荐系统，实际上就是在巨大的数据库中选取用户感兴趣的视频来进行定向推荐。在数据库中不仅有文章、视频、图片，还涉及问答等内容，这些内容就有几十万条甚至上百万条。根据上传内容、用户以及对用户感兴趣的程度来进行分析，主要涉及以下几个方面的内容。一是对上传的内容进行分类。事实上，机器主要是依靠关键词识别的技术来对目标内容进行分类，提取一篇文章或者视频当中的关键词，将关键词进行初始的简单归类，然后再继续细化各个分类下面的内容。二是用户画像。机器会通过平台收集到的用户特征进而来对用户画像进行刻画。平台一般会从不同维度来对用户的喜好进行剖析，主要分为三大维度，第一维度是用户的一些基础信息，例如“性别、年龄、职业、特征”等；第二维度是用户在平台进行操作时的行动记录，例如“浏览

记录、收藏、关注”等；第三维度是用户目前所处的环境，例如“休闲场所、工作、旅游”等。平台将这些信息收集起来以后，系统会对用户的喜好来进行分析计算，通过用户的浏览历史记录，了解用户喜欢的话题、人物等，通过这样的方式将用户进行分类，再分别对用户进行标记，就完成了对用户的刻画。三是不同特征的推荐效果。机器将用户形象刻画出来以后，系统会利用对用户的标记，综合所有因素拟合一个关于用户满意度的函数。这个函数会估算出用户对某一篇文章、某一个视频乃至某一个问答的点击频率，然后从众多内容的数据库中，按照用户的喜好程度对内容进行排序，最后排在前十名的内容，就会被推荐到用户的手机上进行展示。同时，今日头条APP还会对用户上传的内容进行审查，如果存在低俗、虚假等问题，就会被停止推荐。由此可知，今日头条APP是有能力对侵权视频进行识别和筛查的。

（二）关于短视频平台明知或应知的判定

抖音平台作为信息存储空间和信息流推荐技术的提供者，是否实际上为用户的侵权行为提供了帮助，也即抖音公司是否知道或者有理由知道用户实施了侵权行为，却未采取合理措施制止侵权行为，可以从以下几点加以判断。首先，涉案作品在爱奇艺平台播出知名度很高，受到了观众极大的关注，对于整个网络平台的影响也是极大的。同时原告爱奇艺公司在视频上线之前就已经通过预警函等方式多次告知抖音公司，故抖音公司对于其经营的今日头条APP的侵权行为，已不可能仍处于毫不知晓或无从了解的状态，属于法律所规定的应当知道这一情形。认定此类短视频平台的主观过错不能仅仅依靠“避风港原则”，“红旗原则”也是重要的判断手段。对于爱奇艺公司发送的通知是否符合法律规定的有效通知要件及抖音公司主观上是否存在过错等因素，即使都不明确，依然可以通过适用“红旗原则”来认定侵权人的主观过错。根据原告提供的证据显示，首先，《延禧攻略》这部剧的热度极高，具有广泛的知名度。其次，爱奇艺平台已经多次向今日头条平台发送了权利预警，明确告知其平台上存在侵权行为。最后，涉案的侵权视频在今日头条平台上点击量极高，对正版作品产生了实质性的替代。故综合考虑以上几个方面可以看出，侵权行为显然已经像红旗一样飘扬在今日头条平台，而其经营者抖音公司却未采取合理且有效的措施来对侵权视频进行删除、屏蔽等操作，因此，应当认定网络服务提供者抖音公司具有主观过错。

（三）关于短视频平台合理措施的认定

本案中，抖音公司是否采取了合理措施，主要应当考虑两个方面。第一，抖音公司是否采取了合理的手段或方式制止了侵权视频的上传和传播；第二，抖音公司是否真正达到了屏蔽侵权视频、降低侵权损害的目的。事实证明，抖音公司在收到爱奇艺公司持续的权利预警以后，确实采取了屏蔽、删除等措施，但是从实际的处理结果上来看，并没有达到有效制止侵权行为和预防侵权行为的要求。抖音公司所采取的相关措施，没有达到“合理”的要求。因此，在此种情况之下，抖音公司提供的存储和推荐服务属于帮助侵权，应当同侵权用户承担连带侵权的责任。对于像本案当中的反复侵权行为，若只要求平台承担“通知—删除”的义务，那么一定会陷入再通知、再删除的死循环之中。因此，按照比例原则，如果仅要求短视频平台承担“通知—删除”的义务，显然既不公平也不合理。

（四）关于平台的注意义务的认定

本案中，侵权视频大范围的传播不仅是上传侵权视频造成的，同时还与抖音公司的信息存储服务、信息流推荐服务直接相关。抖音公司向来依靠自身的服务特点和技术上面的优势给用户提供了增加曝光和关注的机会，同时也依靠这一优势获取了更多的流量和市场的竞争优势，带来了巨大的经济利益。但侧面也显示出，抖音公司这样先进的技术和高效率的服务会直接或间接地导致侵权视频传播速度的加快、侵权范围的无限扩大以及侵权后果的加重。正是因为抖音公司的信息流推荐、信息存储的服务，才让其获得了优于同行业的利益和商业合作。因此，与其他不采用此技术的网络服务提供商相比，抖音公司应当具有更高的注意义务。

从法院的审理结果来看，抖音公司的行为应当属于法律规定的应知情形。

根据平台的使用攻略，该平台有能力对侵权视频进行预先审核，因此，抖音公司具备充分的条件来制止侵权行为的发生。同时，根据目前抖音公司采用的信息流推荐技术和信息存储技术显示，其具有相应的技术水平来筛选侵权视频并及时将侵权视频删除。对于平台上已经存在的侵权现象，权利人已经进行多次权利预警。所以，抖音公司对于该侵权现象不可能视而不见。由此，抖音公司采取了相关的措施来制止侵权视频的上传和传播，不过法院认为尚未达到“必要”的程度。原因在于，抖音公司不仅仅是提供信息存储空间服务，而且对涉案侵权视频所采取的信息流推荐服务要求抖音公司应当对涉案作品的侵权行为附有更高的注意义务。最终，法院审理认为，抖音公司的行为构成帮助侵权。这样的认定符合前文所述“避风港原则”与“红旗原则”的平衡适用。

四、解决短视频侵权现象的几点法律建议

（一）用户应当提高知识产权保护意识

许多用户在网上上传侵权视频的时候，往往并不知道自己的行为可能造成的后果以及会给权利人带来何种损失，究其原因，就是用户对于知识产权保护的意识淡薄。一方面，应当强化青少年的知识产权保护意识。相关机关可以在校园内开展知识产权保护主题活动，邀请有资质的专利商标资深讲师参与录制教学视频、印制宣传手册，多方面、多角度地向校园师生普及知识产权的相关知识以及知识产权保护的重要性。另一方面，应当重点加强社会群众的知识产权保护意识。社会群众作为社会活动的参与者，提升该群体的产权意识尤为重要。可以通过新媒体来对知识产权保护的内容进行宣传，在宣传过程中，向群众介绍一些关于知识产权的基本常识，推广国家关于知识产权出台的政策，明确国家对于知识产权侵权的打击力度以及可能带来的后果。此外，还可以定期将最高人民法院发布的一些指导性案例向群众进行普及，这样不仅能够让群众在日常生活中潜移默化地对知识产权加深印象，同

时还可以让更多的群众牢固树立知识产权保护意识。

（二）平台应明确上传侵权视频的后果

目前，不少短视频平台都存在对于上传侵权、违规内容的处理守则，但是往往这种规定或守则只是一个形式上的表现。用户在注册和上传视频的时候并没有真正了解对于上传侵权视频可能造成的后果。笔者认为可以从以下几方面加以完善。首先，在用户上传侵权视频之前，平台应当明示上传侵权视频可能存在的法律风险及相应的处罚规则，以此减少用户上传侵权视频的可能性；其次，在用户上传侵权视频后，平台应当及时进行人工审核，针对涉嫌侵权的视频及时进行删除处理，并对上传用户做出警告、禁言等处罚；最后，针对重复上传侵权视频的用户，平台应当对此类用户加大处罚力度，必要时给予封号处理。只有平台加大对上传侵权视频行为的惩罚力度，完善惩罚机制，才会遏制短视频侵权现象。

（三）平台应当对上传的视频进行实质性审查

目前，大多数平台对于用户上传的视频仅进行简单的形式审查，更多的情况是默许侵权视频的上传，这也是造成目前短视频侵权乱象的重要原因之一。因此，应当要求平台在审核上传视频的时候，做到实质审查的要求。短视频的侵权形式多样，对于是否侵权、属于哪种侵权，由机器来进行审核往往会存在一些误差，所以平台在进行视频审核的工作中，不能仅仅依靠机器来进行，应该配备人工审核，这样才能更全面地对侵权视频进行合理审查。同时还应当明确平台的侵权责任，无论是上传侵权视频的这种直接侵权还是引流推荐的这种间接侵权，短视频平台都应当承担相应的法律责任，这样才能更好地为短视频市场提供一个绿色健康的发展环境。

论民事执行惩戒措施的适用

张文杰*

摘　要：实践中滥用民事执行惩戒措施现象屡见不鲜，导致其适用广受争议。在对惩戒措施进行定位认识的基础上，阐述其适用程序应秉持必要性、合目的性和比例原则，以规范适用程序；在适用范围和选择措施的标准上可依据标的以及其对当事人的影响程度等方面进行考量；在实施限度上则须考虑到其实施是否会产生越界、放任、过度执行等问题。完善民事执行惩戒措施的适用程序，厘清其实施边界，有助于执行机关督促被执行人履行义务，提高执行机关的善意文明执法水平，提升司法公信力。

关键词：民事执行惩戒措施；被执行人；适用；比例原则

引　言

根据2022年最高人民法院工作报告，“全国法院受理执行案件949.3万件，执结864.2万件，执行到位金额1.94万亿元①”。该项数据的实现不仅表明对国家“基本解决执行难”工作的肯定，也体现出我国当前着重对强制执行规范立法和工作学习的劲头②。执行工作需要人民法院花大力气去解决，这其中

---

* 张文杰，安徽师范大学法学院硕士研究生，研究方向为民事诉讼法、司法制度。

① 2022年3月8日，最高人民法院院长周强在中华人民共和国第十三届全国人民代表大会第五次会议上作《2022年最高人民法院工作报告》。

② 2019年8月22日，最高人民法院在北京举行新闻发布会，最高人民法院审委会副部级专职委员刘贵祥表示，《民事强制执行法》已正式列入立法计划。

的原因有两方面，一是执行机关对民事执行惩戒措施的认识不清和适用不当；二是社会公众对民事执行惩戒措施的过度轻视，认为其只是一个“纸老虎”，以致惩戒措施无法发挥应有成效，同时导致公众对执行机关公信力产生怀疑。后者无疑是导致民事执行惩戒措施在适用时受到各种阻力，导致其社会效果难以达到预期的根本所在，但产生后者的根本所在则又需要追溯到前者。正是由于执行机关将民事执行惩戒措施视为单纯的惩罚手段，仅看到惩戒措施强制威慑的一面，而忽略其所具有的教育督促功能；此外，由于在进行选择适用时乱用、滥用情形屡见不鲜，使得社会公众对执行机关的公信力和执行惩戒措施的效用产生怀疑和抗拒。要转变当前社会公众对民事执行惩戒措施的负面看法，需要对执行机关适用民事执行惩戒措施进行严格规范。

由于社会充斥着对民事执行惩戒措施的不信任和“抵制”，使得申请人可能诉诸信访等非常规救济方式，甚至求助于诸如带有“黑社会性质”的流氓势力代为索债，从而侵害到他人权益、危及社会稳定[①]。实施民事执行惩戒措施是以督促被执行人履行生效法律文书所确定的义务，保障申请执行人利益实现为目的的执行活动。通过民事执行惩戒措施的适用落实，将强制执行的重心由法院主动调查和直接执行被执行人财产的现实模式向促使被执行人主动申报和给付财产的督促模式转移[②]，这样不仅能够减少执行机关工作量，节约有限的司法资源；更能促进社会纠纷的圆满解决，不会因执行再生事端。因此，申请人向人民法院申请强制执行，法院权衡各方权益决定采取惩戒措施才是最为稳妥的方式。

早在2016年，国家发改委和最高人民法院联合44个部门出台了《关于对失信被执行人实施联合惩戒的合作备忘录》[③]，实施至今已经是第6年了，已经如期实现“基本解决执行难”目标，如何巩固该目标，保持执行工作高水

① 石先钰、李方方：《克服“执行难”的制度安排新论》，载《法学杂志》2009年第10期，第105页。

② 广东省珠海市中级人民法院课题组：《论执行威慑机制的特点》，载《法律适用》2007年第11期，第67页。

③ 2016年1月20日，国家发改委和最高人民法院联合44家单位签署了《关于对失信被执行人实施联合惩戒的合作备忘录》，该《备忘录》共提出55项惩戒措施，对失信被执行人从事民商事行为、享受优惠政策、担任重要职务等方面全面进行限制，更大范围惩戒失信被执行人。

平进行则是我们接下来需要面对的难题，因为执行机关很难根据失信被执行人的情况采取有效的惩戒措施，使惩戒措施的执行和落实都受到了一定的阻碍，特别是采取一些表面上具有较大惩罚力度实际上却无法执行到位的一些措施，如限制高消费，通过对生活质量进行约束限制的方式来威吓被执行人，或许在一定程度上能够起到作用，但其作为社会公众通晓的执行惩戒措施，虽已全面铺开，但仍存在执行机关将执行惩戒措施视为单纯的惩罚手段以及滥用等问题。因此，本文就民事执行惩戒措施的内涵定位和适用程序进行探讨。

一、民事执行惩戒措施的现状和问题

民事执行惩戒措施是执行机关根据民事诉讼法的相关规定，通过强制手段实现生效法律文书所确定义务的各项具体方法的总称。执行惩戒措施是执行机关完成执行工作的重要保障，是国家强制力在执行程序中最集中的体现。执行惩戒措施分为广义的执行惩戒措施和狭义的执行惩戒措施，广义的执行惩戒措施囊括狭义的执行惩戒措施和刑法上的拒不执行判决、裁定罪；而狭义的执行惩戒措施包括强制失信被执行人加倍支付迟延履行期间的债务利息、限制高消费等一系列约束或剥夺与被执行人生活、发展有关各项利益的措施，可概括为加倍给付、身份限制、行为禁止、授信局限四个方面，促使被执行人主动履行义务。对于被执行人的迟延履行，我国规定被执行人需要加倍支付迟延履行期间的债务利息和迟延履行金等，这不仅在一定程度上强制被执行人及时主动履行义务，还让被执行人为自身迟延履行的行为付出一定程度的代价，从而保护和平衡申请人的权益以及社会的安定有序。我国对失信被执行人身份方面的限制措施包括三个方面，一是资格限制，如担任国企、金融机构高管、事业单位法定代表人、社会组织负责人、公务员和党员等方面以及在从事海关认证、药品、食品、房地产等行业时受到限制；二是行业限制，如设立金融类公司、发行债券、股票发行、设立社会组织等受到限制；三是荣誉限制，在授予文明家庭、道德模范、慈善类奖项等时受到限制[①]。在行为禁止方面，人民法院可根据通报备案对象的不同情况，对其采取禁止、限制高消费、出入境、某些驾驶行为、子女不得就读高收费私立学校等措施[②]。同时执行机关加大了对支付宝、芝麻信用等网络支付工具的信用惩戒，如通过信用分降低等渠道，全面限制失信被执行人[③]。

执行机关在适用执行惩戒措施过程中出现的问题主要包括四个方面：一是适用手段暴力，该情况最能体现在强制执行住房上，部分机关面对被执行人的拒不搬离，通过生拉硬拽的方式强迫其离开房屋，有时甚至给被执行人造成伤害，既可能激化矛盾，亦可能使公众对执行工作产生怀疑；二是适用时机不宜，有些机关选择在传统佳节之际，火速出击，连夜强制执行或者抓捕老赖，进行“元宵会战”“春节假期不打烊”[④]等行动，看似重力出击，却难以看见实际效用，对顽固老赖影响较弱；三是适用措施重复，典型的现象就是执行机关通过查封、扣押、冻结、划拨财产等方式的同时对被执行人适用限制高消费措施；四是适用力度不当，如进行身份限制与授信局限时，因其适用结果影响深远，解除后对被执行人的信用修复难度较大，在适用时应把握好力度谨慎适用，不可影响其家人及后续生活。

---

① 中共中央办公厅、国务院办公厅印发的《关于加快推进失信被执行人信用监督、警示和惩戒机制建设的意见》中指出：“对失信被执行人从事药品、食品安全行业从严审批；限制失信被执行人从事危险化学品生产经营储存、烟花爆竹生产经营、矿山生产和安全评价、认证、检测、检验等行业；限制失信被执行人担任上述行业单位主要负责人及董事、监事、高级管理人员，已担任相关职务的，按规定程序要求予以变更……”

② 2015年7月20日最高人民法院发布《最高人民法院关于修改〈最高人民法院关于限制被执行人高消费的若干规定〉的决定》：“被执行人为自然人的，被采取限制消费措施后，不得有以下高消费及非生活和工作必需的消费行为：（一）乘坐交通工具时，选择飞机、列车软卧、轮船二等以上舱位；（二）在星级以上宾馆、酒店、夜总会、高尔夫球场等场所进行高消费……”

③ 中国法院网：《最高法首次联手芝麻信用共享被执行人信息“老赖”不还钱　法院出重拳》，“2015年7月24日，最高法与芝麻信用签署对失信被执行人信用惩戒合作备忘录。同月，双方通过专线方式实现数据对接，共享失信被执行人信息。开创了第三方商业征信机构首次通过最高人民法院官方授权，通过互联网联合信用惩戒的先河。”访问网址：https://www.chinacourt.org/article/detail/2016/01/id/1779861.shtml，访问日期：2022年7月17日。

④ 环球网：《春节假期不打烊　中国多地展开行动抓捕“老赖”》，访问网址：https://china.huanqiu.com/article/9CaKrnK0EEt，访问日期：2022年7月17日。

我国对失信被执行人的约束可以说达到生活的方方面面，在执行机关强制执行过程中，为实现申请人的诉求，希冀通过采取民事执行惩戒措施产生的约束作用来督促被执行人及时主动履行。这其中有三个亟须解决的问题，一是执行机关即人民法院和其他行政机关在执行程序中的角色认知，其是执行主体，同时也是国家机关，不仅需要考虑实现申请人的权益，更应当对公民的合法权益、社会安定以及国家机关的公信力予以充分思量；二是执行机关对于执行惩戒措施的定位认识，究竟是与刑罚目的相同将惩戒措施定位为惩罚罪过与预防再犯的工具，还是将其作为督促执行与完善工作的程序举措；三是执行机关对于执行惩戒措施的适用程序和实施边界如何把握以达到预期效用。

我国执行工作难以纵深推进的原因就是执行机关将民事执行惩戒措施单纯视为一种惩戒手段，以致对其强制性和威慑性比较看重，忽视其教育督促功能，且在适用时多追求惩罚力度，适用后也较少重视对被执行人产生的影响和后续恢复。故执行机关滥用民事执行惩戒措施以致被执行人权益遭受侵害，社会矛盾纠纷因执行不当而进一步激化，从而导致司法实践中执行不到位、难到位，有些当事人甚至会因此走向极端，自残、自杀、伤害对方当事人，以致最后民事案件转化为刑事案件，甚至出现因讨债未果怒杀老赖等极端违法的“维权”方式。故执行机关应明确界定民事执行惩戒措施、合理确定其基本原则和适用程序、严格执行适用规范。

二、民事执行惩戒措施的适用原则

面对执行案件的不同情形，我国执行机关在采取执行惩戒措施时不仅需要根据执行案件的进程、无法后续推进的原因以及被执行人的情况和社会接受程度等方面来慎重选择，更需要执行机关在处理案件过程中以一定的原则和标准来规范和约束自己的行为。

（一）必要性原则

执行机关在受理申请执行人的申请后，应当根据案件情况，充分了解案件执行不能的缘由以及各方当事人对该案判决的接受程度，在充分协调能够予以解决的情况外，被执行人确有财产可供执行而拒绝履行或者申请人的合法权益因被执行人的行为正在面临损失危险时，执行机关应对被执行人采取执行惩戒措施以督促其及时主动履行义务。所谓必要性原则，是指执行机关在没有其他合理方法解决执行不能问题时，只有通过惩戒措施的适用，才能更好地保护申请人的合法权益。不采取惩戒措施可以达到目的时不应适用，故执行惩戒措施的适用应出于不得已而用之，这是执行机关推进案件执行进程的紧急强制措施，适用惩戒措施是保护申请人权益的唯一方法，同时这也是执行机关在处理案件时所理应秉持的底线，不能随意滥用，更不应该将执行惩戒措施作为一项执行机关的惩罚权利而任意适用，惩戒措施应该是执行机关最后才慎重考虑是否采用的方法。

（二）合目的性原则

合目的性原则是现代公法上的一项基本原则，合目的性原则的重点在于执行机关采取惩戒措施时的手段和方法应当与其所追求的目的保持一致，执行案件的处理最终都是要被执行人能够履行生效判决所规定的义务。在个案中，究竟对被执行人采取何种惩戒措施，应该依照合目的性原则来确定。根据申请人的请求以及被执行人的情况，在实现申请人合法权益和保障执行机关的社会公信力目的上选择不同种类的执行惩戒措施。比如，江西宜春中院在一起建设工程施工合同纠纷案中，在接待申请执行人时，申请人强烈要求对被执行人采取限高措施，并拍卖其名下土地使用权，宜春中院在对被执行人进行细致调查后，通过采用“置换查封”方案，不仅盘活了被执行人，还最大限度地保障了申请执行人的合法权益[①]。

（三）比例原则

比例原则，是指执行机关在选择惩戒措施时应当尽量选择对被执行人权

---

① 全国法院切实解决执行难信息网：《江西高院发布服务保障“六稳”“六保”十大典型案例》，访问网址：http://jszx.court.gov.cn/main/ExecuteNews/282676.jhtml，访问日期：2022年7月17日。

益损害最小的措施，并且在案件情况发生变化时，及时变更或者解除惩戒措施，从而保障公民的合法权益免受不必要的侵害。这要求执行机关根据案件情况和适用惩戒措施带来的影响进行弹性应对。执行机关在采取惩戒措施时应当考虑到失信被执行人拒不执行的严重程度、不执行的缘由以及妨碍案件执行进程的可能性大小等因素，衡量各方利益和因素谨慎采取执行惩戒措施，能够根据案件情况灵活适用。例如，四川崇州市法院在一起借贷案件中，父母因无力偿还债务失踪去了外地，独留下还在读高二的女儿。法院根据债权人的申请拍卖了女儿所居住的房屋，这使女儿打算放弃学业。执行法官得知后多方做工作，在保证申请执行人合法权益的同时，也对被执行人未成年女儿给予了充分呵护，让其能继续居住使用直至其考上大学，同时债权人和房屋买受人在了解情况后还愿意资助其大学期间的生活和学习费用①。

执行机关需要遵循比例原则，一方面是执行机关作为国家机关的性质所决定的，另一方面也是由于当前我国执行机关将惩戒措施的适用作为其固有权利以强制被执行人，从而侵害其权利等现象所要求的，比例原则既能对执行机关的行为予以较好的规范约束，也能保障当事人的合法权益。

三、民事执行惩戒措施的适用程序

在执行案件的推进过程中，被执行人失信信息的正确认定、有效传递和信息共享，是构建执行惩戒机制，完善执行惩戒措施适用程序的前提要素②。执行机关依据申请执行人的申请决定对失信被执行人采取惩戒措施时，应考虑两个问题，一是需要调查被执行人的情况以正确判断是否需要采取惩戒措施，若被执行人确实无力偿还债务，即使对其适用惩戒措施也难以达到预期效果；二是执行惩戒措施的选择适用应当着眼于申请人的利益实现，同时需

---

① 全国法院切实解决执行难信息网：《四川崇州市法院：人性执行助留守女孩圆梦大学》，访问网址：http://jszx.court.gov.cn/main/topicNews/186845.jhtml，访问日期：2022年7月17日。

② 童心：《执行威慑机制要素论》，载《法律适用》2009年第12期，第70页。

要对被执行人的权益和执行机关所采取措施的适用边界进行深度考量。不但需要使申请人的诉求能够得到切实实现，更应当以化解社会矛盾纠纷、实现公平正义为最终目标。推进切实解决执行难工作中，为防止惩戒措施的滥用，执行机关在适用惩戒措施时还需要在惩戒措施的适用考量、选择标准、实施限度和落实程度上有充分考虑。

（一）民事执行惩戒措施的适用考量

执行机关能否准确适用惩戒措施关系到各方权益，申请人根据人民法院作出的生效法律文书控告被执行人不履行义务，由于被执行人的失信情况各异，执行机关是否需要采取惩戒措施以及适用时必须予以考量的因素成为其一大难题。首先，面对确实无法履行的被执行人，即使采取惩戒措施也无法实现目的，故对其可以在申请人谅解的范围内不对其采取惩戒措施；其次，执行机关应当在申请人所提供证据的基础上充分调查被执行人的生活情况，是否有转移财产、虚假诉讼等情形，基于此，根据申请人的诉求和不影响失信被执行人近亲属生产生活的情形下谨慎采取惩戒措施；最后，执行机关面对纷繁复杂的案件情形，仅让其根据申请人的诉求和被执行人的情况来做出是否采取惩戒措施很难保证该决策的正确性，故可以在其难以作出决定时，根据执行惩戒措施的类别和必要性原则来决定是否采取惩戒措施。

执行过程中的程序规范是一项能够有效制约执行权、防止执行权滥用的制度设计，执行过程中的规范设计的完善程度也在很大程度上决定着执行任务的预期完成和惩戒措施的实际效果[①]。面对需要偿还债务的案件，执行机关对被执行人的财产可在其控制范围内进行限制，不但需要保障被执行人日常生活需要，也要保证被执行人能够凭借其能力赚取一定的收入，在其具有一定资产时再由执行机关主动划扣。这不仅能保障申请人的诉求得到实现，也能保证社会资源的充分利用，当然被执行人的情况可以让申请人和社会公众进行监督。对具有一定身份和正处于上升期的失信被执行人而言，阻拦其提

---

① 童兆洪、唐学兵：《论民事执行能力构成及其提升》，载《法律适用》2006年第21期，第99页。

升之路，不但有违人道精神，更不利于实现申请人权益。可给予其一定的观察期或考察期，允许其提升后或许会具有更好的能力来履行义务，故执行机关应当在充分调解双方当事人的情形下，通过适用宽限期来延缓适用身份限制等惩戒措施。

在失信被执行人做出一些与其履行义务相悖或者不利于申请人权益的行为时，执行机关应当及时处理，督促失信被执行人完全履行义务后再解除惩戒措施。在国家全面完善个人征信政策下，面对失信被执行人，应当根据其申请项目与信用要求由审查机关综合考虑是否通过，而不能完全堵塞被执行人的救助申请之路。总之，执行机关应根据申请人的申请、惩戒措施的类别和必要性原则等来决定是否适用执行惩戒措施，既要考虑案件的整体情况，又要对执行标的的性质、可执行力度和对被执行人的影响程度等进行综合考量。

（二）民事执行惩戒措施的选择标准

执行机关在明确对执行惩戒措施的适用原则及范围后，才能进一步解决惩戒措施的选择问题，即各种类执行惩戒措施应该在何种情况下进行选择适用，同时执行机关还应当考虑到该执行惩戒措施在以往适用中所产生的效果以及可能出现的问题。

在国家基本解决执行难的过程中，执行工作所存在的一些乱象和问题，如超额查封、恶意拍卖、随意对被执行人采取失信或限制消费措施等滥用惩戒措施的情况普遍存在，各地法院对于执行惩戒措施的选择标准也不一致，这不仅对法院执行的公信力造成不良影响，还在一定程度上不利于公民的社会生活。自此可以看出我国强制执行立法的目的不能局限于保障法院生效法律文书的执行，“完善强制执行的规范立法、规范强制执行的行为举措，健全强制执行的程序救济”则具有更为重要的意义①。2020年1月2日，最高人民法院发布的《最高人民法院关于在执行工作中进一步强化善意文明执行理念的

① 廖中洪：《关于强制执行立法几个理论误区的探讨》，载《现代法学》2006年第3期，第154页。

意见》（以下简称《意见》）[①]中谈到了对执行工作中的选择标准问题，“应选择对被执行人生产生活影响较小且方便执行的财产执行”，同时对能“活封”的财产尽量不进行“死封”并以列举的方式进行细化，这不仅是对强制执行工作的规范要求，也是对比例原则的贯彻落实。

《意见》虽涉及对于执行惩戒措施的选择标准问题，但更多的还是需要执行人员依据执行经验来进行自由裁量，既然对于查封的财产可以进行列举细化，笔者认为同样可以根据案件标的的类型和大小来进行选择适用惩戒措施及执行力度。从执行标的可以看出申请人的诉求和失信被执行人可能存在的难处，标的的类型和大小使执行机关在充分调查的基础上，了解被执行人的困难程度及至今未能履行的缘由，据此判断实现申请人诉求后，对被执行人的生产生活造成的影响。将案件可执行的标的进行细化列举，然后依据执行标的与申请人以及被执行人之间的影响关联程度来选择适用何种惩戒措施，据此做出的决定不仅合情合法，更彰显执行机关的理性。

（三）民事执行惩戒措施的实施限度

执行机关清晰把握惩戒措施的选择标准后，根据案件情况依法选择最合理适当的执行惩戒措施，而后需要明确的就是该措施的实施限度问题。目前我国执行机关对执行惩戒措施的种类和数量选择、适用限度等问题均难以把握，多数只能根据申请人的诉求依照诉讼法的有关规定作出惩戒措施，且实施机关对措施的实施边界大多没有明确标准，只能依靠执行人员的执行经验与道德法律素养进行自由裁量。该情形在执行工作中普遍可见，同时这也是迫切需要解决的一大难题。面对当前我国执行过程中的实施限度问题，执行机关在明确申请人的诉求后应依据所选择的惩戒措施类别、比例原则等来实施，这主要体现在以下四个方面：

---

① 《最高人民法院关于在执行工作中进一步强化善意文明执行理念的意见》，法发〔2019〕35号，“强化善意文明执行理念，在依法保障胜诉当事人合法权益同时，最大限度减少对被执行人权益影响，实现法律效果与社会效果有机统一，是维护社会公平正义、促进社会和谐稳定的必然要求”。

1.执行惩戒措施不能越界适用。执行惩戒措施能否越界适用，关系到该措施与其他领域制裁方式的冲突问题，为避免在实施过程中出现惩戒措施越界适用或者无法执行的情形，需要执行机关明确惩戒措施的适用范围，出现不当适用既是申请人所不愿，也是执行机关理应避免的。在执行机关与申请人、社会公众的共同作用下，督促失信被执行人履行义务以实现申请人权益，一出现可能使惩戒措施目的无法实现或者处于不受惩戒措施调整的情形时，执行机关应立即变更或者解除惩戒措施，防止被执行人逃脱执行或者给其他机关的工作造成不便。

会不会产生越界执行的问题，这需要执行机关不仅考虑到所适用的惩戒措施种类，更重要的是执行机关对惩戒措施的选择适用。在适用惩戒措施时需要执行机关依据申请人的诉求、执行标的的性质、合目的性原则等来决定，同时根据执行标的与申请人以及被执行人之间的影响关联程度来进行选择何种措施，据此实施的惩戒措施才具有能执行到位的可能性，也避免对其他机关的工作造成影响。

2.执行惩戒措施不应放任实施。惩戒措施实施后，执行机关对所采取的惩戒措施应保障其得到公正有效发挥。决定执行惩戒措施公正有效实现的力量主要是来自执行机关适用惩戒措施的实施限度，而不是执行规范或执行方案的公正程度，只要执行方案得以有效落实，在实际适用阶段应原则上禁止对其实体公正性和程序公正性进行质疑[①]。故执行机关在制定好执行方案后，应着重强调对方案的实施影响和惩戒措施的适用限度。不能在决定实施惩戒措施后就放任其实施，在该措施对失信被执行人产生一定效用时，应密切关注措施的实施进程和被执行人的情况，若实施机关难以耗费资源追踪措施的实施情形，申请人和公众的存在同样可以帮助监督，现今正因为缺少惩戒措施的实施监督机制，导致大多数执行机关乱执行、消极执行，申请人权益迟迟难以实现，向执行机关申诉也只能得到已经依法实施追究其责任的回复，导致执行机关的公信力和惩戒措施的存续性广受公众怀疑。

---

① 刘加良：《论民事执行权威的强化》，载《南京师大学报》（社会科学版）2008年第3期，第32页。

3.执行惩戒措施不该实施过度。从案件执行过程中可以看出，执行规范的落实乃至惩戒措施的适用始终是在多重效益目标和不同利益部门机构的相互作用下逐步展开的，其能够针对当下社会的经济、政治以及法律的现实状况而随时调整、灵活应对[①]，看似执行惩戒措施的实施对象只有失信被执行人，实际上惩戒措施对申请人乃至实施机关都具有一定的积极意义，对被执行人而言，惩戒措施的适用落实不仅督促其主动履行法定义务，更让其在规定的范围内了解自身行为的严重性。此外，执行机关作为惩戒措施的实施主体，以往其对执行惩戒措施的定位总围绕在惩罚失信被执行人和威慑其他社会公众的强力一面上，忽略了惩戒措施的实施落实还需要考虑比例原则、兼顾各方权益。故执行机关对惩戒措施的认知不应仅将其作为一种强制手段，而应作为一项以保障权益和实现社会安定的救济举措，执行机关也不当然是公众所认为的“惩罚者”，而更多是措施的执行者、权益的保障者、社会的稳定者等。

4.执行惩戒措施不违背公序良俗。案件经过法院审判，其判决结果得到公布，不论该结果双方当事人是否接受，在执行阶段总避免不了一些阻碍。况且一旦民事案件进入法律程序，也就意味着常规的自力救济特别是和解等由双方当事人决定的救济方式已经难以获得“诚信履行”的效果，同时还注定了该案件在执行过程中将会遇阻[②]。这也导致惩戒措施适用受阻。执行机关在对惩戒措施选择、实施和落实时应考虑到该措施对被执行人的影响程度和社会公众的接受程度，其限度不仅应当考虑保障申请人的利益实现，还需要局限在仅对被执行人的日常生产生活产生约束的范围内。所谓约束的范围就是对被执行人的生活发展产生妨碍，既不能使其生活骤然难以维持，也不应完全阻塞其发展进步。惩戒措施还不应对被执行人的近亲属产生直接影响，不能一人行为，全家遭难，当然由此而产生的间接影响如子女不能上贵族学校、妻子的财产遭受损失也要在不违背公序良俗的范围内予以实施落实，执

---

① 栗峥：《中国民事执行的当下境遇》，载《政法论坛》2012年第2期，第54页。

② 李声高：《执行难的民刑交叉治理路径反思——以终本程序与拒执罪关系为切入点》，载《法学评论》2019年第2期，第186页。

行机关不能在执行标的与近亲属毫无关联的情况下侵犯其权益，当然近亲属有窝藏、包庇行为的除外。

总体而言，我国审判程序在未能充分吸收当事人的不满，执行程序也较少能够满足各方的需求时，因审判程序的复杂化以及执行过程中惩戒措施的形式化、片面化、滥用化都可能会增加双方当事人特别是权利人的负面情绪，而且希冀通过生效判决就能一次性解决纠纷为导向的审判模式还会给执行带来困难[①]。故执行惩戒措施的实施落实应以执行中申请人的权益实现和失信被执行人的生活保障相平衡作为选择落实的基点，不但要求满足申请人的诉请以解决矛盾纠纷，更要保障被执行人的生活质量、维护社会稳定和执行机关公信力。

（四）民事执行惩戒措施的落实程度

惩戒措施作为一项以保障申请人权益和实现社会安定有序的救济举措，其不仅能实现申请人和执行机关的预期目的，还能在措施所涉及的各人员之间达到不同程度的积极作用。一方面，对申请人和被执行人，惩戒措施督促双方共同完成生效法律文书所确定的义务，申请人的权益得以保障，被执行人的社会信用和荣誉利益等得以保全；另一方面，站在执行机关和社会公众的角度上，惩戒措施的实施落实使执行机关的工作得以完成、执行力得到公众认可。

惩戒措施究竟在实施后达到何种程度才能完全实现其目标，实务中执行机关往往都是在失信被执行人全部履行申请人所要求的义务后才终止实施。穷尽执行，这既是充分保护申请执行人合法权益的体现，也是当事人和社会公众能由衷接受执行机关作出执行不能宣告的条件[②]。但这样的标准完全是以申请人为中心，忽略了惩戒措施的合理选择和适用限度，有违比例原则精神，

---

① 任重：《民事诉讼法教义学视角下的“执行难”：成因与出路——以夫妻共同财产的执行为中心》，载《当代法学》2019年第3期，第43页。

② 邵长茂：《论制定一部现代化的民事强制执行法》，载《法律适用》2019年第11期，第23页。

不利于措施的有效落实和其所带来的社会反响。故惩戒措施对各方所达成的救济程度尤其是对申请人而言，仅仅实现个人权益是不甚合理的，应当兼顾各方；特别是在被执行人因惩戒措施而生活困窘之时，即使继续执行惩戒措施，不但不利于被执行人履行义务，也会使公众对该实施机关或者惩戒措施产生负面情绪。因此执行惩戒措施应当以足够平衡双方的权利义务以及司法资源的合理分配为限度。故笔者认为在其达成被执行人具有能够履行能力时就可以解除惩戒措施了，因为此时不但能够缩短因实施该措施所耗费的时间和资源，更能完全发挥该措施的督促作用，如果被执行人二次失信，那么执行机关也就因此获得了原始证据，申请人也不必为收集证据烦恼，相关单位可据此直接采取更为严厉的惩戒措施或者提出诉讼，以实现各方权益。

认罪认罚与自首、坦白“不作重复评价”的理解与适用

管宛婷　魏小伟*

摘　要：为了确保量刑公正，落实罪责刑相适应原则，最高人民法院出台的司法文件中规定了“认罪认罚与自首、坦白不作重复评价”，但对其如何理解与适用却没有明确。学术界对此有不同理解，司法适用中不统一。认罪认罚与自首、坦白的竞合之处在于“如实供述自己的罪行”，认罪认罚与自首、坦白不作重复评价实际上是认罪、认罪认罚不能与自首或坦白重复适用。但是准自首可以和认罪、认罪认罚同时适用；自首、坦白可以和“认罚”同时适用。

关键词：认罪认罚；自首；坦白；重复评价；如实供述

《刑事诉讼法》第15条规定，犯罪嫌疑人、被告人自愿如实供述自己的罪行，承认指控的犯罪事实，愿意接受处罚的，可以依法从宽处理。由此可见，认罪认罚是法定的从宽量刑情节。刑法在规定的自首与坦白作为量刑情节与认罪认罚存在交集，但刑法没有将认罪认罚作为量刑情节加以规定，认罪认罚未能与自首、坦白等从宽制度建立有效衔接，如何厘清认罪认罚与自首、坦白之间的关系，如何理解与适用认罪认罚与自首、坦白被重复评价，是理论和实践中的难点问题。

*　管宛婷，安徽大学法学院本科生。魏小伟，安徽大学法学院副教授、法学博士，研究方向为刑事诉讼法学及证据法学。本文为安徽大学大学生创新创业项目研究成果。

一、认罪认罚与自首、坦白不作重复评价的规制状况

无论是刑事诉讼法还是刑法都没有对认罪认罚与自首、坦白之间的边界进行划分，也没有对认罪认罚与自首、坦白不作重复评价作出规定，现有规定仅存在于最高人民法院出台的司法文件当中。

（一）认罪认罚与自首、坦白不作重复评价的现有规定

2019年10月28日最高人民法院、最高人民检察院、公安部、国家安全部、司法部联合出台了《关于适用认罪认罚从宽制度的指导意见》（以下简称《指导意见》），其中第9条规定，认罪认罚与自首、坦白不作重复评价。2021年7月1日生效的最高人民法院《关于常见犯罪的量刑指导意见（试行）》（以下简称《量刑指导意见（试行）》）再次强调：认罪认罚与自首、坦白……等量刑情节不作重复评价。这两个文件对认罪认罚与自首、坦白不作重复评价作了宣告式规定，并没有对司法实践中如何处理三者之间的关系作细致区分。

（二）认罪认罚与自首、坦白不作重复评价规制中潜存的问题

《指导意见》第9条在规定认罪认罚与自首、坦白不作重复评价的同时，也规定，对犯罪嫌疑人、被告人具有自首、坦白情节，同时认罪认罚的，应当在法定刑幅度内给予相对更大的从宽幅度。从该条规定看，认罪认罚与自首、认罪认罚与坦白好像能够同时适用，对一个犯罪人既可以适用认罪认罚，也可以适用自首或者坦白，而给予更大的从宽幅度。由于语义上的模棱两可，该条规定潜存着认罪认罚与自首、坦白被重复适用的隐患。因此，尽管《指导意见》和《量刑指导意见（试行）》都强调认罪认罚与自首和坦白不作重复评价，但究竟如何理解重复评价，如何适用该条规定，还有待进一步明确。

二、认罪认罚与自首、坦白不作重复评价的理解分歧

理论界对“认罪认罚与自首、坦白不作重复评价”的认识与理解观点各异，尚未形成共识。

（一）理论界观点分歧

目前，对“认罪认罚与自首、坦白不作重复评价”含义的理解有如下几种主要观点：（1）主流观点认为，认罪认罚与自首、坦白在“认罪”部分是重合的，对于同时具有认罪认罚和自首或坦白情节的，在量刑上对于“认罚”单独给予从宽，但是“认罪”的重合部分不作重复评价①。（2）“不作重复评价”应当理解为，不得在考量自首、坦白从宽的同时已经给予认罪认罚更大幅度从宽后，再一次重复给予从宽②。（3）对认罪认罚与自首、坦白相交叉和叠加的“认罪”部分，在把握从宽具体幅度时，不作重复评价③。（4）“就认罪情节而言，它与自首、坦白、当庭认罪有重合之处；就认罚情节而言，它与退赃退赔、积极赔偿被害人损失亦有重合之处。因此，在实体从宽处理上，对重合情节不应重复评价。”④自首和认罪认罚从宽可以并列评价，不会发生重复评价的问题。

上述第一种观点认识到认罪认罚与自首、坦白的重合部分在于认罪方面，但并没有对“重合部分”作细化分析，指出何时该认罪部分被认定为自首或坦白，何时被认定为认罪认罚，因而不具有可操作性。第二种观点将“不作重复评价”理解为不能在认罪认罚、自首、坦白从宽之外再从宽。这是在脱离了认罪认罚、自首和坦白内部关系的基础上讨论重复评价，不作第三次重复评价是显而易见的，因而，这种观点对理解不作重复评价意义不大。第三

---

① 李勇：《从认罪认罚独立性把握“禁止重复评价”》，载《检察日报》2021年8月4日。

② 李勇：《认罪认罚与自首、坦白之界分》，载《检察日报》2020年2月15日。

③ 苗生明、周颖：《〈关于适用认罪认罚从宽制度的指导意见〉的理解与适用》，载《人民检察》2020年第2期，第49—60页。

④ 杨立新：《认罪认罚从宽制度理解与适用》，载《国家检察官学院学报》2019年第1期，第51—63页。

种观点认识到是对重合（交叉、叠加）部分不作重复评价。但何谓叠加部分，不作重复评价应该如何操作，均未涉及，因而是不全面的。第四种观点只认识到在实体从宽处理上，对重合情节不应重复评价，但并没有就不作重复评价本身作出解读，无助于问题的解决。

综上可见，理论界对认罪认罚与自首、坦白“不作重复评价”的研究还比较浅显，观点精细化研究不够，对司法实践的指导作用有限。

（二）司法适用中的分歧

尽管在最高人民法院发布的司法文件中“认罪认罚与自首、坦白不作重复评价”被多次提及与强调，但在司法实践中，从判案结果看，对认罪认罚、自首和坦白的适用还比较混乱，有的案件中未作重复评价，有的案件作了重复评价。以自首和认罪认罚的适用为例，其情况见表8。

表8　自首与认罪认罚未重复适用情况表

案　　号	案　　由	认定的量刑情节
（2021）渝刑终125号	故意伤害	自首
（2021）云刑终986号	故意伤害	自首
（2022）渝刑终3号	故意伤害	自首

司法实践中对认罪认罚与自首作出重复评价的情况也客观存在，而且不在少数。其具体情况见表9。

表9　自首与认罪认罚重复适用情况表

案　　号	案　　由	认定的量刑情节
（2019）沪0112刑初2501号	高空抛物	自首、认罪认罚
（2020）京刑终137号	故意伤害	自首、认罪认罚
（2020）粤刑终1505号	走私普通货物、物品	自首、认罪认罚
（2020）京刑终167号	故意伤害	自首、认罪认罚
（2021）京刑终81号	故意伤害	自首、认罪认罚

续表

案　　号	案　　由	认定的量刑情节
（2021）粤刑终385号	走私普通货物、物品	自首、认罪认罚
（2021）陕刑终92号	故意杀人	自首、认罪认罚
（2021）鲁09刑终85号	危险驾驶	自首、认罪认罚
（2022）苏1023刑初16号	盗窃	自首、认罪认罚
（2022）辽01刑终220号	交通肇事	自首、认罪认罚
（2022）辽0112刑初241号	危险驾驶	自首、认罪认罚

司法人员对认罪认罚与自首、坦白不作重复评价的理解与适用直接关系到定罪量刑，影响被告人的切身利益。目前，立法中潜存着认罪认罚与自首、坦白被重复适用的隐患。理论界对认罪认罚与自首、坦白的关系认识存在分歧，没有形成成熟、可操作性的意见，因而也就难以为司法实践提供有益指导。准确理解它们之间的关系，厘清它们的界限，才能助力司法机关准确适用量刑情节，公正司法[①]。为此，我们需要对认罪认罚与自首、坦白不作重复评价进行细化研究，要从立法原意上对该规定进行探究。

三、认罪认罚与自首、坦白不作重复评价的立法原意

认罪认罚制度与自首、坦白不作重复评价立法规定原意，可以从价值层面和语义层面两个角度进行分析。

（一）认罪认罚与自首、坦白不作重复评价的价值分析

认罪认罚制度设立的目的在于通过量刑协商程序提高案件处理效率，同时也强化案件的处理结果，实现公平与效率的平衡[②]。规定认罪认罚与自首、

① 苗生明、周颖：《认罪认罚从宽制度适用的基本问题——〈关于适用认罪认罚从宽制度的指导意见〉的理解和适用》，载《中国刑事法杂志》2019年第6期，第3—29页。

② 刘少军、杨峥：《认罪认罚从宽制度中量刑协商问题研究》，载《安徽农业大学学报》（社会科学版）2021年第5期，第105—111页。

坦白不作重复评价同样有一定的价值考虑。

1. 防止量刑畸轻

《量刑指导意见（试行）》第14条规定，对于被告人认罪认罚的，综合考虑犯罪的性质、罪行的轻重、认罪认罚的阶段、程度、价值、悔罪表现等情况，可以减少基准刑的30%以下；具有自首、重大坦白、退赃退赔、赔偿谅解、刑事和解等情节的，可以减少基准刑的60%以下，犯罪较轻的，可以减少基准刑的60%以上或者依法免除处罚。从以上规定看，如果认罪认罚与自首或者坦白被重复评价的话，最高可以对被告人减少基准刑的90%或者被免除处罚，结果可能造成对被告人量刑畸轻。因此，规定认罪认罚与自首、坦白不作重复评价的一个重要原因就是防止量刑畸轻。虽然犯罪后的积极态度与表现可以作为对犯罪人从宽处罚的情节，但是，对犯罪人的宽宥不是没有边界的，不是无原则的宽大处理。认罪认罚与自首、坦白不作重复评价就是考虑到这一点而作出的量刑制度安排。

2. 落实罪责刑相适应原则

罪责刑相适应是刑法基本原则，其基本含义为：刑罚的轻重，应当与犯罪分子所犯罪行和承担的刑事责任相适应。意即，对犯罪分子的量刑既要考虑其实施的犯罪行为及其社会危害，也要考虑其主观恶性和人身危险性。认罪认罚体现了犯罪分子对自己所犯罪行的承认，并愿意接受惩罚，表明其人身危险性减低，因而在量刑时可以对其从宽处罚。但认罪认罚与自首、坦白存在一定的重合，如果同一个情节既被认定为认罪认罚，又被认定为自首或坦白，即被重复评价，并据此进行刑罚裁量，势必造成罪责刑不相适应，违背刑法的基本原则。

3. 实现司法公正

公正是司法的灵魂与生命，司法公正是司法机关矢志不渝的价值追求。所谓公正，就是“受到侵害的权利一定会得到保护和救济，违法犯罪活动一定要受到制裁与惩罚”[①]。使犯罪分子得到其应得的惩罚是公正的应有之义。认罪认

---

① 习近平：《论坚持全面依法治国》，中央文献出版社2020年版，第22页。

罚制度的目的在于维持惩罚犯罪与保障人权的平衡，实现诉讼公正与效率价值的统一[①]。如果犯罪分子因认罪认罚与自首、坦白被重复评价，势必造成量刑偏轻，犯罪人没有得到应有的惩罚。对于被害人而言，其期待通过司法诉讼手段寻求物质和精神两方面救济与补偿的目标没有实现，属于公安司法机关因保护不力对被害人造成的“二次伤害”[②]，公正也就无从说起。另外，对犯罪人量刑畸轻，会引发社会公众对司法公正的质疑，公平正义的获得感会降低。

（二）认罪认罚与自首、坦白不作重复评价的语义分析

认罪认罚与自首、坦白行为之所以容易被重复评价，原因在于它们之间既有区别，也有联系。

1.认罪认罚与自首、坦白的区别

从适用的范围与阶段来看，认罪认罚适用于诉讼的全部阶段，而自首、坦白仅适用于侦查阶段，适用范围明显小于认罪认罚；从适用目的分析，认罪认罚制度适用的依据为刑事诉讼法，其本质是为诉讼程序服务，适用目的在于降低国家追诉犯罪的难度与工作负荷，提高司法效率。自首、坦白制度的适用依据则是刑法，属于实体法范围，其适用的初衷在于鼓励嫌疑人自主供述所犯罪行，唤起其内心的良知，从而更好地实现刑法的教育作用，对犯罪嫌疑人进行改造。

2.认罪认罚与自首、坦白存在的交集

从认罪认罚包含的内容看，它并非一种闭合的量刑情节，而是一个可以拆分和并合的量刑情节。

（1）认罪认罚包含“认罪”“认罚”和“认罪认罚”三种量刑情节

《刑事诉讼法》第15条规定，犯罪嫌疑人、被告人自愿如实供述自己的罪行，承认指控的犯罪事实，愿意接受处罚的，可以依法从宽处理。可见，刑事

---

① 孔令勇：《新监察制度与认罪认罚从宽制度的错位及衔接》，载《安徽大学学报》（哲学社会科学版）2020年第4期，第101—110页。

② 刘少军：《认罪认罚从宽制度中的被害人权利保护研究》，载《中国刑事法杂志》2017年第3期，第126—144页。

诉讼法并没有对“认罪”“认罚”作出区分并设定它们的内涵。为贯彻《刑事诉讼法》中关于认罪认罚的规定，确保认罪认罚从宽制度的正确实施，《指导意见》对认罪认罚进行了拆分解释。根据该《指导意见》第6条和第7条的规定，“认罪”是指犯罪嫌疑人、被告人自愿如实供述自己的罪行，对指控的犯罪事实没有异议。“认罚”是指犯罪嫌疑人、被告人真诚悔罪，愿意接受处罚。《指导意见》第9条规定，认罪认罚的从宽幅度一般应当大于仅有坦白，或者虽认罪但不认罚的从宽幅度。据此可见，认罪认罚是一个可拆分可合并的量刑情节，不能笼统地理解[①]。作为量刑情节，认罪认罚可以排列组合为三种量刑情节：①认罪不认罚，也就是“认罪”；②认罚不认罪，也就是“认罚”；③既认罪也认罚，也就是“认罪认罚”。从语词表述上看，“认罪”包含如实供述和对指控的犯罪事实没有异议两个部分。“如实供述自己的罪行”是“认罪”成立的实体条件，也是最为关键的条件。“认罚”的关键是“悔罪+接受处罚”。

（2）认罪认罚与自首、坦白的交集在于“如实供述自己的罪行”

根据《刑法》第67条第1款的规定：“犯罪以后自动投案，如实供述自己的罪行的，是自首。”根据该条第3款的规定，坦白是被动归案后，如实供述自己罪行的情形。自首和坦白都包含有“如实供述”。区别在于自首是自动投案，如实供述；坦白是被动归案，如实供述。而如前所述，认罪认罚中同样包含“如实供述”。详见表10：

表10　自首、坦白、认罪认罚关系一览表

量刑情节	核心内涵	备　注
自首	自动投案+如实供述	此处仅讨论一般自首
坦白	如实供述	
认罪认罚	认罪：自愿如实供述+对指控的犯罪事实没有异议 认罚：真诚悔罪+愿意接受处罚	

从表10可见，由于“如实供述”在三种量刑情节中均存在，这就导致了

① 李立峰：《“认罪认罚”应视为独立的量刑情节》，载《检察日报》2019年5月21日。

认罪认罚与自首、坦白之间的交叉重合，引起认定中的困难。如果对三者关系分辨不清，极容易造成认罪认罚与自首、坦白被重复评价。

3. 不作重复评价不同于通常意义上的禁止重复评价

禁止重复评价也称“一事不再罚”“禁止双重危险”，其基本内涵为“任何人不因同一犯罪再度受罚”。正如德国刑法第46条规定：“属于构成犯罪之要件，不得再作为个案量刑时考虑的要素。”[①]禁止重复评价被认为是确保实现罪刑相适应的重要原则，其目的在于防止在定罪量刑时对一项情节多次运用，使犯罪人受到重复处罚。但是，认罪认罚与自首、坦白不作重复评价与禁止重复评价并不是一回事。认罪认罚与自首、坦白不作重复评价，其本质在于防止因一个情节既被作为认罪认罚从宽处罚，也被作为自首或坦白从宽处罚，从而使犯罪人得到双重优惠，导致量刑畸轻，违背罪责刑相适应原则，避免过于强调从宽而忽略了打击犯罪的价值，导致减让无边，进而影响司法公正[②]。综上可见，禁止重复评价和认罪认罚与自首、坦白不作重复评价的用意、价值目标是不相同的，甚至是相反的。禁止重复评价旨在防止司法严苛，损害被告人的权益；认罪认罚与自首、坦白不作重复评价是为了防止对被告人刑罚裁量过于宽松，损害司法的权威与公正。

4. “如实供述自己的罪行”不能被重复评价

如前所述，认罪认罚与自首、坦白的交集在于“如实供述自己的罪行”。其在不同量刑情节中的作用与地位如表11所示：

表11　“如实供述”与不同量刑情节关系一览表

“如实供述”	量刑情节
如实供述+自动投案	自首
如实供述	坦白
如实供述+对指控的犯罪事实没有异议	认罪
自愿如实供述+对指控的犯罪事实没有异议+真诚悔罪+愿意接受处罚	认罪认罚

---

① 李勇：《认罪认罚与自首、坦白之界分》，载《检察日报》2020年2月15日。

② 刘辰、周健：《认罪认罚量刑建议的几个理论问题》，载《人民检察》2020年第11期，第57—63页。

续表

“如实供述”	量刑情节
如实供述+自动投案+真诚悔罪+愿意接受处罚	自首+认罚
如实供述+真诚悔罪+愿意接受处罚	坦白+认罚

从表11可知，如果仅有自动投案+如实供述，即认定为自首。如果犯罪分子仅有“如实供述”，可以认定为坦白，但不能被认定为“认罪”。“认罪”是在如实供述的基础上更加强调供述的真实性、自愿性和悔罪性[①]。易言之，如果犯罪分子如实供述+对指控的犯罪事实没有异议，即属于“认罪”。如果犯罪分子不仅如实供述自己的罪行，对指控的犯罪事实没有异议，也真诚悔罪，愿意接受处罚的，可以认定为认罪认罚。

基于“如实供述自己的罪行”在认罪认罚、自首、坦白中的交叉重叠，认罪认罚与自首、坦白不作重复评价实际上是指“如实供述自己的罪行”不能被重复评价。申言之，犯罪分子只有一个“如实供述自己的罪行”，该情节不能既被认定为认罪认罚，也被认定为自首或者坦白，不能基于该量刑情节使犯罪人得到两次从宽处罚。理由就在于“如实供述自己的罪行”作为认罪认罚与自首、坦白的构成要件主要涉及量刑评价，这些评价均是以从宽作为目标的，其目的和属性具有相同性，不能被重复评价[②]。

四、认罪认罚与自首、坦白不作重复评价的适用建议

认罪认罚与自首、坦白之间的关系错综复杂，只有对认罪认罚与自首、坦白有准确的把握，才能对认罪认罚与自首、坦白不作重复评价作出正确的认定。

① 陈其琨：《对象与主体之间：行为人自首坦白和认罪认罚关系探究》，载《学术探索》2018年第1期，第76—81页。

② 郭华：《“从宽”系谱中认罪认罚从宽的位序与程序安排》，载《中国刑事法杂志》2020年第5期，第112—124页。

（一）认罪、认罪认罚不能与自首、坦白重复适用

自首、坦白与认罪认罚的竞合在于“如实供述自己的罪行”，认罪认罚与自首、坦白不作重复评价实际上就是“如实供述自己的罪行”不能被重复评价，理解这一点是正确适用认罪认罚与自首、坦白不作重复评价的密钥。司法实践中，如果犯罪分子如实供述了自己的罪行，应该区别情况分别认定为某个量刑情节，而不能被重复认定为几个量刑情节。如前所述，认罪认罚可以分为认罪、认罚与认罪认罚三种量刑情节，其中与“如实供述自己的罪行”有关的量刑情节包括“认罪”和“认罪认罚”。因此，如果“如实供述自己的罪行”被作为自首或者坦白的要素加以认定，就不能再被作为“认罪”或者“认罪认罚”加以认定。易言之，对一个犯罪人而言，如果只存在一个“如实供述自己的罪行”，不应该被认定为“自首+认罪”或者“自首+认罪认罚”，也不应该被认定为“坦白+认罪”或者“坦白+认罪认罚”。此即“不作重复评价”的应有之义。

实际上，最高人民法院出台的《量刑指导意见（试行）》，在“常见量刑情节的适用部分”的第八项对此已经有所暗示，即“对于当庭自愿认罪的，根据犯罪的性质、罪行的轻重、认罪程度以及悔罪表现等情况，可以减少基准刑的10%以下。依法认定自首、坦白的除外”。可见，该司法文件已经将认罪与自首、认罪与坦白的适用作了互斥性规定。据此，司法实践中，应该防止将认罪或者认罪认罚与自首、坦白同时适用。

（二）准自首可以和认罪认罚同时适用

前面的讨论立足于一般自首，对于犯罪分子有准自首情节的则应另当别论。根据刑法第67条第2款的规定，被采取强制措施的犯罪嫌疑人、被告人和正在服刑的罪犯，如实供述司法机关还未掌握的本人其他罪行的，以自首论。根据有关司法解释[①]，“司法机关还未掌握的本人其他罪行”是指与司法机

① 参见《最高人民法院关于处理自首和立功具体应用法律若干问题的解释》（1998年）第2条。

关已掌握的或者判决确定的罪行属不同种罪行的情形。即准自首的法律效果针对的不是本罪，而是本人其他异种罪行。在此种情况下，犯罪分子如果对本罪自愿如实供述自己的罪行，对指控的犯罪事实没有异议，并能真诚悔罪，愿意接受处罚的，可以认定为认罪认罚；同时，这类行为人如实供述司法机关还未掌握的本人其他罪行的，对该罪行以自首论，这是完全可能出现的。如甲因盗窃罪归案，甲对盗窃罪也如实供述，对指控的盗窃罪没有异议，真诚悔罪，愿意接受处罚的，可以认为其对盗窃罪有认罪认罚情节。但甲还如实供述了司法机关还未掌握的本人诈骗罪的事实，此时，对甲的诈骗罪应该以自首论。此时认罪认罚和自首就集中于甲一身，但并非重复适用，而是适用于一个人的两种罪行。易言之，此种情形中存在两个“如实供述”，对其分别加以认定，并不是对一个“如实供述”作重复评价，也就不会引发重复从宽，量刑畸轻的问题。

（三）自首、坦白可以和“认罚”同时适用

认罪认罚与自首、坦白既存在交集，又有各自的独立内涵，需要准确把握各个情节的含义以及相互之间的关系。具体而言，自首与坦白的竞合只存在于“认罪”部分，但认罪认罚还包含犯罪嫌疑人、被告人真诚悔罪，愿意接受处罚，即“认罚”的内容。由于自首、坦白与认罚之间不存在交集，因此，自首、坦白可以和“认罚”同时适用于一个案件中的一个人。比如甲自动投案，如实供述，并积极悔罪，愿意接受处罚，即可成立自首+认罚；乙被动归案后，如实供述，积极悔罪，愿意接受处罚的，可以认为具有坦白+认罚的量刑情节。

结　语

综上所述，认罪认罚与自首、坦白因都存在“如实供述自己的罪行”而产生竞合；一般自首或坦白不可能与认罪或认罪认罚同时适用，但可以和认罚适用。为了防止认罪认罚与自首、坦白从宽量刑情节的重复适用，导致的

量刑畸轻问题，对认罪认罚应作拆分理解，并在《量刑指导意见（试行）》中将认罪认罚分为三种情形确定从宽幅度。如规定认罪不认罚的可以减少基准刑的15%以下；认罚不认罪的可以减少基准刑的15%以下；认罪认罚的可以减少基准刑的30%以下。据此，司法机关结合具体案情实际，将“如实供述”认定为自首、坦白或者认罪，然后根据量刑指导意见确定的从宽幅度作出判决。

厘清认罪认罚与自首、坦白的关系是为了指导司法机关准确量刑，使量刑更加科学与精准。其实，认罪认罚不仅与自首和坦白存在竞合，它与退赃退赔、赔偿损失、赔礼道歉等量刑情节同样存在竞合，为此，对认罪认罚与自首、坦白不作重复评价的正确理解不仅有助于认罪认罚、自首、坦白量刑情节的正确适用，也有助于认罪认罚与其他量刑情节之间关系的厘清，从而为刑罚的正确适用提供有益的参照。

图书在版编目(CIP)数据

案例法学研究. 第二辑 / 周振杰主编. — 北京：中国法制出版社, 2023.5

ISBN 978-7-5216-3405-1

Ⅰ. ①案… Ⅱ. ①周… Ⅲ. ①案例-法学-研究-中国 Ⅳ. ①D920.5

中国国家版本馆CIP数据核字（2023）第059370号

策划编辑：赵 宏

责任编辑：冯 运

封面设计：杨鑫宇

案例法学研究. 第二辑

ANLI FAXUE YANJIU. DI-ER JI

主编 / 周振杰

经销 / 新华书店

印刷 / 北京虎彩文化传播有限公司

开本 / 710毫米 × 1000毫米 16开

印张 / 19.25 字数 / 284千

版次 / 2023年5月第1版

2023年5月第1次印刷

中国法制出版社出版

书号ISBN 978-7-5216-3405-1

定价：78.00元

北京市西城区西便门西里甲16号西便门办公区

邮政编码：100053

传真：010-63141600

网址：http://www.zgfzs.com

编辑部电话：010-63141832

市场营销部电话：010-63141612

印务部电话：010-63141606

（如有印装质量问题，请与本社印务部联系。）